Ethische Ökonomie. Beiträge zur Wirtschaftsethik und Wirtschaftskultur

Titel der bisher erschienenen Bände

Band 1: Peter Koslowski, Yunquan Chen (Hrsg.)
Sozialistische Marktwirtschaft – Soziale Marktwirtschaft
Theorie und Ethik der Wirtschaftsordnung in China und Deutschland
XI, 308 Seiten
1996. ISBN 3-7908-0926-8

Band 2: Rolf Kühn
Leben als Bedürfen
Eine lebensphänomenologische Analyse zu Kultur und Wirtschaft
XII, 247 Seiten
1996. ISBN 3-7908-0927-6

Band 3: Annette Kleinfeld
Persona Oeconomica
Personalität als Ansatz der Unternehmensethik
XII, 399 Seiten
1998. ISBN 3-7908-1112-2

Band 4: Peter Koslowski (Hrsg.)
Shareholder Value und die Kriterien des Unternehmenserfolgs
X, 261 Seiten
1999. ISBN 3-7908-1179-3

Peter Koslowski (Hrsg.)

Wirtschaftsethik – Wo ist die Philosophie?

Springer-Verlag Berlin Heidelberg GmbH

Professor Dr. Dr. h.c. Peter Koslowski
Forschungsinstitut für Philosophie Hannover
Gerberstraße 26
D-30169 Hannover
Deutschland
E-mail: peter.koslowski@t-online.de

ISBN 978-3-7908-1389-0

Die Deutsche Bibliothek – CIP-Einheitsaufnahme
Wirtschaftsethik – wo ist die Philosophie? / Hrsg.: Peter Koslowski. – Heidelberg: Physica-Verl., 2001
(Ethische Ökonomie; Bd. 5)
ISBN 978-3-7908-1389-0 ISBN 978-3-642-57581-5 (eBook)
DOI 10.1007/978-3-642-57581-5

Ursprünglich erschienen bei Physica-Verlag Heidelberg 2001

Umschlaggestaltung: Erich Kirchner, Heidelberg

SPIN 10797447 88/2202-5 4 3 2 1 0 – Gedruckt auf säurefreiem Papier

Vorwort

In seiner ersten thematischen Tagung stellte sich der Ausschuß Wirtschaftsethik der Allgemeinen Gesellschaft für Philosophie in Deutschland die Frage: „Wo ist die Philosophie in der Wirtschaftsethik?“ Der Ausschuß Wirtschaftsethik, dem Philosophen und Wirtschaftswissenschaftler angehören, hatte sich am 24. Januar 1998 zum ersten Mal im Forschungsinstitut für Philosophie Hannover getroffen, um Fragestellungen und Methoden der Wirtschaftsethik aus der Sicht der Philosophie und der Wirtschaftswissenschaft zu erörtern und das Feld abzustecken, in dem sich die Wirtschaftsethik bewegt. Dabei wurden mögliche thematische Schwerpunkte für die zukünftige Arbeit und die Frage diskutiert, warum die Philosophie im deutschsprachigen Raum in der Wirtschaftsethik noch wenig profiliert ist, und schließlich als Thema für die erste wissenschaftliche Tagung des Ausschusses die Frage, wo die Philosophie in der Wirtschaftsethik ist, ausgewählt. Die Ergebnisse dieser Tagung, die am 29. und 30. Oktober 1998 in Hildesheim stattfand, werden hier in der Hoffnung vorgelegt, dazu beizutragen, daß die Frage, wo denn die Philosophie in der Wirtschaftsethik ist, bald überflüssig sein wird.

Im Namen des Ausschusses danke ich Brigitte Berges, Anna Maria Hauk und Elisabeth Kühn für ihre Hilfe bei der Organisation der Tagung und bei der Redaktion dieses Buches. Der Ausschuß bedankt sich bei der Allgemeinen Gesellschaft für Philosophie in Deutschland für ihre finanzielle Förderung der Tagung.

Peter Koslowski
Vorsitzender des Ausschusses Wirtschaftsethik
der Allgemeinen Gesellschaft für Philosophie in
Deutschland

Inhalt

Vorwort V

1. Kapitel

Wirtschaftsethik – Wo ist die Philosophie?
Warum die Philosophie die Ökonomie nicht nur den Ökonomen überlassen kann
PETER KOSLOWSKI 1

2. Kapitel

Unternehmensethik – die Kopenhagener Schule
HANS SIGGAARD JENSEN 17

3. Kapitel

Moral in ökonomischer Umgebung
BIRGER P. PRIDDAT 23

4. Kapitel

Ein Freiheitsbegriff für die Wirtschaftsphilosophie
KURT RÖTTGERS 55

5. Kapitel

Ist Philosophie heute überhaupt noch ökonomisch vertretbar?
FRANZ RUPERT HRUBI 77

INHALT

6. Kapitel

Unternehmensethik: Die Ethik der Governancestrukturen wirtschaftlicher Transaktionen
JOSEF WIELAND ... 101

7. Kapitel

Sachzwang – Über einen kritischen Grundbegriff der Wirtschaftsethik
MATTHIAS KETTNER ... 117

8. Kapitel

Wirtschaftsethik als Anstrengung zur Überwindung von Philosophievergessenheit
ULRICH THIELEMANN ... 145

9. Kapitel

Technik- und Wirtschaftsethik – Synergien und Disparitäten
CHRISTOPH HUBIG ... 179

10. Kapitel

Wirtschaftsethik: Wo bleibt die Philosophie?
KARL HOMANN ... 207

Verzeichnis der Autoren ... 227

1. Kapitel

Wirtschaftsethik – Wo ist die Philosophie? Warum die Philosophie die Ökonomie nicht nur den Ökonomen überlassen kann

PETER KOSLOWSKI

I. Universalität des ökonomischen Prinzips
II. Perverse und richtige Anreize
III. Vermittlung von Eigeninteresse und Gemeinwohl
IV. Die Grenzen des Spiels in der Theorie der Marktwirtschaft: Keine Überreduktion wirtschaftsethischer Entscheidungsprobleme
V. Universale Ökonomie als Ontologie und der Theorieimperialismus der Ökonomie in der Soziobiologie und Bioökonomie
VI. Kulturphilosophische Erweiterung der Wirtschaftsethik zur Ethischen Ökonomie

Die Philosophie ist in Deutschland in der wirtschaftsethischen Debatte nicht hinreichend präsent. Die Situation der Wirtschaftsethik in Deutschland unterscheidet sich auffällig von derjenigen in den USA, in denen die Wirtschaftsethik selbst in den wirtschaftswissenschaftlichen Fakultäten meist von professionellen Philosophen gelehrt wird.

Im folgenden soll jedoch nicht nur nach der Rolle der Philosophie in der Wirtschaftsethik, sondern auch nach der Rolle der Philosophie in der Ökonomie und nach der Notwendigkeit eines breiteren Faches Wirtschaftsphilosophie, das über die Wirtschaftsethik hinausgeht, gefragt werden.

Die Frage ist nicht nur: „Wo ist die Disziplin Wirtschaftsethik als Teil der Philosophie?", sondern: „Wo ist die Disziplin Wirtschaftsphilosophie?". Man muß die Fragestellung erweitern zur Frage: „Wo bleibt eine Disziplin, die man Wirtschaftsphilosophie nennen könnte und von der die Wirtschaftsethik ein Teil ist?". Es gibt ein Analogon: die Rechtsphilosophie. Die Rechtsphilosophie wird von Rechtswissenschaftlern und von Philosophen betrieben.

Sie hat eine lange Tradition in beiden Fächern. Wenn man die großen institutionellen Teilbereiche der bisherigen Sozialphilosophie, also Staat, Gesellschaft, Recht betrachtet, springt ins Auge, daß die Wirtschaft und so etwas wie eine Wirtschaftsphilosophie in der Philosophie des Sozialen heute weitgehend abwesend sind.

In dem Maße, in dem die Wirtschaft, der Institutionenbereich der Wirtschaft, in der modernen Gesellschaft eine immer zentralere Rolle spielt, scheint es notwendig, daß die Sozialphilosophie sich auch dem Bereich der Wirtschaft zuwendet. Dieser Bereich ist nicht nur auf Wirtschaftsethik beschränkt. Wenn sich die Philosophie in der Behandlung der Wirtschaft nur auf die Ethik beschränkt, besteht die Gefahr einer normativen Verengung des Zugangsbereiches der Philosophie zur Wirtschaft und die Gefahr, daß man den Erkenntnisgegenstand der Wirtschaft für die Philosophie nur auf die Frage der moralischen Regeln im engeren Sinne verkürzt. Dieses Vorgehen würde die Möglichkeiten und auch die Aufgaben der Philosophie für die Wirtschaft, sowohl für die Gestaltung der Institutionen der Wirtschaft als auch für die Wirtschaftswissenschaften, unnötig verengen.

Die Wirtschaftswissenschaften sind im allgemeinen daran interessiert, die Philosophie aus ihrem Jagdgebiet fernzuhalten, und versuchen, die Fragestellung der Wirtschaftsethik entweder ganz auszulassen oder, wenn sie diese behandeln, normativistisch zu führen und andere philosophische Fragen der Wirtschaft entweder auszublenden oder als eine Aufgabe der positiven Ökonomie anzusehen. Diese bisher übliche Arbeitsteilung zwischen Philosophie und Wirtschaftswissenschaft ist nicht mehr haltbar, weil der Gegenstand der Wirtschaft von sich her über die Grenzen einer normativistischen Moraltheorie hinausdrängt. Andererseits kommen auch von den Wirtschaftswissenschaften Impulse, das wirtschaftswissenschaftliche Paradigma wieder um philosophische Fragestellungen zu erweitern. Ein Bereich, der hier ins Auge springt, ist die kulturwissenschaftliche Erweiterung der Ökonomie, d.h. der Wiedereinschluß der Kultur und der hermeneutischen Theorie in die Wirtschaftswissenschaft.

I. Universalität des ökonomischen Prinzips

Warum kann man die Ökonomie nicht nur den Ökonomen überlassen? Ein Argument ist, daß alle Güter, also nicht nur die wirtschaftlichen und materiellen Güter im engeren Sinn, sondern auch die höchsten Kulturgüter zum Bedarf des Menschen gehören. Wenn es die Aufgabe der Ökonomie ist, eine Theorie zu schaffen, wie die Bedürfnisse des Menschen möglichst rational oder effizient erfüllt werden können, dann müssen auch diese höchsten Kulturgüter „ökonomisch" produziert werden. Daher weisen alle Güter, auch diejenigen der Kunst und des Geistes eine ökonomische Dimension auf und müssen mit geringst möglichem Aufwand erstellt werden. Die ökonomische Denkweise ist also nicht auf die Wirtschaftsordnung beschränkt, auf den Institutionenbereich der Wirtschaft im engeren Sinn. Ihre Kategorien sind universell anwendbar. Auch die Ordnungen des Staates, der Wissenschaft und Kunst, der Schule und der Kirche, alle Institutionen der Gesellschaft müssen ökonomisch wirtschaften, müssen haushalten. Die Wirtschaft der Wirtschaft ist nicht der einzige „Haushalt", und der Institutionenbereich Wirtschaft ist nicht die einzige Wirtschaft der Gesellschaft. Die Ordnung der Wirtschaftlichkeit und der Ökonomie ist umfassender als die Wirtschaftsordnung der Gesellschaft. Man kann und muß die Theorie der Ökonomie erweitern zu einer universalen Theorie der Wirtschaftlichkeit und des Ordnens von Institutionen nach dem Wirtschaftlichkeitsprinzip.[1]

II. Perverse und richtige Anreize

Für die Ökonomie gibt es zwei Zentralbegriffe, nämlich einmal die Ordnung der Regeln, die Handelnsordnung der Wirtschaft, und die Ordnung der Incentives, der Anreize oder Anspornbildung. Wenn man nun sagt, daß alle Institutionen darauf angewiesen sind, sich eine Ordnung durch Regeln zu geben und ein Anreiz-Beitrags-System zu schaffen, dann ist deutlich, daß Ökonomie nicht auf Wirtschaftsunternehmen, Industrie- und erwerbswirtschaftliche Institutionen, beschränkt werden kann, sondern daß das Problem von Anreizen und Beiträgen für alle Institutionen gilt. Wenn man aber sagt –

1 Vgl. P. KOSLOWSKI: *Prinzipien der Ethischen Ökonomie. Grundlegung der Wirtschaftsethik und der auf die Ökonomie bezogenen Ethik*, Tübingen (Mohr Siebeck) 2. Aufl. 1994. Englische Übersetzung: *Principles of Ethical Economy*, translated by David Lutz, Dordrecht, London, Boston (Kluwer Academic Publishers) 2000, und P. KOSLOWSKI: *Die Ordnung der Wirtschaft. Studien zur Praktischen Philosophie und Politischen Ökonomie*, Tübingen (Mohr Siebeck) 1994.

und das scheint in der positiven Ökonomie häufig vergessen zu werden –, daß Anreize und Anreiz-Beitrags-Systeme für alle Institutionen von Bedeutung sind, wird erkennbar, daß es auch verfehlte Anreize geben kann. Es geht in Institutionen nicht nur darum, Anreize für irgendetwas zu schaffen, sondern es geht darum, die richtigen Anreize zu schaffen. Die Aufgabe ist nicht nur, Anreize zu schaffen, ökonomisch effizient zu arbeiten, sondern auch die von den Institutionen erwünschten und gerechtfertigten Ziele durch die Anreize zu fördern.

Hier ist nun die Philosophie als eine Theorie der Ethik notwendig und in der Lage, eine Art von Korrektiv der reinen positiven Ökonomie zu bilden. Denn die Philosophie muß die Ökonomie daran erinnern, daß die Frage effizienter Anreize und der Hervorrufung von angemessenen Leistungen zu eng gefaßt ist, wenn sie nicht auch die Frage nach der Qualität der Anreize beinhaltet. Um ein Beispiel zu geben, sei auf die Diskussion um das Verbot des Insider-Handels an der Börse hingewiesen. Viele Ökonomen sagen, das Verbot sei ökonomisch unsinnig, weil Insider-Handel an der Börse eine klare wirtschaftliche Allokationsfunktion habe; er führe dazu, daß der Markt besser arbeitet als ohne den Insider-Handel. Warum soll man Insider-Handel also verbieten? Die Rechtswissenschaftler und die Wirtschaftsethiker sagen dagegen: Wir können nicht nur auf die Anreize zur optimalen Allokation schlechthin schauen, sondern müssen auch fragen, ob die gesetzten Anreize rechtfertigbar sind, ob sie etwa mit dem Kriterium der Rechtsgleichheit vereinbar sind. Es wird dann deutlich, daß es auch perverse Anreize geben kann, die trotzdem Allokationswirkungen haben. Diese Anreize sind perverse Anreize insofern, als sie in sich den Anreiz tragen, die Aufmerksamkeit der Handelnden in Institutionen von dem an sich von der Institution gegebenen Zweck auf Nebenzwecke abzulenken.[2] Wenn Insider-Handel an der Börse zulässig ist, wird der Börsenmakler oder der Bankangestellte durch die Möglichkeit, Insidergewinne zu machen, dazu verführt, von seiner eigentlichen Aufgabe, sachgerechte Finanzdienste zu leisten, auf die private Erzielung von Extragewinnen durch Insider-Trading abgelenkt zu werden. Bei der Zulassung von Insider-Handel sind zwar Incentives da und sehr wirksam, nur gehen sie unter Umständen in eine ganz falsche Richtung, in eine ethisch nicht rechtfertigbare Richtung. Die Logik von Anreizen und Beiträgen oder An-

---

2 Vgl. P. KOSLOWSKI: *Ethik der Banken und der Börse*, Tübingen (Mohr Siebeck) 1997.

reiz-Beitrags-Systemen kann nicht nur in der Logik ökonomischer Effizienz im engeren Sinne gedacht werden.

III. Vermittlung von Eigeninteresse und Gemeinwohl

Ein weiterer Punkt, an dem die Philosophie sich als Korrektiv von gewissen Tendenzen der positiven Ökonomie begreifen muß, betrifft das Verhältnis von Gemeinwohl und Eigennutz, das mit dem Problem von Anreizen und Beiträgen zusammenhängt. Es gibt eine Tendenz in der Ökonomie, das Selbstinteresse in einer Weise normativ zu überhöhen, die ethisch nicht mehr zu vertreten ist. Dies betrifft etwa Ansätze wie denjenigen von Karl Homann, die die Moderne schlechthin als die Epoche der Freisetzung des Eigennutzes ansehen, in der die Forderungen nach einer Berücksichtigung des Gemeinwohls in der individuellen Zielverfolgung vollständig obsolet geworden ist. Die Moderne, wird hier gesagt, benötigt den Rückgriff auf das Motiv des Gemeinwohls einer Institution nicht mehr.

In der Kritik dieser Theorien der Überhöhung des Eigennutzes kann unter Gemeinwohl nicht nur das gesamtstaatliche Gemeinwohl begriffen werden, sondern muß auch das Gemeinwohl als das gemeinsame Interesse der in einer Institution Tätigen verstanden werden. Es wird nun von der Ökonomie gesagt, die Moderne bedarf des Motivs, das Gemeininteresse zu verwirklichen, in der individuellen Zielverfolgung nicht mehr. In Teilen der ökonomischen Theorie der Demokratie oder Public-Choice geht man soweit zu sagen, daß auch die politische Ordnung, also der Staat und die Demokratie, nicht mehr in Kategorien des Gemeinwohls gedacht werden kann oder sogar darf, sondern daß sie als das bloße Resultat der Zusammensetzung individueller eigennütziger Wahlentscheidungen anzusehen ist.

Adam Smith, der für viele Sozialwissenschaftler jene Autorität ist, die dieses Konzept der Moderne und der Ökonomie als totale Freisetzung des Eigennutzes begründet hat, geht viel weniger weit. Er stellt das in der Moderne dominante Eigeninteresse nur als Faktum fest: Nicht vom Wohlwollen des Metzgers, Brauers oder Bäckers erwarten wir das, was wir zum Essen brauchen, sondern davon, daß sie ihre eigenen Interessen wahrnehmen.[3] Die

---

3 ADAM SMITH *The Wealth of Nations,* in: *The Works of Adam Smith*, Vol. 2, 1811-12, Book 7, Chap. 2, Reprint Aalen (Otto Zeller) 1963, S. 21.

Ökonomen unserer Tage fassen nun diesen Satz offenbar gar nicht mehr als einen deskriptiven Satz auf, als eine Beschreibung, wie es eben ist, sondern als eine normative Sollensaussage. Sie sagen nicht: „Die Wirtschaft muß so organisiert sein, daß es nicht mehr vom Wohlwollen des Produzenten abhängt, ob wir mit Gütern versorgt werden", sondern sie fordern die Elimination jeder Bezugnahme auf das Gemeinwohl in der individuellen Zielverfolgung. Es *soll* nur noch vom Eigennutz abhängen, ob wir mit Gütern versorgt werden. Das ist eine andere Deutung. Adam Smith sagt, die Ressourcen unserer Berücksichtigung von anderen sind so knapp, daß wir darauf nicht eine Wirtschaft aufbauen können, sondern wir müssen sie faktisch auf dem Eigeninteresse aufbauen. Die neueste Entwicklung der Ökonomie ist, daß man sagt, es soll so sein, daß überhaupt keine Berücksichtigung eines allgemeineren Interesses mehr stattfindet, was ein großer Unterschied ist. Homann schreibt dem Prinzip Eigennutz sogar eine geschichtsphilosophische Dimension zu:

> Adam Smith entschied sich 1776 für den modernen Weg und die Weltgeschichte hat ihm rechtgegeben. Er tat dies aus moralphilosophischen, aus ethischen Erwägungen also aus moralischen Erwägungen. Zu diesem Zweck mußte er das moralisch erwünschte Resultat des Wirtschaftsprozesses, den Wohlstand aller als Voraussetzung der Freiheit aller von den Handlungsmotiven der Akteure abkoppeln.[4]

Der Eigennutz wird hier nicht nur als faktischer Anreiz des Wirtschaftsgeschehens angesehen, sondern geschichtsphilosophisch überhöht als etwas, das freigesetzt werden soll und muß.

Die Entkopplung von Motiven und Resultaten, die durchaus einen guten Sinn hat, weil man auch schon vor der Moderne wußte, daß man mit den besten Motiven schlechte Resultate und umgekehrt mit vergleichsweise schlechten Motiven unter Umständen in der Wirtschaft und Politik auch gute Ergebnisse erzielen kann, diese partielle Entkopplung von Motiven und Resultaten, die schon vor Adam Smith etwa in der Theorie des politischen Handelns eine große Rolle spielte, wird zu einer totalen Entkoppelung ausgedehnt, nach der die Menschen im Marktgeschehen und in der Demokratie gar nicht mehr dem Gemeinwohl, sondern dem Eigennutz folgen *sollen*, weil das Gemeinwohl gerade dann realisiert wird, wenn eine vollständige Entkopplung von Gemeinwohl und Eigennutz herbeigeführt wird.

---

4 K. HOMANN, F. BLOOME-DREES: *Wirtschafts- und Unternehmensethik*, Göttingen (Vandenhoeck & Ruprecht) 1992, S. 22.

Die relative Unabhängigkeit von Motiven und Resultaten, vom Motiv des Eigen- oder des Gemeinnutzes und dem aus ihnen sich ergebenden wirtschaftlichen Erfolg, ist zunächst durchaus einsichtig. Es sind viele Situationen denkbar, in denen ein Individuum, das etwa nicht an dem Zweck und Produkt seiner Firma oder seines wissenschaftlichen Instituts interessiert ist, sondern nur daran, seine eigenen Interessen in Form von Unternehmensgewinn oder von wissenschaftlicher Reputation zu maximieren, erfolgreicher sein kann und mehr Gutes für das Unternehmen oder die Wissenschaft bewirkt, als eine Person, die sehr am Zweck ihrer Firma oder ihres Instituts orientiert handelt und nicht an Gewinnen und wissenschaftlichem Prestige interessiert ist, aber am Ende weder dazu kommt, ein gutes Wirtschaftsergebnis oder viele Veröffentlichungen zu produzieren, noch einen hohen Finanzgewinn oder hohes wissenschaftliches Prestige zu erzielen. Während die Person, die ihren wirtschaftlichen Gewinn oder ihr wissenschaftliches Prestige als ersten Zweck zu maximieren strebt, sowohl ihr erstes Ziel, den Gewinn oder das Prestige, als auch ein gutes Produkt oder gute wissenschaftliche Arbeiten, also das Gemeinwohl ihrer Institution verwirklicht, kann die zweite Person weder ihren Hauptzweck, das Gemeinwohl, noch ihren zweiten Zweck, ihr Selbstinteresse verwirklichen.

Daß die Motive und die Resultate des Handelns relativ oder manchmal vollständig entkoppelt sind, ist eine Tatsache. Aber besagt das häufige Eintreten dieser Tatsache, daß die Motive und die Ergebnisse, die Gemeinwohlorientierung und der institutionelle Erfolg, vollständig voneinander entkoppelt sein *sollen*? Homann geht soweit, diese Entkopplung als ein Sollen einzufordern und jeden Bezug auf das Allgemeine oder das Allgemeinwohl aus der Sphäre der Wirtschaft schlechthin zu verbannen. Der Ort der Moral und des Allgemeinen sind nicht mehr die individuelle Motivation und das individuelle Handeln, sondern nur noch die Einrichtung der Spielregeln und der Rahmenordnung. Der systematische Ort der Moral in einer Marktwirtschaft wird nur noch in der Rahmenordnung gesehen. Homann zieht die Analogie des Wettkampfspiels heran und unterscheidet zwischen Spielregeln und Spielzügen. Die Moral und der Bezug auf das Allgemeinwohl können nur noch in den Spielregeln Beachtung finden, nicht jedoch in den Spielzügen, die die Einzelnen im Rahmen des Spieles für sich vollziehen:

> Unter diesen Bedingungen der modernen Wirtschaft ist die Moral nicht mehr in den einzelnen Handlungen, also nicht in den Spielzügen zu finden. Deswe-

> gen können unter Wettbewerbsbedingungen moralische Werte auch nicht mehr durch einzelne Spielzüge geltend gemacht werden.[5]

Hier wird die Freisetzung des Eigeninteresses auf die Spitze getrieben. Das Allgemeine und das Gemeinwohl können gar nicht mehr auf der Ebene individuellen Handelns, sondern nur noch in den Rahmensetzungen des nun allerdings von außen hereinkommenden und vollkommen moralischen Gesetzgebers ihre Berücksichtigung finden. Der Gesetzgeber, der die Spielregeln aufstellt, muß diese so festlegen, daß sich bei vollständig moralfreien eigennützigen Individuen, das Gemeinwohl und auch das Wohl der jeweiligen Institution, also des Unternehmens, aus deren Zusammenwirken durch die unsichtbare Hand des Marktes ergibt.

Voraussetzung dieser radikalen Auffassung von der völligen Gemeinwohl- und Moralfreiheit der individuellen Strategien in der Marktwirtschaft ist zweierlei. Erstens wird ein Gesetzgeber vorausgesetzt, der die unsichtbare Hand des Marktes so führt, daß die eigennützigen Bestrebungen der Individuen in soziale Wohlfahrt transformiert werden. Es wird ein Gesetzgeber vorausgesetzt, der in der Lage ist, die Regeln der Marktwirtschaft völlig unabhängig von einer vollständig eigennützigen Umwelt, die an nichts anderes mehr als an ihr Selbstinteresse glaubt, festzulegen. Der Gesetzgeber ist also, obgleich er in einer vollständig egoistischen Welt lebt, zugleich völlig unparteiisch und setzt selbstlos die Spielregeln fest. Hier stellt sich unmittelbar der philosophische Einwand ein, wie aus einer vollständig von egoistischen Individuen beherrschten Marktgesellschaft ein solcher erleuchteter und vom Eigennutz unberührter Gesetzgeber entstehen und wirkungsvoll seine Regeln durchsetzen kann.

Es ist dies derselbe Einwand, den auch die Public Choice-Theorie gegen die Annahme der politischen Theorie, daß die Politiker eine andere Motivationsstruktur als die Marktteilnehmer aufweisen, vorgebracht hat. Der Einwand der Public-Choice-Theorie, daß man in einer Marktwelt nicht davon ausgehen kann, daß Politiker eine vollständig andere Motivationsstruktur haben als die Teilnehmer am Marktgeschehen, ist zutreffend und widerlegt die Hoffnung, bei der Festlegung der Rahmenordnung könnten wir mit dem erleuchteten Gesetzgeber rechnen, während wir es ansonsten nur mit engen Eigennutzmaximierern zu tun haben. Andererseits gehen bestimmte Vertreter der Public-Choice-Theorie zu weit, wenn sie sagen, Politiker und Marktteilnehmer haben dieselbe Motivationsstruktur des Eigennutzes, daß Politiker wie

---

5 HOMANN, BLOOME-DREES, *a.a.O.*, S. 35.

Teilnehmer im Markt ihr Eigeninteresse maximieren. Die Differenz in der Rollenerwartung des Politikers und des Managers wird hier übersehen.

IV. Die Grenzen des Spiels in der Theorie der Marktwirtschaft: Keine Überreduktion wirtschaftsethischer Entscheidungsprobleme

Ein anderer Einwand betrifft die Analogie des Spiels. Es ist ein merkwürdiges, philosophisch zu reflektierendes Phänomen, daß in der gegenwärtigen Sozialwissenschaft, nicht nur in der Wirtschaftswissenschaft, die Metapher des Spiels geradezu penetrant hervortritt. Man denke an die spieltheoretische Begründung der Ethik, aber auch an die Bedeutung des Sprach- und Kulturspiels in der Theorie der Postmoderne, sowie eben an die Idee, die Wirtschaft sei ein Spiel mit Spielregeln und Spielzügen, wie sie bei Homann vertreten wird. Fragwürdig ist die Gleichsetzung der Marktwirtschaft mit einem Spiel, weil jedes gute Spiel voraussetzt, daß es alle möglichen Spielzüge genau festzulegen und damit Erfolg und Mißerfolg im Rahmen des Spiels genau zu definieren vermag. Ein Spiel, jede Art von Glücksspiel oder Sport, ist nur dann interessant, wenn seine Struktur und seine Spielregeln in bezug auf die Kriterien der Zulässigkeit von Zügen ebenso wie in bezug auf die Ermittlung des Spielgewinnes vollständig eindeutig sind, so daß keinerlei Zweifel darüber aufkommen können, was noch zum Spiel gehört oder was als außerhalb des Spiels liegende, nicht zu berücksichtigende Realität oder als die Spielregeln brechende Spielzüge anzusehen ist. Beide Kriterien sind für die Marktwirtschaft nicht zutreffend.[6] Die Marktwirtschaft ist kein Spiel im Sinne eines sportlichen Wettkampfs oder eines Glückspiels.

Es geht es in der Marktwirtschaft nicht darum, ein Spiel zu spielen, bei dem man schon vorher weiß, welche Spielzüge auftreten können – das ist der Irrtum, der in bestimmten Konzeptionen der Neoklassischen Theorie der Unternehmung auftrat, die Annahme, man kenne genau die Kostenfunktion und die Preisabsatzfunktion, so daß man diese sich schneiden läßt, dann den

6 Vgl. P. KOSLOWSKI: „Gemeinwohl und Selbstinteresse im Marktprozeß und im Abstimmungsprozeß der Demokratie", in: P. KOSLOWSKI (Hrsg.): *Das Gemeinwohl zwischen Universalismus und Partikularismus*, Stuttgart-Bad Cannstatt (Frommann-Holzboog) 1999, S. 35-70.

Preis der Ware hat und im Grunde die ganze Aufgabe des Unternehmens erfüllt hat. So ist das aber nicht. Man weiß nicht, welche Spielzüge auftreten können, noch ist das Spielergebnis oder der Spielzweck eindeutig. Man kann sagen, Gewinn zu machen, ist ein Spielzweck, aber das ist ein Zweck, der so allgemein und formal ist, daß er zu allgemein für ein eindeutig definiertes Spiel ist. Neue Produkte, neue Produktionsweisen bringen neue Spiele und auch neue Spielregeln hervor und die Leistung des Spiels in der Marktwirtschaft - wenn man diesen Begriff verwenden will - besteht gerade darin, neue Spielregeln, also ein neues Spiel, zu schaffen, und nicht nur neue Züge in einem gegebenen Spiel zu finden. Die Aufgabe des Unternehmers besteht gerade darin, neue Spielregeln in dem Sinn zu schaffen, daß er neue Märkte und neue Produkte erfindet.

Schließlich ist noch ein dritter Unterschied zwischen Spiel und Wirtschaft festzuhalten: Spiele werden nach kurzer Zeit beendet und dann von neuem mit gleichen Spielchancen begonnen. Nach jedem Spiel wird sozusagen mehr oder weniger wieder auf Null gesetzt und von vorne begonnen. Der Wettbeweb der Wirtschaft ist dagegen ein ununterbrochenes Kontinuum und kann nicht jederzeit vom Punkt Null mit Gleichstellung der Spielchancen begonnen werden.

Das Verhältnis von Gemeinwohlorientierung und Eigennutzorientierung und dasjenige von Innovation und bloßem eigennützigen Vollziehen von Spielzügen im Markt sind sehr viel komplizierter, als es das Spielmodell nahelegt. Wir müssen als Philosophen den Einwand in den Diskurs mit den Ökonomen einbringen, daß eine Theorie der Wirtschaft und Wirtschaftsethik, die die Marktwirtschaft allzusehr mit einem Spiel vergleicht, eine Fehlentwicklung ist. Sie ist eine Fehlentwicklung auch deshalb, weil sie dem Wunsch der Akteure in der Wirtschaft, vor allen Dingen dem Wunsch der Manager und Eigentümer von Unternehmen, sich von der Komplexität ihrer Aufgabe zu entlasten, allzu sehr entgegenkommt.

Die Frage ist, welche Entlastungsfunktion Wirtschaftsethik legitimerweise übernehmen kann. Natürlich ist es der Sinn der ökonomischen und der ethischen Theorie, Entscheidungen in dem Sinne zu entlasten, daß sie Entscheidungshilfen geben, Regeln und Verfahren entwickeln, um die Entscheidungsfindung zu vereinfachen und damit zu entlasten. Aber dieses Entlastungsphänomen der Ethik ist ein ganz anderes als die Tendenz, die sich verständlicherweise gerade bei Großunternehmen und Managern findet, in der gegenwärtigen Wirtschaft die eigene Führungsaufgabe zu vereinfachen, indem man sagt: Wir sind hier in einem Spiel, und da gibt es Spielregeln und was von der Umwelt oder von ethischen Forderungen hineinkommt, das gehört eigentlich nicht dazu. Jede Führungskraft ist daran interessiert, ihre Führungsaufgabe oder ihre Leitungsaufgabe so berechenbar und einfach wie möglich zu machen. Das ist menschlich verständlich. Die Berücksichtigung von moralischen oder Gemeinwohlinteressen erschwert die Entscheidungsfindung und auch die Erfolgsermittlung eines Wirtschaftsunternehmens. Zusätzliche Kriterien neben dem sehr klar zu definierenden Ziel der Gewinnmaximierung oder etwa der Shareholder Value-Maximierung müssen berücksichtigt werden.

Die Aufgabe der Wirtschaftsethik kann es nicht sein, die Entscheidenden in ihren Entscheidungen dadurch zu entlasten, daß die Komplexität ihrer Entscheidungsprobleme wegdefiniert oder so reduziert wird, daß sie nicht mehr mit der Komplexität der wirklichen Situation übereinstimmt. Es ist vielmehr die Aufgabe der Ethik, die Entscheidung durch eine genaue Analyse der Entscheidungssituation zu erleichtern und zu entlasten. Dies darf jedoch in der Sicht der Ethik nicht durch eine Übersimplifizierung der Entscheidungssitutation herbeigeführt werden.

Wenn man die beiden Aspekte, die Möglichkeit perverser Anreize oder die Möglichkeit der Perversion von Anreizen und das Problem des Verhältnisses von Gemeinwohlinteresse und Selbstinteresse zusammennimmt, ergibt sich eine Korrektivfunktion der Philosophie gegenüber der Ökonomie. Alle Versuche, das Verhältnis von Philosophie und Ökonomie total zu harmonisieren, indem man sagt, daß es da überhaupt keine Reibungsflächen gibt und die Wirtschaftsethik und die philosophische Ethik nur eine Form der guten Ökonomie sind, reduzieren die Komplexität ihrer Beziehung unangemessen. In der positiven Ökonomie selbst steht kein Korrektiv zur Verfügung, um eine Verschlechterung, ein Abgleiten von bestimmten Anreiz-Beitrags-Systemen in perverse Anreiz-Beitrags-Systeme zu kritisieren, solange dieses aus dem Selbstinteresse der Akteure folgt und ökonomisch effizient ist. Die Wirtschaftsethik muß diese Verschlechterungen des wirtschaftsethischen Klimas aufweisen und zu verbessern suchen.

Der andere Punkt, den die Philosophie und die Ethik gegen eine Engführung der Ökonomie geltend machen müssen, ist, daß das Verhältnis von Gemeininteresse und Eigeninteresse nicht so simplifizierend gefaßt werden kann, daß die unsichtbare Hand des Marktes immer so funktioniert, daß die eigennützigen Bestrebungen durch die unsichtbare Hand in öffentliche Vorteile verwandelt werden. Sowohl die Politik als auch die Gesetzgebung und die Wirtschaft sind auf Menschen angewiesen, die – nicht immer, aber wenn es nötig ist – das allgemeine Interesse auch zu ihrem eigenen machen.

V. Universale Ökonomie als Ontologie und der Theorieimperialismus der Ökonomie in der Soziobiologie und Bioökonomie

Die normativistische Engführung des Beitrags der Philosophie zur Wirtschaftswissenschaft, die sich auf Wirtschaftsethik beschränkt, geht an einem spezifisch philosophischen Interesse der Ökonomie oder einem spezifischen Interesse der Philosophie an der Ökonomie vorbei. Weil es eine universale Dimension der Ökonomie gibt, insofern das Prinzip der Wirtschaftlichkeit über den Bereich der Wirtschaft hinausgeht, haben Theorien der Philosophie diesen Gedanken aufgenommen und vertreten, daß die Ökonomie, das Ökonomieprinzip, ein universales Prinzip der Gesamtwirklichkeit ist. Leibniz, der das Maximierungskalkül und die Infinitesimalrechnung, also das Grundmodell der ökonomischen Theorie entwickelt hat, stellt die Idee, daß die Gesamtwirklichkeit vom Ökonomieprinzip beherrscht wird und daß die Maximierung von Existenz in der Welt realisiert werden soll, in das Zentrum seines Denkens. Seine Metaphysik stellt eine universale Ökonomie dar. Bei Leibniz hat die Universalökonomie eine theologische Bedeutung: Gott ist derjenige, der die Welt nach dem Ökonomieprinzip so eingerichtet hat, daß das Maximum an Existenz realisiert wird. Das theologische Element tritt jedoch im Grunde bei ihm bereits schon so zurück, daß das Ökonomieprinzip zu einem ontologischen Prinzip wird.[7] Dies ist ein bemerkenswerter Zusammenhang zwischen Ontologie und Ökonomie, der in dem Gebiet der Wirtschaftsphilosophie Berücksichtigung finden muß. Der Zweck der Welt ist es nach Leibniz, daß in ihr die Existenz kompossibler Wesen maximiert wird.

Es ist notwendig, daß die Philosophie eine Idee der ökonomischen Theorie aufnimmt, nämlich den ökonomischen Imperialismus, der von der Öko-

---

7 Vgl. zu Leibniz P. KOSLOWSKI: „Maximalkoordination entelechischer Individuen. Leibnizsche Metaphysik und Sozialphilosophie", *Ratio* (Deutsche Ausgabe), 27 (1985), H. 2, S. 139-154, und P. KOSLOWSKI: *Gesellschaftliche Koordination. Eine ontologische und kulturwissenschaftliche Theorie der Marktwirtschaft*, Tübingen (Mohr Siebeck) 1991.

nomie her die Ökonomie als Universalökonomie entwickelt. Der ökonomische Imperialismus sagt, daß das Ökonomieprinzip nicht nur für Unternehmen gilt, sondern daß die Ökonomie die Metatheorie aller Entscheidungsprozesse ist. Wir erleben gegenwärtig einen Imperialismus der Ökonomie in alle Gebiete. Ein auffälliges Beispiel sind die Soziobiologie und die Bioökonomie. Bei M. Ghiselin[8] u.a., aber auch bei E. O. Wilson[9] wird behauptet, daß die Natur selbst eine Art von Wirtschaft ist, in der die Arten des Lebens miteinander konkurrieren, daß es eine „Währung" dieser Bioökonomie, das Überleben der Gene, gibt und daß im Grunde alle Modelle der Wettbewerbswirtschaft auf die Biologie, auf die Bioökonomie übertragen werden können. Diese Entwicklung führt zu einer Theorie der Universalökonomie und folgt aus einem ontologischen Interesse der Biologie an der Ökonomie. Mit der Anerkennung, daß die Ökonomie eine ontologische Dimension hat, reicht die Ökonomie jedoch auch in das Gebiet der Philosophie hinein, und die Philosophie kann diese Fragestellung, weil sie eine ontologische ist, nicht links liegen lassen. Die Soziobiologie ist eine philosophisch interessante Theorie, weil sie eine Theorie der Gesamtwirklichkeit zu sein beansprucht.

Was die Philosophie aber den Ökonomen deutlich machen muß, ist, daß es mit bloßem Theorieimperialismus nicht getan ist. Imperialismus ist in der Welt des Geistes noch viel weniger ein Leitbild als in der Politik. Wenn man einfach den Gegenstand erobert, ihn mit der eigenen Methode überwältigt und nicht mehr darauf achtet, ob der überwältigte Gegenstand nun auch noch als der begriffen ist, der er an sich ist, ist man in Gefahr, die Phänomene zu verlieren. Die Philosophie muß die Ökonomen auch davor bewahren, eine angemessene Erweiterung ihres Paradigmas in einen bloßen Imperialismus zu

8 M. GHISELIN: *The Economy of Nature and the Evolution of Sex*, Berkeley (University of California Press) 1974, und M. GHISELIN: „Darwinian Monism: The Economy of Nature", in: P. KOSLOWSKI (Ed.): *Sociobiology and Bioeconomics. The Theory of Evolution in Biological and Economic Theory*, Berlin, Heidelberg, New York, Tokyo (Springer) 1999, S. 7-24.

9 E. O. WILSON: *Sociobiology. The New Synthesis*, Cambridge (Harvard University Press) 1975. – Vgl. zur Soziobiologie auch P. KOSLOWSKI: *Evolution und Gesellschaft. Eine Auseinandersetzung mit der Soziobiologie*, Tübingen (Mohr Siebeck) 2. Aufl. 1989, und P. KOSLOWSKI: „The Theory of Evolution as Sociobiology and Bioeconomics. A Critique of Its Claim to Totality", in: P. KOSLOWSKI (Ed.): *Sociobiology and Bioeconomics. The Theory of Evolution in Biological and Economic Theory*, Berlin, Heidelberg, New York, Tokyo (Springer) 1999, S. 301-328.

verwandeln, bei dem die Phänomene verloren gehen, obgleich das machtvolle ökonomische Analyseinstrumentarium bestehen bleibt.

Die Frage ist deshalb für die Philosophie, wie sich die Ontologie der Bioökonomie oder der Soziobiologie zur allgemeinen philosophischen Ontologie verhält. Ist der bioökonomische und soziobiologische Imperialismus der ökonomischen Theorie eine Form des Reduktionismus, wenn die neodarwinische Synthesis behauptet, daß die gesamte Wirklichkeit des Lebendigen der Biologie erklärt werden kann durch das Prinzip von Mutation und Selektion einerseits und durch das Prinzip der Vererbung der Genstruktur sowie des ökonomischen Gebrauchs der Umweltressourcen durch die Individuen der Arten andererseits? Es ist fraglich, ob diese drei Prinzipien, Mutation und Selektion, Vererbung erfolgreicher Eigenschaften durch das Weitergeben des genetischen Codes der Träger dieser Eigenschaften und ökonomischer Wettbewerb der Arten um die Ressourcen der Natur, ausreichen, um eine Ontologie des Lebendigen zu schaffen, auch wenn man anerkennen muß, daß in der Tat die Prozesse, die zwischen den Arten in der Natur stattfinden, ganz weitreichende Analogien zu Wettbewerbsprozessen aufweisen, wie sie in der Sozialökonomie, also in der Ökonomie des Menschen, geschehen.

Wenn die Wirtschaftsphilosophie anerkennt, daß die Ökonomie eine ontologische Dimension aufweist, insofern die Ökonomie sich von ihr selbst her ontologisiert, muß sie im Rahmen einer universalen Ökonomie, die dann auch zur philosophischen Ökonomie wird, zwischen der darwinistischen Ökonomie der Natur und der Sozioökonomie, der kulturell geprägten Ökonomie unterscheiden. Dabei stellt die Frage, wie sich solche zwei Systeme von Ökonomien zueinander verhalten, ein Problem dar, das selbst ein philosophisches ist.

VI. Kulturphilosophische Erweiterung der Wirtschaftsethik zur Ethischen Ökonomie

Im Rahmen einer umfassenden ökonomischen Theorie, die versucht, auch die kulturwissenschaftlichen Ansätze der Erklärung menschlichen Handelns in ihre Theorie aufzunehmen, und für eine kulturell erweiterte Ökonomie ist der Begriff der Ethischen Ökonomie angemessen, weil der Begriff der

Wirtschaftsethik oder Wirtschaftsmoral in Gefahr ist, sich normativistisch zu verengen. Er nimmt im Begriff der Wirtschaftsethik nur die Wirtschaftsgesinnung und die Gesinnungsmoral des Wirtschaftens auf. Die philosophische Handlungstheorie und die verstehende, nicht normative Kulturphilosophie können aber die Ökonomie nachhaltig befruchten durch die Erinnerung der kulturellen Bedingungen des Wirtschaftens. Die Kulturtheorie oder Kulturphilosophie der Wirtschaft muß im Begriff der Ethischen Ökonomie[10] als Wirtschaftsethik eingeschlossen sein. Die Kultur, die Üblichkeiten und „Sitten" gehören neben der Moral und ethischen Gesinnung in die Wirtschaftsethik als Ethische Ökonomie. Im Begriff „Wirtschaftsethik" wird im allgemeinen dieser Bereich der nicht-normativen oder der nicht-moralischen Dimensionen der Wirtschaftskultur ausgeklammert.

Die philosophische Ökonomie muß die positive ökonomische Wissenschaft, also die Volkswirtschaftslehre und die Betriebswirtschaftslehre, darauf hinweisen, daß sie in ihrer eigenen Tradition, vor allen Dingen in der Tradition der Historischen Schule der Nationalökonomie schon einmal eine Theorie entwickelt hatte, die zumindest dem Programm nach in der ökonomischen Theorie den Einschluß der kulturellen Determinanten des Wirtschaftens realisiert hatte.[11] Die Philosophie kann als Wirtschaftsphilosophie für die ökonomische Theorie fruchtbar sein, wenn sie an die Formen der interdisziplinären Kooperation zwischen Philosophie und ökonomischer Theorie erinnert, die in der zweiten Hälfte des 19. und in der ersten Hälfte des 20. Jahrhunderts üblich waren.

Man muß auch erkennen, daß die Überdifferenzierung von Disziplinen zwar ihre Vorteile hat, aber auch die Gefahr in sich birgt, daß Synergien, die bereits schon einmal realisiert waren, durch die Trennung in Disziplinen wieder verloren gehen, weil die ausdifferenzierten Disziplinen sich gar nicht

---

10 Vgl. P. KOSLOWSKI: *Prinzipien der Ethischen Ökonomie*, a.a.O.

11 Vgl. zur Historischen Schule P. KOSLOWSKI (Ed.): *The Theory of Ethical Economy in the Historical School. Wilhelm Roscher, Lorenz von Stein, Gustav Schmoller, Wilhelm Dilthey and Contemporary Theory*, Berlin, Heidelberg, New York, Tokyo (Springer) 1995, Nachdruck 1997; P. KOSLOWSKI (Ed.): *Methodology of the Social Sciences, Ethics, and Economics in the Newer Historical School. From Max Weber and Rickert to Sombart and Rothacker*, Berlin, Heidelberg, New York, Tokyo (Springer) 1997, und P. KOSLOWSKI (Ed.): *The Theory of Capitalism in the German Economic Tradition: Historism, Ordo-Liberalism, Critical Theory, Solidarism*, Berlin, Heidelberg, New York, Tokyo (Springer) 2000.

mehr daran erinnern, daß es sehr fruchtbare Synergien zwischen ihnen bereits einmal gegeben hat.

2. Kapitel

Unternehmensethik – die Kopenhagener Schule

HANS SIGGAARD JENSEN

Die Beobachtungsproblematik war – und ist – der Kern der Kopenhagener Deutung der Quantenmechanik. Im Mittelpunkt steht das Verhältnis zwischen dem beobachtenden und dem erkennenden Subjekt, das, gegenüber den atomaren Prozessen, nur über begrenzte Erkenntnismöglichkeiten verfügt – da die Erkenntnis über eben diese Prozesse erfolgen muß – und dem Erkannten. In der Ethik besteht ein entsprechendes Problem. Wir handeln, organisieren, führen, und wir denken und verhalten uns zu dem, was wir tun. Jedwede Aktivität beinhaltet auch eine ethische Dimension, auch die Aktivität, die darin besteht, darüber nachzudenken, was wir tun und ob das, was wir tun, richtig oder falsch ist.

Die Kopenhagener Schule der Ethik[1] geht von einer prozessuellen Auffassung des Begriffs Ethik aus und sieht ihn aus der Perspektive der Mehr-

---

1 An der Wirtschaftsuniversität Kopenhagen wird seit Ende der 80er Jahre im Bereich Unternehmens- und Organisationsethik geforscht. Die Ergebnisse liegen als Publikationen wie auch als praktische Ergebnisse vor. Beispiele der grundlegenden Forschung sind u.a.: HANS SIGGAARD JENSEN, PETER PRUZAN und OLE THYSSEN: *Den etiske udfordring – om etik i et pluralistisk samfund* (Die ethische Herausforderung – Ethik in einer pluralistischen Gesellschaft), Kopenhagen (Handelshøgskolens Forlag) 1988; PETER PRUZAN: „Etik, værdibaseret ledelse og Det etiske Regnskab“ (Ethik, wertbasierte Unternehmensführung und die ethische Bilanz), in: JOHNSEN und HILDEBRAND (Hrsg.): *Ledelse Nu* (Unternehmensführung heute), Kopenhagen (Børsens Forlag) 1994; OLE THYSSEN: *Kommunikation, kultur og etik* (Kommunikation, Kultur und Ethik), Kopenhagen (Handelshøgskolens Forlag) 1994. 1989 veröffentlichte das Geld- und Kreditinstitut Sparekassen Nordjylland als erstes Unternehmen eine ethische Bilanz, für die Peter Pruzan und Ole Thyssen die theoretische Grundlage erarbeitet hatten und an deren Ausarbeitung sie aktiv mitwirkten. Seitdem haben mehrere Unternehmen und Organisationen ethische Bilanzen ausgearbeitet. METTE MORSING hat das Buch *Den etiske Praksis – En introduktion til det etiske regnskab* (Die ethische

schichtigkeit. Der ethische Prozeß ist ein Prozeß, bei dem die beteiligten Parteien und Akteure über die Werte und Normen reflektieren, die ihre Aktivitäten beinhalten. Durch Gespräche mit allen beteiligten Parteien wird versucht, einen Prozeß zu initiieren, der teils zu einer wertbezogenen Bewußtseinsbildung und teils zu einer Bewegung in Richtung eines ethischen Konsensus führt. Man könnte daher sagen, daß die Kopenhagener Schule explizite versucht, sich entgegen dem Strom von einer normativen zu einer Meta-Ethik zu bewegen, nämlich von ethischer Theorie zu ethischer Praxis. Ethische Theorie heißt dann Reflexion über die begonnene ethische Praxis. Diese Reflexion erfolgt jedoch nicht als Deduktion, sondern nimmt eher die Form des Gesprächs an. Argumente sind natürlich nicht ausgeschlossen; der Argumentierende befindet sich jedoch in einer neuen Situation, wo die Person als Gesprächspartner und Handelnder – also als Teil des Prozesses – nicht der Logik der Proposition, sondern der der Äußerung unterworfen ist. In diesem Sinne ist Ethik pragmatisch.

Ethik als Prozeß führt auch eine Konfrontation mit der cartesianischen Ethik-Tradition mit sich, der Tradition des einzelnen – um nicht zu sagen einsamen – Entscheidungsträgers, der ethischen Wahlmöglichkeiten gegenübersteht; allerdings nicht völlig auf sich gestellt, denn Ethik entsteht eben nur, weil wir nicht allein sind. Ethik ist genau wie Rationalität nicht nur paradigmatisch, sondern eben strategisch. Damit wird Ethik auch kollektiv. Dieser Aspekt deutet darauf hin, daß Unternehmensethik immer als eine Ethik des Kollektiven aufgefaßt werden muß, als eine Organisations-Ethik. Im Mittelpunkt der Unternehmens-Ethik steht daher nicht die heroische Person an der Unternehmensspitze, die schwere Entscheidungen treffen muß, mit ethischen Dilemmas konfrontiert ist, sondern die Verhältnisse, die den Prozeß in Richtung des bewußten Verhaltens der Organisation Werten gegenüber betreffen. Verbunden damit sind teils Beobachtungs- und Selbstbeobachtungsprozesse, aber auch Prozesse, die eine reelle Verpflichtung gegenüber

---

Praxis – eine Einführung in die ethische Bilanz) veröffentlicht und CHRISTIAN BAK den praktischen Leitfaden *Det etiske regnskab – introduktion, erfaringer og praksis* (Die ethische Bilanz – Einführung, Erfahrungen und Praxis), Kopenhagen 1996. Mehrere Forscher haben im Anschluß daran wissenschaftliche Abhandlungen publiziert, z.B. THORBJÖRN MEYER: *Dialogos, den etiske læreproces* (Dialogos, der ethische Lernprozeß), Kopenhagen (Samfunds litteratur) 1996 und ANDERS BORDUMS theoretisch reflektierende Arbeit *Diskursetikken og Det etiske Regnskab* (Diskursethik und ethische Bilanz), Kopenhagen (Samfunds litteratur) 1998.

den gewählten Werten sichern sollen. In dieser Haltung zur Ethik ist daher auch ein gewisser Grad an Relativität enthalten. Die Normativität ist an sich relativ. Ethisch korrekt ist, worauf man sich als ethisch korrekt einigt. Möglicherweise können jedoch nicht alle Prozesse, die zur Einigkeit führen, als ethisch akzeptabel eingestuft werden, wie auch nicht alle Formen des Konsens es sein müssen.

Wir können daher auch von ethischen Werkzeugen und ethischen Experimenten sprechen. Wir leiten Prozesse ein, die Reflexion und Diskussion über ethische Fragen und Werte ermöglichen oder erforderlich machen. Wir setzen dann voraus, daß ein ethischer Inhalt vorgegeben ist, daß wir wissen, mit welchem Phänomen wir es zu tun haben. Dabei kann es sich um die Dimensionen wünschenswert, wertvoll, nützlich, pflichtgebunden oder effizient handeln. Dies trifft jedoch für jede traditionelle, normative philosophische Ethik zu. Bei den ethischen Werkzeugen handelt es sich beispielsweise um die ethische Bilanz, die darstellt, wie eine Organisation ihre Rolle im Spannungsfeld zwischen Werten und Interessenten auffaßt. Als Werkzeug ist diese Bilanz Bestandteil eines ethischen Prozesses, der den Charakter eines ethischen Experiments mit konstanter Observation und Analyse hat. Gewisse Faktoren sind unter Kontrolle, andere nicht. Der Prozeß gerät damit zum Bestandteil der Organisationsentwicklung und als solcher zu einem strategischen Werkzeug, das auf vielen Ebenen der Organisation genutzt werden kann.

Eine Gemeinschafts- oder Organisationsethik führt augenblicklich zu einem Konfliktpotential in bezug auf Toleranz und Konsens. Wir fassen Ethik als die Ethik der zweiten Ordnung auf, d.h. eine Ethik des Kollektiven und der Koexistenz mehrerer Moralvorstellungen. Wenn Ethik als Prozeß-Ethik verstanden werden soll, ist es auch eine Ethik, die den Konsens durch das Gespräch sucht. Damit ist ausgeschlossen, von vorn herein davon auszugehen, daß der andere irrt, denn damit ist jedes Gespräch unmöglich. Eine Toleranz der ersten Ordnung besteht im Akzept des Rechts des anderen auf seinen Standpunkt, auch wenn man weiß, daß dieser falsch ist. Eine Toleranz der zweiten Ordnung besteht im Akzept der Möglichkeit, selbst zu irren. Eine vernünftige Ethik ist in diesem Sinne fallibilistisch. Eben dies ist die Eigenschaft der zweiten Ordnung. Als solche ist Ethik Trägerin eines zivilisatorischen Fortschritts.

Wertvorstellungen haben die Eigenschaft, sich aufzudrängen. Man erlebt zwangsläufig in Werten, lebt in einer Welt, die vom und durch den anderen vorgegeben ist. Wir können uns jedoch nicht darauf beschränken, Ethik mit diesem Erlebnis zu verbinden. Um für alle verpflichtend zu werden, muß Ethik formuliert und diskutiert werden. Man muß sie sich aneignen. Daher ist Ethik mit einem bestimmten Diskurs verknüpft, der von Normen und der Gültigkeit von Normen handelt. Dieser Diskurs ist, wie G. E. Moore es fomulierte, „open-ended", und eher ein Prozeß als eine Doktrin. Wir weisen jede Form eines ethischen Dogmatismus zurück. Ethik ist nicht mit dem rechten Glauben verbunden, sondern mit dem Willen und der Verpflichtung, sich auf eine Diskussion darüber einzulassen, was der rechte Glauben sein könnte, und damit auch mit der Bereitschaft, den rechten Glauben jederzeit aufzugeben.

Dies beinhaltet auch, daß nicht im vorab festgelegt ist, wer sich äußern muß, kann oder darf. Paternalismus ist ausgeschlossen, und niemand kann in letzter Instanz entscheiden, wer beteiligt ist. Jeder kann sein Interesse bekunden. Auch in diesem Sinne muß der ethische Prozeß offen sein. Unser Prinzip beinhaltet, daß alle beteiligten Parteien ein Anrecht auf die Teilnahme am ethischen Prozeß haben. Eine Organisation oder ein Unternehmen kann nicht vorab abgrenzen, mit wem es diskutieren will und mit wem nicht.

Der wohlstands-utilitaristische Aufbau des Staates und des privaten Bereichs – der Wirtschaft – hat auch eine Aufteilung zwischen einer öffentlichen Staatsmoral und einer individuellen Bürgermoral einerseits und einem privaten Markt ohne Moral andererseits konstruiert. Dies ist die Folge einer Fokussierung entweder auf ein konsequentialistisches Handlungsparadigma oder ein kontraktualistisches Entscheidungsparadigma. Der einzelne handelt kalkulierend, während der Staat das Ergebnis eines Vertrages ist. Dem gegenüber stellen wir die Ethik als einen Prozeß, der bedeutet, daß Organisationen auf allen Ebenen Werten gegenüber verpflichtet sind. Daraus folgt wiederum, daß jede Organisation und jedes Unternehmen sich der Aufgabe stellen muß, sich unter Bezugnahme auf diese Werte zu formulieren und sich einige der Werte zu eigen zu machen. Das ist der Kern der sozialen Verantwortlichkeit der Unternehmen. Gleichzeitig ändert sich damit die Grenze zwischen öffentlicher Moral und privatem Unternehmertum oder entfällt völlig.

Für Aristoteles war das Praktische, was der Mensch ändern konnte. Für Kant bestand das Praktische darin, einem Moralgesetz unterworfen zu sein. Aristotelische Ethik ist geprägt durch die These, daß Handlungen durch anderes als Triebe und gefühlsmäßige Motivation beeinflußt werden können, daß Raum besteht für den Intellekt, daß Ethik, wie auch Philosophie, nicht nur möglich, sondern sogar wünschenswert ist. Für Kant war die Vernunft Gegenstand der philosophischen Ethik. Voraussetzung der Rationalität war die Autonomie des Willens. Gleichzeitig drückte sich die praktische Vernunft in Form von Gesetzmäßigkeiten aus, um die Universalität zu sichern. Der Utilitarismus ist kalkulierende Vernunft, die maximiert und optimiert. In seiner reinen Form ist er kasuistisch, basiert jedoch auf einem generellen Grundsatz: der Maximierung des Nutzens.

Wenn Ethik als Prozeß verstanden werden soll und alle Beteiligten gehört werden sollen, könnte man sagen, daß das ethische Grundproblem sich damit nur dem einzelnen stellt, der am Prozeß beteiligt ist. Was soll ich meinen und tun, was ist gut, was ist richtig? Der Unterschied besteht eben darin, daß diese Reflexion – wie alle moralphilosophischen Überlegungen – in einem sozialen Rahmen stattfindet, in dem auch die Verpflichtung zugegen ist. Es handelt sich nicht um abstraktes, rationelles Denken, sondern um einen sozialen Austausch. Daraus folgt ebenfalls, daß das ethische Räsonnement nicht nur als normative oder deontische Logik verstanden werden kann, sondern auch als normative oder deontische Rhetorik. Damit stellt sich die Frage der Gültigkeit. Es ist unsere Auffassung, daß es keine transzendentale Gültigkeit gibt außer der pragmatischen, die darin besteht, daß sich Menschen im Laufe eines Gespräches geeinigt haben. Das ist die Verpflichtung der Gegenseitigkeit und damit ihre Gültigkeit. Darin besteht auch die Forderung nach Konsistenz, nicht nur logisch, sondern auch pragmatisch. Und darin besteht vielleicht auch der Kern der Gültigkeit, in der Möglichkeit einer Übereinstimmung zwischen Wort und Handlung.

Durch Ethik als Prozeß ist die Philosophie auch in einem anderen Sinne praktisch geworden. Der Philosoph ist kein isolierter Analytiker mehr, der die Gültigkeit des Arguments untersucht, er ist Teil des Prozesses, eben der Teil, der zur Selbstreflexion des Prozesses beiträgt. Wo Platon den Philosophen als Geburtshelfer auffaßte, kann man ihn hier eher in der Rolle des Therapeuten sehen – eine Figur, die auch Wittgenstein faszinierte. Nur wollte er nicht soziale Prozesse begleiten, sondern den Sprachgebrauch. Wenn wir anders sprechen, müssen wir auch anders leben. Alles andere ist unethisch.

Wie steht es dann mit der Philosophie? Diese Frage kann auf mindestens zweifache Art interpretiert werden. Einmal, wo wir uns heute rein philosophisch befinden, wenn es um Unternehmensethik geht. Liegen philosophische Ergebnisse vor, wurden Fortschritte erzielt? Aber auch: Welche Rolle spielt die Philosophie? Denn Ethik heißt ja nicht nur Philosophieren, sondern muß ebenfalls konkretes Handeln, Praxis sein. Wir in Kopenhagen sind der Auffassung, daß diese beiden Fragen eng miteinander verbunden sind. Es ist wichtig für den Philosophen, sich in der ethischen Praxis zu engagieren, um durch Reflexion des ethischen Prozesses philosophisch arbeiten zu können. Die philosophische Ethik wurde durch die Konfrontation mit wesentlichen ethischen Problemen neu belebt, wie Stephen Toulmin es einmal ausdrückte, wobei er sich auf die großen bioethischen Problemstellungen bezog, die die Philosophen völlig unvorbereitet trafen. Das trifft auch für die Unternehmensethik zu. Nachdem der Glaube an sowohl die öffentliche, utilitaristische Moral des Nutzens (neoklassische ökomische Rationalität) als auch an die Grundlage der privaten Moralität im Zusammenfall von Moral und Legalität zerbröckelt war, entstand eine völlig neue Situation für Unternehmen und Organisationen, ja sogar für den Staat. Das Zusammenwirken zwischen der Verpflichtung der Gemeinschaft gegenüber dem einzelnen und der Verantwortung des einzelnen als eines freien, mündigen Menschen, sich selbst gegenüber und gegenüber der Gemeinschaft, entfaltet sich im ethischen Prozeß. Dieser bildet in gewissem Sinne den Kern des Verständnisses und der Verwirklichung der Demokratie – Demokratie nicht im Sinne einer bestimmten Entscheidungsregel, sondern als einer Methode zur Handhabung der Problemstellungen, die sich ergeben, weil wir Menschen mit begrenztem Wissen und begrenzten Handlungsmöglichkeiten sind, in einer Welt, wo es auch andere Menschen gibt, die sich in der gleichen Situation befinden.

3. Kapitel

Moral in ökonomischer Umgebung

BIRGER P. PRIDDAT

I. Moral behaviour in economics
II. Koordination, Kooperation, Institution
III. NOMO: Normalform der Ökonomie/Moral-Relation
IV. AMO: die alternative Moral/Ökonomie-Relation
V. Ökonomik als Moraltest
VI. AMO als Markt I
VII. Sidestep: Rawls
VIII. AMO als Markt II
IX. DEAL
X. Fin

Das Bild, das uns die Ökonomie von Märkten liefert, ist ein gleichgewichtstheoretisches: Ausgleich von Angebot und Nachfrage in der aggregierten Form, mikroökonomisch ein Zustand, in der kein Agent seine Transaktionen weiter verbessern will. Dieser Zustand – ersteinmal nur eine Aussage über individuelle Wohlfahrtszustände – wird zu einem allgemeinen Wohlfahrtsoptimum durch die Konklusion, daß dann, wenn alle Agenten individuell keine weiteren welfare-Verbesserungen mehr realisieren, allgemein das ‚welfare'-Optimum erreicht ist.

Die Agenten-Modelle, die die Ökonomie eingeführt hat, sind Variationen über das Thema der Feststellung dessen, was es heißt, keine weitere ‚welfare'-Verbesserung mehr erreichen zu können. Das trifft – grosso modo – auch für die Modellierung von moral agents in ökonomischen Umgebungen zu (Hausman/McPhersons 1996). Eine ‚welfare'-Verbesserung – insbesondere dann, wenn sie für alle Teilnehmer der Wirtschaft zustandekommt, wenn auch zu verschiedenen Anteilen – ist für Ökonomen die Realisation von Effizienz und Moral zugleich, lädiert nur um eine offen bleibende Gerechtigkeitsfrage. Dabei wird Moral auf das reduziert, was Ökonomie leisten kann:

auf die Verbesserung des ‚comfort of life'. Jeder weitergehende moralische Anspruch wird in der Ökonomik systematisch-skeptisch angesehen: Als potentielle Minderung der Effizienz der Wirtschaft, die sich im Gleichgewichtsoptimum darstellt. Die Ökonomik, so lautet meine These, ist aus systematischen Gründen skeptisch gegenüber Moralen eingestellt, die über die Koinzidenz indvidueller und allgemeiner Wohlfahrt hinausgehen. Das mag man als ihr Defizit betrachten, aber es lohnt sich, Ökonomik als eine kritische Theorie der Moral wahrzunehmen. Erst darüber sind ihre Defizite bezüglich der Ökonomie/Moral-Relation aufzuschließen.

I. Moral behaviour in economics

In der älteren Ökonomie bezogen sich wirtschaftliche Handlungen auf ökonomische Güter. Carl Menger trennte 1871 noch deutlich Liebe, Freundschaft etc. als nicht-ökonomische Sachverhalte vom Objektbereich der Wirtschaft ab (Menger 1883). Über die ‚marginal revolution', die die subjektiven Präferenzen als ausschlaggebendes Sortierkriterium einführte – eine schwach definierte individuelle Urteilskraft – änderte sich die Einstellung zu den ökonomischen Gütern: Aus ihrer objektivistischen Gegebenheit[1] wurden sie in subjektivistische Bewertung überführt. Aus Wert wurde Bewertung, Wertzuschreibung.[2]

Durch das Kriterium der subjektiven Bewertung öffnete sich der Güterraum und ‚rational agents' können alle ‚social relations', auch Liebe, Freundschaft etc., in Komparation bringen (vgl. Lindenberg und Frey (1993); Rippberger 1998). Während früher die Sphären distinkt und scharf getrennt waren und die Moral eindeutig in die Umgebung der Ökonomie gehörte, kann sie heute für ‚rational agents' in den ökonomischen Entscheidungsraum hereingeholt werden. Moral tritt innerhalb der Ökonomie als besonderes Sortierkriterium des Alternativenraumes auf. Genauer: Moral markiert bestimmte Auswahlmengen als moralisch qualifiziert, so daß wir Differenzen in den

1 Als produzierter Wert, mit Produktionskosteninputs, oder arbeitswerttheoretisch interpretiert.

2 B. P. PRIDDAT (Hrsg.): *Wert, Meinung, Bedeutung. Die Tradition der deutschen subjektiven Wertlehre bis auf Menger*, Marburg (Metropolis) 1997; H. PEUKERT: *Das Handlungsparadigma in der Nationalökonomie*, Marburg (Metropolis)1998.

Qualitäten der Auswahlmengen notieren können. Formal wird die Moral nicht anders behandelt als andere Habitus, Einstellungen und Meinungen, wie z.B. die Risikoattituden.

Moral wird als ‚framing' eingeführt, als Änderungen des Bezugs- oder Interpretationsrahmens der Festlegung der Alternativenmengen.[3] Dadurch ändert sich der handlungsrelevante Güter- bzw. Alternativenbestand, nicht aber das Konstruktionsschema des Akteurs. Doch ist dies keine unproblematische Aussage: Indem der rational agent nicht mehr zwischen ontisch fixierten Entitäten zu entscheiden oder zu wählen hat – für diese Aktionen reicht ein kognitiv leerer Akteurstypus, weil die epistemischen Probleme ab ovo geklärt sind –, wird er jetzt angefordert, ‚frames' festzulegen, Güter- und Alternativenräume zu bestimmen etc. Der radikal subjektivierte rational actor unterliegt epistemisch höheren Anforderungen, die die Ökonomie – vorsichtig – als kognitionstheoretische Aufladung in die Akteurskonstruktionen einführt.[4] Moral liefert – unter diesen Bedingungen – Vereindeutigungskompetenz, allerdings nur dann, wenn Moral selber als eindeutig und klar eingeführt werden kann, was unter den Bedingungen moderner/postmoderner Pluralität schwieriger wird (Priddat 1994a; Baumann 1995).

Moral übernimmt die Funktion eines epistemischen Operators: Sie soll dem Entscheidungssubjekt helfen, die Auswahlmengen neu zu sortieren bzw. überhaupt erst wieder zu bestimmen. Es hängt von der Moralkonzeption oder -theorie ab, welche Wirkung sie entfaltet. Für die Ökonomie ist diese Sichtweise ungewohnt. Gewohnt, das Faktum des Funktionierens der Wirtschaft harmonistisch als Tendenz zum Gleichgewicht zu interpretieren, sind ihr alle gelingenden Transaktionen der Beweis dafür, daß die Akteure Entschei-

---

3 V. VANBERG: „Individual Choice and Institutional Constraints", *Analyse & Kritik*, 8 (1986), S. 113-149; S. LINDENBERG u. B. S. FREY: „Alternatives, Frames, and Relative Prices: A Broader View of Rational Choice Theory", *Acta Sociologica*, 36 (1993), S. 191-205; P. WEISE: „Moral: Die Handlungsbeschränkung für den Deppen?", in: E. K. SEIFERT u. B. P. PRIDDAT (Hrsg.): *Neuorientierungen in der ökonomischen Theorie*, Marburg (Metropolis) 1995, S. 73-105.

4 A. T. DENZAU u. D. C. NORTH: „Shared Mental Models: Ideologies and Institutions", *Kyklos*, 47 (1994), S. 3-25; G. GIGERENZER: „Rationality: why social context matters", in: P. B. BALTES u. U. STAUDINGER (Hrsg.): *Interactive Minds*, Cambridge (Cambridge University Press) 1996, S. 319-346; R. BOUDON: „Social mechanisms without black boxes", in: P. HEDSTRÖM u. R. SWEDBERG (Hrsg.): *Social Mechanisms*, Cambridge (Cambridge University Press) 1998, S. 172-202.

dungen vollzogen haben, d.h. daß sie die Welt so interpretiert haben, daß sie in die Lage kamen, Entscheidungen zu treffen. Die epistemische Arbeit der Entscheidungsvorbereitung, d.h. die Fähigkeit, Alternativen zu bestimmen und Alternativenmengen als relevant oder bedeutsam zu erkennen, setzt sie voraus. Ebenso setzt die Ökonomie Moral, soweit sie sie überhaupt für relevant erachtet, als irgendwie existierend in der Gesellschaft voraus, und zwar als eine Ressource, wie Bauxit, Wasser, Kultur etc.[5] Sie muß nur aktualisiert werden, um ihre epistemische Leistung in Einsatz zu bringen.

Moral, können wir fürs erste notieren, kann als rahmensetzende Operation der Wiedergewinnung von Entscheidungs- und Handlungskompetenz fungieren. Moral ist in diesem Stadium der ökonomischen Theorierevision nicht als Moral von Interesse, sondern als Konsistenzgenerator, der unklare Präferenzordnungen neu ordnet und stabilisiert. Nicht die Moral der Moral, sondern ihre Ordnungsfähigkeit steht im Vordergrund. Moral ist nur ein – scheinbar allgemein anerkannter – Kandidat für individuelle Ordnungsleistungen und Präferenz-Rehierarchisierungen.

Aber: Eine gemeinsam geteilte Moral – als selbstverständliche Ressource oder als invariante Umgebung der Ökonomie – kann nicht mehr vorausgesetzt werden. Natürlich kann für die individuellen ‚rational agents' Moral unterstellt werden, aber individuell diffus, fraktioniert. Zwei Dimensionen sind zu unterscheiden: 1. die Wirkung von individueller Moral auf ökonomische Prozesse: "People's moral dispositions affect economic outcomes" (Hausman u. McPherson 1996: 215), 2. die Rekonstitution von gemeinsam geteilter Moral als ordnungsstiftende Normen (Eger u. Weise 1990).

Wenn wir nicht mehr von ‚der geltenden Moral' ausgehen können, können wir die ordnungsstiftende Kraft der Moral nur für die einzelnen Individuen annehmen (1): Jeder hat potentiell seine Moral; sie kann jederzeit aktualisiert werden (oder nicht[6]). Die gemeinsam geteilte Moral (2) dagegen wird in einer anderen Abteilung der Ökonomik, in der ‚institutional economics' behandelt, und zwar als gemeinsame Regelgeltung. Die ‚institutional econo-

5 Vgl. B. P. PRIDDAT (1999b): „Beyond equilibrium. Kultur als Hinter-/Vordergrund der Ökonomie", in: B. P. PRIDDAT (Hrsg.): *Kultur, Krise, Kapitalismus*, Marburg (Metropolis) 1999.

6 Zu einer Konzeption kontingenter Aktualisierung von Moral vgl. B. P. PRIDDAT: „Rationalität, Moral und Person", in: W. GÄRTNER (Hrsg.): *Wirtschaftsethische Perspektiven IV*, Berlin (Duncker & Humblodt) 1998.

mics‘ ist keine Moraltheorie, kann aber als funktionales Äquivalent auftreten.[7]

Für die Ökonomie sind die Akteure notorisch entscheidungskompetent. Hat sich ein Akteur nicht entschieden, fällt er aus der Konstruktion heraus, da Gleichgewichtsmodelle nur gelungene Transaktionen wichten.

In einer digniten Wirtschaftswelt, in der Güter eindeutig definiert sind, kann es nur Substitutionen geben, entlang der Budget- oder Zahlungsfähigkeitsgrenze (die durch Kreditlinien variiert werden kann). In einer Welt, in der in vielen Fällen überhaupt erst zu klären ist, welche Alternativen existieren und welche Alternativenmengen relevant sind, ist es dagegen nicht mehr sicher, daß Akteure notorisch zu Entscheidungen gelangen. *Der vordem als selbstverständlich angenommene Zustand der Entscheidungsfähigkeit kann heute nicht mehr axiomatisch vorausgesetzt werden, sondern ist abhängig von der epistemischen Vorarbeit.* Man thematisiert das heute – vorsichtig – als Wissensabhängigkeit von Entscheidungen.

Denn wenn das Gleichgewicht von den epistemischen Zuständen der Akteure abhängig ist oder wissensabhängig, dann ist es unklar, ob sich die Akteure überhaupt in ein und derselben Welt, in einem homogenen Güterraum bewegen, und wie viele der möglichen Transaktionen überhaupt gelingen. Nicht nur das Gleichgewicht bzw. seine mögliche parallele Multiziplität ist problematischer geworden, sondern auch die Teilnahme schwankt. Man weiß nicht mehr, wieviele der Aktionsbereiten zum Gleichgewichtsfinale noch am Spiel beteiligt sind; alle, die keine Entscheidung fällen konnten, sind im Gleichgewicht nicht mehr vertreten (‚choice failure‘).

Die Ökonomie ist darauf angelegt, mit entscheidungskompetenten Spielern zu arbeiten. Entscheidungsversagen kann nur als Entscheidung interpretiert werden. Wir werden gleich zeigen, *daß Akteure, die aus dem Entscheidungschor herausfallen, Kandidaten für ‚moral action‘ derer werden, die im Entscheidungschor bleiben.* Die Ökonomie arbeitet mit dem ‚rational agent‘ als juristischer Person, der jederzeit Verantwortung für ihre Entscheidung zugerechnet werden kann (Priddat 1994b). Das ist eine starke Voraussetzung, für deren Geltung und Stabilität in der ökonomischen Theorie selbst nicht gesorgt wird. Die Ökonomie hat für diesen Fall lediglich eine Art impliziter Lerntheorie zur Verfügung, die annimmt, daß die erwachsenen und verantwortlichen Akteure aus Mißerfolgen lernen und jede künftige Situation aus

---

7 Z.T. aber auch explizite moraltheoretisch; vgl. V. VANBERG u. J. M. BUCHANAN: „Rational Choice and Moral Order“, *Analyse & Kritik*, 10 (1988), S. 138-160.

den Erfahrungen mit mißlungenen Situationen neu bewerten. Doch auch hier wird der Akteur wieder mit der epistemischen Unklarheit konfrontiert: Wie kann es ihm gelingen, neue Situationen nach seinen Erfahrungen mit alten Situationen jederzeit richtig einzuschätzen? Wenn Situationen neu sind, kann die Musterübertragung mißlingen, oder gerade dann, wenn sie gelingt, zu völligen Fehleinschätzungen führen, weil die Erfahrung das ‚Neue' der neuen Situation ausselegiert.

II. Koordination, Kooperation, Institution

Die Ökonomie setzt Entscheidungskompetenz ihrer Akteure voraus. ‚Rational choice' hinterfragt nicht, ob die Akteure ‚rational choice'-fähig sind. Als axiomatische Präferenztheorie muß sie voraussetzen, daß das Wählen zwischen Alternativen selbstverständlich (oder anthropologisch konstant) ist. Indem man fragt, ob oder unter welchen epistemischen Bedingungen die Akteure in der Lage sind, Alternativen zu formulieren, befragt man die Geltung der Axiomatik. Deshalb findet man die selbstverständlich vorausgesetzte Entscheidungskompetenz auch in den Modellierungen, die Moral als ‚commitment' oder als Kooperation von Egoisten einführt. Entweder in spieltheoretischer Diktion oder als eine Form der ‚constitutional' oder ‚institutional choice', d.h. der Wahl des ‚commitments' oder der Regel, der man gemeinsam individuell folgt, weil sie für alle Beteiligten ‚welfare'-Verbesserungen erzeugt, die zu erreichen man alleine nicht in der Lage wäre (‚Kooperationsrenten').

An dieser Stelle wird die Bedeutung der ‚institutional economics' sichtbar, die neuerdings an der Flanke der Ökonomik entwickelt wird (North 1990; Richter u. Furubotn 1996). Sie betreibt die Konstruktion von stabilen oder invarianten Handlungsfeldern. Institutionen sind Regeln, denen die Individuen folgen. Die Institutionenökonomie ist die ökonomische Antwort auf die Konsequenzen des methodologischen Individualismus der Ökonomik. Institutionen – als Konstruktionen von Erwartungsgleichgewichten und Regelbefolgungsmechanismen – werden für die Fragen, die die Moral in der Ökonomik aufwirft, als moralische Ordner eingesetzt (Eger u. Weise 1990). Das wird um so wichtiger, je eher man anerkennt, daß wir es in modernen Gesellschaften mit pluralen Wertegefügen zu tun haben, mit multiplen Moralen etc. ‚Institutional economics' übernimmt für die Gleichgewichtsökonomik des Marktes das funktionale Äquvalent einer epistemischen Vorklärung, und zwar entweder so, daß sie die Entscheidbarkeit wiederherstellt (Reduktion von Unsicherheit für die individuell irritierten Akteure), oder so, daß sie einen anderen Handlungstypus einführen, der die Akteure von situational-opportunistischen Entscheidungen (,rational choice') entlastet, indem sie schlicht der Regel folgen, die die Institution darstellt (,rule following behaviour'). ,Rule following' ist eine Form der Selbstbindung des Handelns an Regeln (vgl. Kubon-Gilke 1997), mit der für die Ökonomie besonderen Konklusion, daß es andere ebenfalls tun; nur so entsteht der spezifische Koordinationseffekt der Institution.[8] Institutionen, als Regeln, haben eine ,public good'-Struktur (vgl. Vanberg u. Buchanan 1988).

Die Beschäftigung mit Moral hat systematische Gründe innerhalb der Ökonomik. Sie erfolgt nicht, weil man außerhalb der Ökonomik anmahnt, die Ökonomie habe die Moral vergessen oder übersehe sie. Sie erfolgt, weil man Präferenzstabilität wiedergewinnen will oder – in der institutional economics – Entscheidungs- und Handlungskompetenz. Wenn Moral aber als funktionales Äquivalent für Ordnungen auftritt, ist sie keine Restriktion, sondern deren Gegenteil: Konstitution (bzw. Re-Konstitution) von rationalen Handlungsmöglichkeit (Pies 1993).

Die institutionellen Akteure bleiben ,rational agents', aber sie definieren bestimmte Interaktionsareale, in denen sie sich nicht-konkurrent verhalten. Es geht dabei, wohlgemerkt, nicht um unmittelbare, intentionale Kooperation. Der autonome und freie Handlungstypus des ,rational agents' bleibt aufrecht erhalten. Die Akteure folgen lediglich der Regel, nicht anderen Akteuren. Es findet keine Interaktion statt, kein Akt der kooperativen Bestimmung, was die Institution leisten soll und wer sich an ihr teilzunehmen verpflichtet, sondern eine neue Koordination, die jetzt aber nicht kompetitiv, sondern regelorientiert verläuft.

Die durch die Institutionenökonomie neu eingeführte Regelorientierung rationalen Handelns ist per definitionem Ausschluß von Konkurrenz bzw. kompetitiven Verhaltens (,public good'-Struktur), ohne daß damit automatisch eine Form der intendierten gemeinschaftlichen Kooperation eingeführt wird.

---

8 Andernfalls könnten wir eher von einer individuellen Handlungsmaxime oder einer ,strategic rationality' sprechen.

Die alte Entgegensetzung von Markt und Gemeinsinn greift hier nicht. Wir haben es mit einer neuen oder Zwischenform zu tun, die ein funktionales Äquivalent der alten Gemeinsinnform der Kooperation darstellt, aber nach einem marktanalogen Verfahren als ‚institutional choice' behandelt wird. Wer einer Regel folgt, folgt einer Regel, ohne explizite Kooperationsintention, auch wenn das Ergebnis wie eine Kooperation aussieht.[9] Die Akteure müssen nicht ihre Akteurskonstruktion wechseln; sie bleiben ‚rational agents', aber sie haben die Umgebung gewechselt: von einer kompetitiven Umgebung in eine regelorientierte. Anstelle des Akteurswechsels haben wir es mit wechselnden Bühnen zu tun, mit differenter Regie (‚governance').

Doch ist die Redeweise von der Wahl der Institution/Regel (‚institutional choice') behelfsweise. Wenn man die autonomen und freien Individuen in Anschlag bringen will, die als ‚rational agents' definiert sind, muß man für die Institutionen irgendeine Koinzidenz von individuellen Wahlen vorschlagen, die gewährleistet, daß viele Individuen gleichzeitig dieselbe Regel präferieren. Ohne ein gehöriges Maß an vorlaufender Kommunikation, gesellschaftlicher Erörterung und gesellschaftlichem Diskurs ist das nicht zu beschreiben.[10] In solchem Diskurs werden Überzeugungen, Meinungen, Intentionen etc. geäußert und in Übereinstimmung gebracht. Doch paßt diese Konstruktion einer gesellschaftlichen Kommunikation als Institutionengenese nicht in das ökonomische Konzept, das Institutionen als Objekte von Wahlakten einführen muß. Gewählt werden können Institutionen dann aber nur in der Form von Angeboten, d.h. über die Konstruktion eines Initialmarktes, der ‚institutional choices' zuläßt.

Bringen wir Kommunikationen als institutionengenetische Operatoren ins Spiel, öffnen wir die Moral/Ökonomie-Relation den Inhalten und Bedeutungen, z.B. moralischen, die die Akteure Zuständen der Welt zuschreiben. Damit öffnen wir die Ökonomie aber für kommunikative Verfahren, die die Ökonomik selbst konzeptionell ausschließen wollte (vgl. Siegenthaler 1993).

---

9 Wer als rational actor einer Regel folgt, interagiert nicht mit anderen Akteuren, sondern folgt der Regel, d.h. einem Spiegel, in dem alle sich spiegeln, aber individuell (‚gemeinsam individuell'). Die Intentionalität des Handelns, kann man sagen, die natürlich hierbei eine Rolle spielt, wird umgelenkt auf ‚frames' (oder ‚constitutions'), weg von den Personen.

10 H. SIEGENTHALER: *Regelvertrauen, Prosperität und Krisen*, Tübingen (J.C.B. Mohr [P. Siebeck]) 1993; K. J. ARROW: „Rational Discourse and Conflicts in Value & Judgement", in: H. K. BETZ (Hrsg.): *Recent Approaches to Social Sciences*, Calgary (The University of Calgary) 1979, S. 3-18.

Anstelle einer funktionalen Äquivalenz von Moral in institutionellen Regelungen wird die Institutionengenese erweitert um Prozesse der kommunikativen oder diskursiven Bestimmung dessen, was als Regel gelten und von den Akteuren in seiner Geltung anerkannt werden soll. Im Diskurs kommen Gründe, auch moralische, ins Spiel, die in der ‚institutional choice'-Konstruktion gewöhnlich keine Bedeutung haben (Boudon 1998).

Wenn aber ein gesellschaftlicher Diskurs oder andere Formen der Kommunikation angenommen werden müssen, dann sind dies Prozesse der Herausbildung dessen, was North für Institutionen als gültig unterstellt: ‚shared mental models' (Denzau/North 1994). Wir können es auch als Prozesse der Herausbildung einer einheitlichen ‚linguistic community' oder einer Sprachspielgemeinschaft interpretieren. Gleich, wie wir diese Prozesse beschreiben bzw. welche Theorie der Kommunikation wir anwenden, müssen wir einen regelformierenden Prozeß annehmen, dessen Ergebnis darin besteht, daß viele Akteure nicht nur einer Regel folgen, sondern sie anerkennen und wissen, warum sie ihr folgen (und dies gemeinsam, d.h. wissend, daß andere dasselbe tun).

Die institutionenökonomische Renovation der Ökonomik rekonstituiert Normengefüge und kohärente Handlungsregeln, die neue Formen invarianter Moral für das ganze Kollektiv der Institutionenmitgliedschaft herstellen (oder, institutionenpolitisch, herzustellen vorschlagen (Pies 1993; Homann u. Pies 1996). Institutionen stabilisieren, ökonomisch technisch betrachtet, die Handlungsumgebung von im Prinzip verunsicherten Akteuren. Damit übernehmen Institutionen die Rolle einer funktionalen Äquivalenz von Sittlichkeit (die ohne eine Theorie der Sittlichkeit auskommt, aber ihre verhaltenskohärierende Form repliziert).

Da Moral in der Ökonomik systematisch als Restriktion individueller Präferenzen formuliert wird, ist jedes Verfahren, das diese Restriktionen ihrer pluralistischen Kontingenz enthebt, ein positiver Beitrag zur Ermöglichung von Gleichgewichtsbildung. ‚Institutional economics' gehört in die Abteilung der positiven Ökonomie, genauer gesagt: In die Abteilung der positiven Normativität, die Normen als Konstitutiva von Handlungskohärenz einsetzt.

Wenn wir von Moral als funktionalem Äquivalent reden, reden wir von Formen moralischer Ordnung, die ohne inhaltliche Bestimmungen auskommen können. Diese ökonomische Theorie der Moral, wenn wir sie so nennen können, kommt ohne inhaltliche oder moralische Gründe aus. Ihr reicht die Koinzidenz der Verhalten aller beteiligten Individuen in der Regelbefolgung.

Was aber, wenn die moralischen Gründe selber Geltung erlangen in der Kommunikation der Gesellschaft und ihrer Wirtschaft (Boudon 1998; Schefczyk 1999)?

Die Institutionenökonomik müßte um erweiterte Formen der Anerkennung und kommunikativen Bestimmung von Regeln/Institutionen ergänzt werden; ‚choices' reichen nicht mehr aus. Denn wenn Institutionen/Regeln anders als durch Wahlakte generiert werden können, dann werden die vielen Formen der Anerkennungskommunikation, die in Gesellschaften auftreten, relevant. Solche Anerkennungskommunikationen erörtern nicht, oder nicht primär, die Nutzen-/Kosten-Relationen, sondern ‚belief-structures', soziale Überzeugungen, Meinungen, Normen, die von Individuen übernommen werden können.[11] Dazu gehören auch – für moderne Gesellschaften muß man sagen ‚möglicherweise' – ‚moral beliefs'.

Individuelle Vorteilskalküle und soziale ‚belief-structures' können konkludieren, um Regelbefolgungen zu erklären. Wenn North neuerdings Institutionen als ‚shared mental models' erklärt, dann behandelt er diese Koinzidenz, wenn auch noch unzureichend. Jedenfalls muß er in seiner Konstruktion zugestehen, daß es neben individuellen ‚rational institutional choices' auch ideologische Muster (‚ideology') geben kann, die die Anerkennung der Institutionen ohne weitere rationale Konsequenzeneinschätzung betreiben.

Der ökonomische Akteurstypus wird erweitert auf kognitive Potentiale, vornehmlich auf ‚mental models', die er 1. hat, 2. different zu anderen Individuen. Wenn die Ökonomie, in ihrer institutionenökonomischen Abteilung, diese Extension des Akteurs betreibt, dann operiert sie mit einem ‚rational agent', der 1. die alten Leistungen der Wahl der besten Alternative aus einer

---

11 M. L. O. BACHARACH: „The Problem of Agent's Beliefs in Economic Theory", in: M. BARANZANI u. R. SCAZZARI (Hrsg.): *Foundations of Economics*, Cambridge (Cambridge University Press) 1986, S. 175-209; R. BOUDON: „Social mechanisms without black boxes", in: P. HEDSTRÖM u. R. SWEDBERG (Hrsg.): *Social Mechanisms*, Cambridge (Cambridge University Press) 1998, S. 172-202; B. P. PRIDDAT (1999a): „Nichtökonomische ökonomische Theorie. Vivienne Forresters Buch ‚Der Terror der Ökonomie', als anregende Lektüre zum Problem der Kontextspezifität von rational choices", in: *Homo Oeconomicus*, H. 1, 1999; vgl. auch Beiträge in K. R. LOHMANN u. T. SCHMIDT (Hrsg.): *Werte und Entscheidungen im Management*, Marburg (Metropolis) 1996, und K. R. LOHMANN u. B. P. PRIDDAT (Hrsg.): *Ökonomie und Moral. Beiträge zur Theorie ökonomischer Rationalität*, München 1997.

Menge von gegebenen Alternativen aufweist, 2. aber zusätzlich mit einer Rahmenfestlegung des Alternativenraumes, der durch das individuelle ,mental model' definiert ist, was schlicht bedeutet, daß wir es bei den verschiedenen Individuen mit möglichen unterschiedlichen Interpretationen der Welt zu tun haben, d.h. mit unterschiedlichen Interpretationen dessen, was für die Individuen ,Alternativenraum' heißt.[12]

Zwischen der epistemischen Unschuld ,gegebener Alternativenräume' und der epistemischen Anforderung, zu klären oder anzugeben, welche Alternativenräume für die ökonomischen Akteure von Bedeutung sind, ist keine Wahl der Alternativenräume oder ihrer ,frames' gesetzt, sondern eine Kommunikation, die Geltung erzeugt (oder andere Formen des Wissenserwerbs). Das gilt insbesondere dann, wenn wir nicht wissen, ob Moral in Einsatz gelangt, und wenn, welche. Wenn diese Kommunikation moralische Gründe verwendet, werden moralische Geltungen verwendet. Diese moralischen Geltungen – wie auch andere kommunikativ erzeugte Geltungen – sind nicht durch Wahlprozeduren, sondern durch Kommunikationen bestimmt (oder sozialevolutiv erworbene Konventionen).

Die Ökonomik kann dann Moral etc. nicht mehr ceteris paribus als Invarianz der Umgebung der Gleichgewichtssysteme ausgeben, sondern muß mit durch in gesellschaftlicher Kommunikation erzeugter Varianz rechnen, die z.T. auch rekursiv als Antwort auf Marktergebnisse auftritt, vornehmlich aber in der Form marktunabhängiger Handlungspositionierung. Dann aber ist das Gleichgewicht keine ausschließlich neutrale, effizienzgesteuerte Resultante,

12 Wir können die ,mental models' auch als differente Formen und Zustände des Wissens von Akteuren interpretieren (wie bei Hayek: F. A. VON HAYEK: „Der Wettbewerb als Entdeckungsverfahren", in: F. A. VON HAYEK: *Freiburger Studien*, Tübingen (J.C.B. Mohr [P. Siebeck]) 1969, S. 249-265). ,Wissen' ist hier nicht als differenter Informationsstand der Akteure notiert. Um Wissen als Informationsdifferenz zu definieren, muß vorher geklärt sein, was gewußt werden kann, um zwischen Zuständen vollständiger und minder vollständiger Information unterscheiden zu können. In Situationen der Ungewißheit, die – in terms of knowledge – Situationen des Unwissens sind, haben die Akteure keine Information, weil sie gar nicht wissen, woraufhin oder worüber sie sich informieren sollten. Wissen ist, in unserem Kontext, ein Topos epistemischer Dynamik, dem Information sekundarisiert nachfolgt. Was man nicht weiß, darüber kann man sich auch nicht informieren. Es geht vornehmlich um das Wissen, um epistemische Operationen, nicht um Information über Grade der Erreichung dessen, wovon man schon weiß.

sondern abhängig von der moralischen Kommunikation in der Wirtschaftsgesellschaft.

Wir können auch sagen, daß die Gleichgewichtsbildungen kontextgesteuert sind, z.B. durch moralische Diskurskontexte. Ich will dieses Thema hier nicht vertiefen,[13] sondern lediglich darauf hinweisen, daß die Ökonomie zur Erklärung ihrer Resultate nicht allein auf ökonomische Interpretationen der Akteure zurückgreifen kann, sondern damit rechnen muß, daß ihre subjektiven Modelle der Welt, u.a. ihre moralischen Modelle, handlungsrelevant werden, und zwar in einer entscheidungsmodifizierenden Weise, die nicht mehr allein und ausschließlich als Restriktion der im Prinzip rein effizienzorientierten Wahlhandlungen betrachtet werden kann, sondern als Entscheidungsausgangsposition. Wenn ein ‚rational agent' ein bestimmtes ‚mental model' oder Weltbild hat, nach dem er die Alternativenräume sortiert oder generiert, dann ist dieses ‚mental model' – nehmen wir an, es wäre ein moralisches – nicht als Restriktion zu verbuchen, sondern der Weltprospekt, innerhalb dessen der Akteur seine Entscheidungen vollführt, da er anderes nicht weiß – oder es nicht anders will.

Wäre ein Weltbild eine Restriktion, müßte man angeben können, daß es ‚falsch' wäre oder ineffizient gegenüber einem normativ von der Ökonomik einzuführenden Weltbild. Ein von der Ökonomik normativ einzuführendes Weltbild, das das angenommene moralische als Restriktion bezeichnen ließe, müßte auf irgendeine Art und Weise als dominant darstellbar sein. Da die ‚rational agents m.W.' (mit Weltbild) aber nur ihr Weltbild und kein anderes haben, nach dem sie Alternativen sortieren oder generieren, kann man nicht davon reden, daß es sie restringiere, da man mit dieser Interpretation nachweisen müßte, daß sie in der Lage wären, ein anderes Weltbild einzunehmen, aber nicht wollen.

Die Redeweise von der Moral als Restriktion der im Prinzip freien und unabhängigen ‚rational action' übersieht, daß die Akteure, die subjektive ‚mental models' oder Weltbilder haben (‚ideologies' in Norths Terminolo-

---

13 Vgl. G. GIGERENZER: „Rationality: why social context matters", in: P. B. BALTES u. U. STAUDINGER (Hrsg.): *Interactive Minds*, Cambridge (Cambridge University Press) 1996, S. 319-346; B. P. PRIDDAT (1999b): „Beyond equilibrium. Kultur als Hinter-/Vordergrund der Ökonomie", in: B. P. PRIDDAT (Hrsg.): *Kultur, Krise, Kapitalismus*, Marburg (Metropolis) 1999; R. BOUDON: „Social mechanisms without black boxes", in: P. HEDSTRÖM u. R. SWEDBERG (Hrsg.): *Social Mechanisms*, Cambridge (Cambridge University Press) 1998, S. 172-202.

gie), ihre Weltbilder als Positionen, nicht als Restriktionen betrachten. Die Position, von der aus man Alternativen wahrnimmt oder generiert, ist nicht zugleich eine Restriktion, da die Akteure dann über andere, reichhaltigere Alternativenoptionen verfügen müßten, die sie aufgrund ihrer Weltbildpositionen gerade nicht haben. Die Möglichkeit des Wechsels geschieht durch soziale Kommunikation.

Die Ökonomik pflegt die heroische Annahme, daß der Markt die Akteure ‚mores' lehre. Dabei unterschätzt sie die Fähigkeit der ‚linguistic community', ihre eigenen Sprachspiele und Semantika auszubilden, die die Perspektivität der Akteure determiniert oder zumindest fundiert. Akteure stehen in ‚mehr Welt', als nur in ökonomischen Relationen. Ökonomie, könnte man anfügen, ist auch nur eine Form der Rhetorik (McCloskey 1994), die nicht an und für sich Recht hat in bezug auf die Rationalität der Handlungen der Menschen als ökonomische Akteure, sondern die selber Argumente anbieten muß im gesellschaftlichen Diskurs, um bei den Akteuren eine effizienzorientierte Handlungsprospektion zu entwickeln. Die Ökonomik in ihrer ‚rational choice'-Fundierung ist nicht nur ein methodologisches Phänomen, sondern zugleich auch eine Rhetorik, die gelehrt wird, um Alltagsakteuren zu erklären, wie sie sich verhalten (sollen). In dem Maße, wie die Alltagsakteure – insbesondere die, die sich wirtschaftlich betätigen – nach anderen Kriterien, nach anderen Gründen handeln, muß die Ökonomik normativ auftreten und zeigen, daß ihr ‚rational choice'-Erklärungstypus zugleich die relevanten Gründe für wirtschaftliches Handeln besitzt, mit der Pointe, daß man, wenn man sich diese Gründe aneignet, effizienter handelt.[14]

Das alte gleichgewichtssystematische Argument, daß das Gleichgewicht (und die auf es hinführenden Vorgänge) selbst die Akteure ihre effektiven

---

14 Wenn man von Gleichgewichtsökonomik auf (Hayeksche) Marktprozeßtheorie umschwenkt, begleitet das Problem der epistemischen Vereindeutigung (und ihr Mißlingen) die Theorie systematisch. Denn wenn der Markt ein Entdeckungsverfahren von neuen Handlungsmöglichkeiten ist (F. A. von HAYEK: „Der Wettbewerb als Entdeckungsverfahren", in: F. A. von HAYEK: *Freiburger Studien*, Tübingen (J.C.B. Mohr [P. Siebeck]) 1969, S. 249-265), stellt sich das Problem der Rekonstruktion der ökonomischen Perspektive und ihrer epistemischen Vereindeutigungsvorarbeit permanent, in jeder Handlung. Man sieht die Differenz: Gleichgewichtsökonomik setzt – institutionally stringed – nicht nur eine Eigentumsrechts-Institution voraus, sondern auch eine Art von ‚epistemischer Institution', die geklärte Zuordnungen und Wissen um ökonomische Objekte fordert.

(und zugleich effizienten) Handlungen ‚lehre',[15] indem es sie auf die herrschenden Knappheiten einjustiere, kann als ökonomischer Systemoperator gedeutet werden, der davon ausgeht, daß die Akteure in Gleichgewichtssystemen nicht gleichzeitig auch unter anderem Einfluß stehen bzw. daß die ökonomische Perspektive, die die Akteure in processu ‚lernen', dominiert.

Eine Dimension aber haben wir bisher nicht beachtet: Die Berücksichtigung Dritter, die entweder vor einer Schlechterstellung bewahrt werden sollen, oder nicht handlungs- oder entscheidungsfähig sind. ‚Moral action' ist dann eine Rekonstitution von Ordnung bzw. Koordination, die auch diejenigen Akteure erfaßt, die von sich aus nicht dazu in der Lage sind. Das aber kommt in der Normalform der Ökonomie/Moral-Relation nicht vor (Schefczyk 1999, 60).

III. NOMO: Normalform der Ökonomie/Moral-Relation

Die Normalform der Ökonomie/Moral-Relation (NOMO) beruht auf einer Koordination von ‚rational agents', die sich gewissen Regelrestriktionen unterstellen, weil sie aus der resultierenden Koordination gemeinsam Vorteile ziehen (‚Kooperationsrenten').

Diese rationale Koordination/Kooperation von ‚Egoisten' ist ein Clubphänomen, das nicht, oder nicht vordringlich, auf die Inklusion von nicht handlungs- und entscheidungsfähigen Mitbürgern eingestellt ist. NOMO ist eher dem Modell des Bürgerrepublikanismus nachgebildet. Es setzt selbstbewußte, handlungsfähige (Tugendimplikation) und vermögende Akteure voraus, die sich Restriktionen ihrer Handlungen erlauben können. Die Prädikation ‚vermögend' ist wichtig; nur zahlungsfähige Akteure sind ökonomische Akteure. Sie sind alle Mitglieder im Club positiver ‚property rights' (wir können auch sagen, daß wir es mit einer Mittelstandsversion der Moral zu tun haben, die alle, die vermögenslos sind, ausschließt). Moral ist ihr ‚collective' oder ‚club good', und die ökonomische Theorie der Moral erklärt, wie dieses

15 Der ‚tâtonnement'-Prozeß als ‚Lehrzeit' der Akteure in einem im Prinzip prozeßlosen Prozeß.

‚collective good' zustandekommt.[16] Restriktionen muß man, als freies Handlungssubjekt, wollen können, d.h., in einem weiten Sinne, wählen können.

Wenn wir, leicht kantisch inspiriert, Moral als einen Grund in sich verstehen, der es dem Akteur erlaubt, in seinen Handlungen die anderen, die vom umstandlosen Gebrauch von Moral ausgeschlossen sind, mitzubedenken, dann zeigen die ökonomisch-moralischen Modelle vom Typ NOMO einen blinden Fleck, der systematisch die Exklusion der Vermögenslosen und Handlungsunfähigen betreibt.

In diesem Verständnis sind die Konzeptionen der ökonomischen Moral vom Typ NOMO teil-moralisch konzipiert, weil sie die anderen, die nicht im Koordinationsnexus selbstbewußt auftreten und mitentscheiden können, ausgrenzen. Der Typus NOMO schneidet eine bestimmte, für die europäische Moral aber signifikante Externalität aus. Damit ist die Moral identisch mit einem Koordinationsergebnis, individuell nur als Restriktion zuordenbar, die die Kosten der Freiheit umfaßt, die nicht entstünden, wenn man frei agierte. Der Nutzengewinn der ‚moral coordination' ist höher als die ‚Kosten der Freiheit'. Jede andere Form der Moral bleibt diesem Modell fremd.

Moral, setzen wir hier, ist a) die Reflektion der eigenen Handlung in Hinblick auf positive Externalitäten auf andere, die b) dieser Reflektion nicht fähig sind. NOMO hat demzufolge zwei Extensionen. Beide sind nicht selbstverständlich kongruent. Zwar reflektieren NOMOa wie NOMOb die Konsequenzen der eigenen Handlungen auf andere. Jeweils aber sind ‚die anderen' anders definiert. In NOMOa sind ‚die anderen' von der gleichen Art wie die, die ihr Handeln in bezug auf sie reflektieren. Die Konsequenz ist (nach Coase) eine Verhandlungssituation gleichberechtigter Akteure.[17] NO-

---

16 V. VANBERG: „Individual Choice and Institutional Constraints", *Analyse & Kritik*, 8 (1986), S. 113-149; V. VANBERG u. J. M. BUCHANAN: „Rational Choice and Moral Order", *Analyse & Kritik*, 10 (1988), S. 138-160; I. PIES u. M. LESCHKE (Hrsg.): *Ökonomische Gesellschaftstheorie in der Diskussion: John Rawls Politischer Liberalismus. Theoretische Grundlagen demokratischer Wirtschafts- und Gesellschaftspolitik*, Tübingen (J.C.B. Mohr [P. Siebeck]) 1995.

17 In NOMOb sind ‚die anderen' von anderer Art, nämlich nicht gleichberechtigte und nicht handlungskompetente Akteure. Folglich kann keine Verhandlung erfolgen, sondern eine Mitbehandlung im Handeln der moralisch reflektierenden Akteure. Das aber ist eine Handlungssituation, die in NOMO eigentlich nicht mitgedacht ist (NOMOb fällt aus NOMO heraus; bzw. NOMO ist eigentlich nur NOMOa).

MOb erst verweist auf das Problem ungleichberechtigter Verhandlungspartner, d.h. auf höchst ungewisse Verhandlungschancen.

IV. AMO: die alternative Moral/Ökonomie-Relation

Welche Verhandlungssituationen haben die nicht gleichberechtigten Akteure? Wir hatten oben gezeigt, daß ökonomische Gleichgewichtssysteme nicht akteursstabil sind. Alle Teilnehmer an Gleichgewichtssystemen, die nicht entscheidungsfähig sind, sind potentielle Kandidaten von Moral derjenigen, die im Entscheidungschor bzw. im Club der Entscheidungsfähigen bleiben.

Der alternative Typus der Ökonomie/Moral-Relation (AMO) ist durch die Asymmetrie handlungsfähig/handlungsunfähig bzw. entscheidungsfähig/entscheidungsunfähig gekennzeichnet (vgl. NOMOb). Nicht jeder Mensch in der Gesellschaft ist der ‚rational choice' fähig, vor allem dann nicht, wenn er Entscheidungen deshalb nicht ausführen kann, weil er die damit einhergehenden Zahlungen nicht tätigen kann. Wenn wir die ökonomische Entscheidungskompetenz meinen, ist die Transaktionskompetenz an Zahlungsfähigkeit gebunden (die auch durch Kreditierung bewerkstelligt werden kann).[18]

Analytisch wird zwischen rationaler Wahl und tatsächlich erfolgender Transaktion unterschieden: i wählt A vor B, kann aber weder A noch B bezahlen. Die Rationalität ‚versagt' nicht, aber die Entscheidung (‚choice failure'): Sie kann nicht als, intendierte, Transaktionsentscheidung realisiert werden. Die Rationalität wird gleichsam zu einer Trockenübung in relativer Armut. Die Zahlungsfähigkeit (bzw. -unfähigkeit) selegiert die Menge der Wahlmöglichkeiten, bei absoluter Armut auf Null.

---

18 Ökonomische Akteure sind zwar notwendig, aber nicht hinreichend durch ihre Präferenzordnung gekennzeichnet, sondern zusätzlich durch ihre Transaktionskompetenz. Es macht keinen Sinn, jemanden, der nicht handlungs- bzw. transaktionsfähig ist, als ökonomischen Akteur zu bezeichnen, es sei denn, er hat andere Aktiva als Geld, die er einsetzen kann, um Einkommen und damit erneute Transaktionsfähigkeit zu erreichen. Diese Aktiva müssen aber durch Transaktionen (z.B. Arbeits- oder Kreditverträge) anerkannt und bestätigt werden, um spätere Auszahlungen zu generieren.

Die Antworten auf dieses Problem lauten historisch: ‚Caritas' und Sozialpolitik, die Redistributionen vornehmen, nach Kriterien der Gerechtigkeit, Menschlichkeit, Lebenseinkommensminimum etc. Indem die Sozialpolitik Auszahlungen vornimmt, gibt sie den Akteuren ihre ökonomische Rationalität zurück, d.h. die Fähigkeit, nicht nur rational zu entscheiden, sondern auch Budgets zu haben, um diese Entscheidungen in Transaktionen umsetzen zu können. Die auf reine Potentialität zurückgesetzte Rationalität wird reaktualisiert. Der in die Handlungs- und Entscheidungsunfähigkeit gerutschte Akteur bekommt neue Handlungsmöglichkeiten angeboten.

Caritas hingegen denkt in christlicher Schuldigkeitsterminologie, d.h. sie läßt ‚geben', weil wir Brüder in Christo sind. Sie hat keine ökonomische Konnotation, z.B. keine der Rekonstitution der ‚Armen' als ökonomische Entscheidungs- und Handlungssubjekte (vgl. Priddat 1990). Caritas versorgt Arme als Arme, nicht um sie zu arbeitsvertragsfähigen Subjekten zu reanimieren wie die Sozialpolitik, die eine Form der Wirtschafts- und Ordnungspolitik ist.

Wir haben es mit einer asymmetrischen Relation zu tun: Die handlungs- und entscheidungsunfähigen Akteure haben Moralbedarf bzw. -nachfrage, der nicht selbstverständlich ein Moralangebot gegenübersteht. Die Transfer- oder Verteilungsarenen sind ‚non-markets'.

Das Moralangebot muß gesondert initiiert werden, d.h. den handlungsfähigen Akteuren müssen besondere Gründe vorliegen, daß sie so handeln, wie es moralisch geboten ist in dieser Situation der Moralnachfrage. Die Gründe können karitative sein (‚altruistische'), aber auch ökonomisch rationale.

AMO ist nicht leicht zu transformieren, vor allem nicht in NOMO. Folgende Komplikation kommt hinzu. Ökonomisch betrachtet ist Moral eine Restriktion individueller Präferenzen. Die Restriktion definiert Moral als einen defizienten Effizienzmodus des Gleichgewichtssystems. Würde keine Restriktion eintreten – gleichgültig, ob eine moralische oder eine andere –, würden die individuellen Akteure ihre Präferenzen ‚rein' oder vollständig realisieren können, allein restringiert durch die parallelen Präferenzen aller anderen Akteure (Definition der allokativen Knappheit von Gleichgewichtssystemen). Restriktionen, auch moralische, führen damit per definitionem Effizienzabstriche ein.

,Moral agents' hingegen betrachten ihre Moral nicht als Restriktion, sondern als sinnsortierendes oder identitätsstrukturiertes Telos ihres Handelns.[19] Die Abstriche an Effizienz ohne Moral halten sie für moralferne oder sogar amoralische Ziele; sie würden die Individuen anhalten, Moral gegen Effizienz zu wichten, mit der möglichen Konsequenz des Moralverzichtes oder -abbaues. AMO beschreibt eine Art von „Fernstenliebe", die nicht die Koordination von sich selbst bindenden Individuen zum Zweck hat, sondern die aus solchen Selbstbindungen erwirkte Inklusionen nicht-koordinationsfähiger Individuen.[20]

V. Ökonomik als Moraltest

Ökonomie kann Moral nicht ausgrenzen. Moral ist ein ,fait social', aber kein unbefragter Herrschaftsnexus. In dieser Frage reagiert die Ökonomik aufgeklärt allergisch. Unbedingtheitsansprüche selegiert sie systematisch aus, wenn sie die Freiheit der individuellen Handlungen in Frage stellen. In diesem Sinne ist die Ökonomie, als Political Economy, historisch als eine Theo-

19 Vgl. letztes Kapitel T. SCHMIDT: *Rationale Entscheidungstheorie und reale Personen*, Marburg (Metropolis) 1995; M. SCHEFCZYK: *Personen und Präferenzen*, Marburg (Metropolis) 1999.

20 In der strengen abendländischen Form ist AMO ein agape-System, das nicht nach der ,do ut des'-Regel verfährt (,gebe, weil dir gegeben wurde'), sondern unbedingt zu geben verpflichtet, weil wir vor allem Schuldiger sind, oder aus anderen Gründen (P. RICŒUR: *Liebe und Gerechtigkeit*, Tübingen (J.C.B. Mohr [P. Siebeck]) 1990). In solcher – strengeren – Diktion sind wir alle schuldig, und müssen unser Leben über ,abzahlen', um einigermaßen unserer Schuldigkeit gerecht zu werden. Man ,gibt' nicht, weil man sich irgendwelche (rawlsschen) Auszahlungen verspricht, sondern weil wir von der Gesellschaft bereits immer schon so viel empfangen haben, daß wir gar nicht genügend rückerstatten können. Ohne theologische Konnotation können wir darauf verweisen, daß wir das öffentliche Gut, das die Gesellschaft darstellt (in Form des Wissens, ihrer Vorgeprägtheit und institutionellen Offerten, ihrer Soziabilität etc.), bereits von Kind an so intensiv nutzen konnten, daß wir dann, wenn wir transaktionsfähig werden, alles in Bewegung setzen sollen, zur Produktion künftiger öffentlicher Güter beizutragen.

rie der Effektivitätsprüfung von Moral angetreten.[21] Indem sie ihren Akteuren die Freiheit der individuellen Wahl läßt, läßt sie ihnen auch die Freiheit der Abwahl von Moral bzw. genauer: Die Abwahl von nicht gerechtfertigter Moral, mit dem Umkehrschluß, daß alle Moral, die subjektiv rechtfertigbar ist, als individuelle Restriktion anerkannt ist. Doch selbst dann fragt die Ökonomik weiter, ob man sie, selbst dann, wenn man die Moral individuell legitim findet, überprüft habe, angesichts der Handlungsalternativen, auf die man ihretwegen verzichtet, weiterhin aufrecht halten will. Erst dann, wenn der Akteur auch dann noch zu seiner Moral steht, wenn er ihre Konsequenzen bzw. ihre Effektivität (in Relation zu anderen Alternativen) überprüft hat, verliert die Ökonomik ihr skeptisches Recht gegenüber der Moral. Gegen die als ‚unbedingt' auftretende Moral bietet die aufklärerische Ökonomik einen Effektivitätstest, aber keine – dogmatische – Restriktion der Moral als Restriktion.

Die Ökonomik – und das macht weiterhin die Spannung zur Moralphilosophie aus – ist eine hoch skeptische Prüftheorie, und zwar eine Theorie der Prüfung der Effektivität von Moral. Effektivität heißt nichts anderes, als zu prüfen, ob das, was die Moral verspricht, eingehalten wird, und zwar in eigener Intention wie gegenüber Alternativen. Ist die Effektivitätsprüfung bestanden, kann die Ökonomie nicht mehr behaupten, daß der ‚moral behaviour'

---

21 Eben diese Konsequenz aber war gewollt, und zwar in moralphilosophischer Absicht der Political Economy seit Adam Smith. Man fragte, aufgeklärt, nach dem Nutzen der Moral, die man vordem anscheinend für selbstverständlich hielt. Diese Frage war vor allem politisch gestellt: Welchen unbefragten Normen, welcher Form der Herrschaft wollt ihr euch weiterhin unterstellen? Befragt die Normen nach ihrem Nutzen, und stellt neue, eigene Normen auf. Wir sehen hier den Beginn der Ökonomik verknüpft mit einer Konzeption der bürgerlichen Freiheiten, gegen die überkommenen herrschaftlichen adeligen oder feudalen Normen, Institutionen und Moralen.

Dieses Moment können wir aus der Ökonomik nicht heraustrennen. Die Geltung von Moral ist gegen die Ökonomik nicht unbedingt zu verteidigen, sondern an ihr zu prüfen. Ökonomik ist in moralischen Angelegenheiten eine aufklärerische Wissenschaft, wenn sie die Frage nach der Effizienz der Moral in kritischer Absicht anbietet. Sie wird allerdings in all ihrer aufklärerischen Attitude dogmatisch, wenn sie die Moral generell in Frage stellt, weil sie dann gegen ihre eigene Intention und ihre eigene Prüfmetaphorik verstößt, die den Individuen die Freiheit läßt, nach der Effizienprüfung, bei ihrer Moral zu bleiben und ihre ökonomischen Handlungen moralisch restringiert selbstbewußt durchzuführen.

ineffizient sei, da sie ihren Akteuren methodologisch zugesteht, subjektive Haltungen einzunehmen. Jede Präformation dieser Subjektivität würde auf eine – ideologische – Normativität der Effizienz hinauslaufen, die durch die Konstruktionsvorschrift konterkariert wird, daß auch Ökonomen und ihre Akteure keine andere Bewertungsinstanz haben als die individuellen Meinungen über ökonomische Prozesse.

Wir haben es – innerhalb der Ökonomik – mit zwei möglichen Effizienztopoi zu tun: I. die Effizienz restriktionenfreier Marktgleichgewichte, II. die Effizienz restriktionenbesetzter Gleichgewichte. Beide Gleichgewichte sind innerhalb der formalen Theorie der ökonomischen Gleichgewichte möglich, obschon die Ökonomik diese Asymmetrie aufzulösen propagiert mit dem Argument, das ich das Effizienzprüfkriterium für Moral nannte. Indem die Ökonomik Moral als Restriktion einer möglicherweise größeren ‚welfare' einführt, kann die Moral gar nicht anders denn als ‚Kosten' eines höheren ‚welfare'-Zustandes interpretiert werden. Moral wird dann historisch zur Erwägung über die Vor- und Nachteile von Moral, begleitet durch eine – moralphilosophisch schwache – Theorie des ‚guten Lebens', die den ‚comfort of life' über Einkommenssteigerungen zu erhöhen verspricht – man kann es das ‚mitlaufende Smith-Paradigma' nennen.[22]

Man muß konstatieren, daß dieses Einkommen/Lebensstandard-Programm der Ökonomik als Zivilisationsprogramm äußerst wirksam war, doch gerät es immer wieder periodisch an die Grenze in der Frage, wer in dieses Programm inkludiert, wer von ihm exkludiert wird. Das ist aber keine prinzipielle Frage mehr, sondern eine fluktuierende.

VI. AMO als Markt I

Kommen wir zurück zu der Frage, wie AMO ökonomisch reformuliert werden kann. Die Ökonomik hat die Neigung, nur solche Moral zuzulassen, die selber wieder ökonomisch begründet werden kann. Folglich hat die Öko-

---

22 Vgl. J. ALVEY: „Adam Smith's moral justification for free enterprise – economic growth", *Asian Economics*, 67 (1989), S. 5-36; B. P. PRIDDAT: *Arm und reich. Zur Transformation der vorklassischen in die klassische Ökonomie. Zum 200. Todesjahr Adam Smiths*, Diskussionsschrift Nr. 39 der Universität St. Gallen, Institut für Wirtschaftsethik 1990.

nomik nichts einzuwenden gegen Gründe für Handlungen, prädikatiert die Gründe aber als ‚ökonomische', was aber in konsequenter Erinnerung an den methodologischen Subjektivismus nicht ausschließt, daß die handelnden Individuen auch andere Gründe ins Spiel führen können.

In diesem Sinne ist eine präferenztheoretische Exklusion von z.B. moralischen Gründen schwer haltbar, weil nicht die Individuen ‚ökonomisch denken', sondern nur die auf Gleichgewichtssysteme zugeschnittenen Akteursoperatoren. Genauer gesagt können wir erst dann von ökonomischen Situationen sprechen, wenn die Güter (und damit die Alternativensets für ‚rational agents') definiert sind (Kriterium einer definiten ökonomischen Epistemologie). Alle Zustände vor dieser Güterfestlegung sind ambivalent; Präferenzen können als Dezisionen eingeführt werden, als ‚hard choices', als manifeste Weltbilder ebenso wie als schnell wandelnde vage Prospektionen.

Nicht die subjektiven Präferenzmanifestationen sind deshalb relevant, sondern das Design des ökonomischen Koordinationssystems, in dem die Akteure ihre Entscheidungen zu treffen haben. In diesem Sinne reicht es nicht aus, moralische Nachfrage oder Präferenzen zu setzen, sondern die Analyse von Anreizstrukturen zu betreiben, Akteure unter Bedingungen zu Handlungen bringen, die man im AMO-Kontext moralisch nennt.

Formulieren wir das AMO-Problem nicht als karitative, redistributive oder andere moralische Form, sondern als Markt, dann haben wir folgende Lage: Wir haben eine Moralnachfrage, d.h. Zustände von Handlungs- und/oder Entscheidungsunfähigkeit bei einer Teilmenge von Akteuren, die als ‚Nachfrage' nach Rekonstitution von Handlungs- und/oder Entscheidungsfähigkeit formuliert werden kann. Dem steht kein ‚natürliches' Angebot gegenüber.

Ein ‚Moralangebot' kann formuliert werden, wenn die potentiellen, handlungs- und entscheidungsfähigen ‚Anbieter' ein rationales Interesse daran haben können, die ‚Moralnachfrage' zu bedienen (die Thematisierung individueller Moral bleibt für die systematische Lösung der Bedienung der Moralnachfrage wegen ihrer Kontingenz sekundär).

VII. Sidestep: Rawls

Rawls z.B.[23] formuliert dieses Interesse als Einsicht in die Möglichkeit, als handlungs- und entscheidungsfähiger Akteur, hinter dem Schleier der Ungewißheit, selber in die Moralnachfragesituation kommen zu können. Der Rawls'sche Moralanbieter zieht daraus Konsequenzen und ‚gibt', weil er es selber sein könnte, dem gegeben werden soll. Er investiert in eine institutionalisierte Form der Versicherung. Indem der Rawls'sche Typus jetzt an Bedürftige zahlt, zahlt er de facto zwar an Bedürftige, de intentione aber an sich selber, als möglicher Kandidat der Moralnachfrage.

Wir haben es hier mit einer Variante NOMOa' zu tun, die Eigen- und Fremdinteresse mischt, und zwar in dem Sinne, daß die Zahlung an Bedürftige oder Moralnachfrager gleichzeitig als Zahlung in eine individuelle Moralversicherung betrachtet wird. Rawls formuliert eine ideale, aber kontingente Bedingung, indem er eine Koinzidenz von Eigen- und Fremdinteresse konstruiert. Er formuliert dies, weil er davon ausgehen kann, daß ‚social transfers' tatsächlich stattfinden und erklärt werden sollten. Die Bedingung für die Geltung und Stabilität dieser Koinzidenz (NOMOa') ist eine strategische Einsicht in die Produktion von Bedingungen der Möglichkeit, nicht nur selber Moralnachfrager werden zu können, sondern diesen Fall von vornherein – und zwar investiv – zu kompensieren.

Diese strategische Einsicht ist gewöhnlich keine Handlungsintention und müßte von Rawls als Institution konzipiert werden, d.h. als eine Regel, die das myopische Handeln der Akteure auf eine Regelbefolgung umschaltet, die nicht (oder nicht leichterdings) auf Myopie zurückfallen kann.

VIII. AMO als Markt II

Wir müssen Institutionen nicht gleich als staatliche (oder formelle) Zwangssozialinstitute deuten. Es reicht aus, wie North zeigt, daß Institutio-

---

23 Zum Ökonomie/Moral-Nexus bei Rawls vgl. I. PIES u. M. LESCHKE (Hrsg.): *Ökonomische Gesellschaftstheorie in der Diskussion: John Rawls Politischer Liberalismus. Theoretische Grundlagen demokratischer Wirtschafts- und Gesellschaftspolitik*, Tübingen (J.C.B. Mohr [P. Siebeck]) 1995.

nen als ‚shared mental models' vieler Akteure vorhanden sind, die die für den Vorgang nötige nicht-myopische Einsicht gewährleisten und ihr als Regel folgen. Institutionen sind keine contre-faits des Marktes, sondern zum Teil dessen organisierende Struktur. Wenn wir ‚AMO als Markt' formulieren, können wir das mit Hilfe von (z.B. Rawlsschen) Institutionen. ‚Institution' heißt hier ersteinmal nichts anderes als eine gewisse kohärente Ausrichtung des Handelns vieler Akteure nach der Einsicht, sich selber als Moralanbieter zu sehen, weil man selber Moralnachfrager werden könnte (mit irgendeiner statistischen Wahrscheinlichkeit).

Man kann natürlich auch andere Institutionen einführen, z.B. stärker investorisch ausgerichtete. Die handlungsfähigen Akteure zahlen in einen Fond, der es den handlungs- und entscheidungsunfähigen Mitgliedern der Gesellschaft möglich macht, wieder handlungsfähig zu werden. Dieses Konzept unterscheidet sich von reinen Umverteilungen darin, daß hier keine reinen Sozialtransfers ausgezahlt werden, sondern Investitionen in wiederhergestellte oder neue Handlungskompetenz: Zahlungen für die Rekonvalenszenz, Zahlungen für Ausbildung/Weiterbildung, Zahlungen für Lebenssicherungen, um wieder aktiv zu werden etc. Der Grund für diese Zahlungen kann der eben genannte Rawlssche sein, aber auch ein anderer, z.B. ein politischer. Man kann sagen, daß Nicht-Zahlung an handlungsunfähige Gesellschaftsmitglieder deren politisches Verhalten radikalisiert, so daß die soziale Institution, die wir hier entwerfen, als Investition in sozialen Frieden angesehen werden kann bzw. konkreter, als Kosten der Sicherung der ‚property rights', die die vermögenden und aktiven Akteure behalten wollen.

Diese Gründe sind genauer auf das politische System abgestellt. Ökonomisch unbefriedigte Betroffene könnten eine ‚exit-option' wählen. Doch können auch wiederum noch andere Gründe gelten. Man will keine Armut, weil sie dem demokratischen Ideal nicht entspricht. Politisch Gleichberechtigte sollten ökonomisch nicht zu einkommendifferent sein.

Dies Argument kann natürlich in das ‚Soziale Frieden'-Argument transformiert werden, aber es hat auch eine eigene Qualität. Zu große, sichtbare arm/reich-Differenzen mindern die Qualität und den Genuß von ‚Reichtum'. Was in traditionalen, hierarchischen Gesellschaften kein Problem darstellte, ist in modernen, demokratischen (heterarchisch ausgelegten) Gesellschaften insofern problematisch, als die Legitimation von Reichtum bzw. hohen Einkommen an das mitlaufende Smith-Paradigma gekoppelt ist, demnach die moderne Wirtschaftsgesellschaft Wohlfahrt für alle produziere und deshalb den traditionalen Gesellschaften überlegen sei (ebenso wie den sozialistischen). Wenn, wie in den USA, die arm/reich-Differenzen sozial sichtbar werden und eigene Formen der Abschottung ‚reicher Lebensformen' erfordern, dann wird die demokratische Legitimation durch die Devaluation des Wohlfahrtsanspruches tangiert und produziert Probleme, die der nationalen Ideologie des demokratischen oder Verfassungspatriotismus entgegenlaufen.[24]

‚AMO als Markt' ist keine Exzeptionalität, sondern ein durchgehendes Muster des Funktionierens von Märkten, die von ‚institutional strings' durchzogen sind. ‚AMO als Markt' ist ein durchinstitutionalisierter Markt, eine Mischung von Kompetition und Kooperation (‚coopetition'). Wir können ‚AMO als Markt' deshalb als DEAL analysieren, d.h als Rekonstitution von Verhandlungsfähigkeit von aus dem Club der Entscheidungsfähigen (NOMO) Ausgeschlossenen.

IX. DEAL

DEAL versucht die Exklusivität des Clubs der Vermögenden des NOMO-Systems mit der Ubiquität des agape-Prinzipes des AMO-Systems so zu verknüpfen, das EXKLUSION und INKLUSION als variable Tatbestände auf ihre Vor- und Nachteile hin überprüfbar und gestaltbar werden. Die EXKLUSION entspricht dem NOMO-System, die INKLUSION dem AMO-System.

---

24 Wenn die Pluralität der Werte, über die Konkurrenz der Ideologeme hinaus, mit einer hochdivergenten Pluralität der Einkommen einhergeht, fehlt – jedenfalls im abendländischen Sinnprogramm – die Gerechtigkeit ebenso wie der sensus communis. Beide Topoi sind abendländische Grundmuster, die in modernen, demokratischen Gesellschaften durch Verfahren legitimiert werden, aber nicht obsolet geworden sind. Gerechtigkeit fordert eine gewisse Proportionalität in der Einkommensverteilung, zumindest akzeptable Gründe für eine hohe Divergenz. Der sensus communis beruht zum einen auf der Gerechtigkeitsproportionalität, zum anderen auf der Idee, bei aller Pluralität der Werte und Einkommen zumindest für die (politischen) Verfahren eine gemeinsame, nicht kontingenz anfällige Verfassung zu haben. Es geht hierbei nicht um illegitime Werteinschleusung, sondern um institutionelle Grundmuster, die immer wieder reaktiviert werden müssen, um Geltung zu behalten.

In beiden Fällen gilt eine Akzeptanz moralischer Positionen der Akteure wie der Prüfung der Effektivität der zum Einsatz gebrachten Moralen.

Wenn Werte wie Einkommen hoch divergent sind, kann gesellschaftlich (und ökonomisch) nicht mehr mit neuen Makromustern aufgewartet werden. Weder können wir damit rechnen, daß Einkommensproportionalitäten allgemein durchgehalten werden noch daß die Moral vereinheitlicht würde. DEAL geht mit dieser Frage so um, daß jeweils konkret die Vor- und Nachteile einzelner Arrangements geprüft werden. DEAL achtet auf die Vertragsstrukturen, die im Koordinationssystem wirksam sind (und über ihre ‚governance-structures' auch reguliert, eingehalten und gegebenenfalls sanktioniert werden).

Moral ist, in dieser Kürze, ein Modus des Vertrages (commitment), der es erlaubt, die EXKLUSIVITÄT von NOMO ebenso zu transzendieren wie die INKLUSIVITÄT von AMO zu finanzieren. Es geht um Leistungsbeziehungen, nicht um Transfers, wie in der Wohlfahrtssemantik üblich. Die Frage, wer wieviel umverteilt bekommen soll, wird in Verträge aufgelöst, die analog den Leistungsbeziehungen im Koordinationssystem des Marktes gebildet werden.

In diesem Sinne ist AMO als DEAL eine Extension von NOMO, in die die Moralnachfrager aber nicht aus moralischen, sondern aus Gründen der Drohung der Koordinationsstörung aufgenommen werden. Der Güterraum wird erweitert: Nicht mehr nur Einkommen und seine Güteräquivalente spielen eine Rolle, sondern die geltenden Ordnungen, Koordinationsdesigns etc. werden selber als Güter gehandelt.

Diese DEALs oder ‚social contracts' können vom Staat moderiert, aber auch als staatsunabhängige Politikoperationen generiert werden.[25] Wir geben damit die Staatsrechtsillusion auf, die über die ökonomische Leistungsbeziehung hinaus immer auch eine nach anderen Kriterien definierte Anrechtsposition der Moralnachfrage gestattete. Eine – staatsrechtlich – gesetzte soziale Auszahlungsposition ist eine autoritative Redistribution, die angesichts der vielfältigen und differenten Moralnachfragesituationen nicht mehr uno actu legitimiert ist. Wenn wir das soziale Staatsmonopol aufgeben, haben wir es mit einer Vielzahl differenter DEALs oder ‚social contracts' zu tun, die wir, zum Teil temporär oder jederzeit wieder überprüfbar, eingehen können. Die Zivilisationsmatrix ‚demokratische Politik' übernimmt damit eine Bür-

25 Zu kooperativen Politikverfahren vgl. S. FRICK, R. PENZ u. J. WEISS (Hrsg.): *Kooperative Politikverfahren*, Marburg (Metropolis) 1999.

gerrechtsrhetorik: Die Bürger einer Gesellschaft sollen in einem Einkommenszustand leben, der es ihnen lohnend macht, zu wählen (z.B. wegen des Erhalts dieses Einkommenszustandes), um die Institutionenarrangements zu bestimmen.

Das soziale Staatsmonopol geben wir möglicherweise auf, nicht aber die demokratische Zivilisationsmatrix. Für die Bedürftigen oder Moralnachfrager muß es immer lohnen, politisch zu wählen, d.h. Erwartungen über Änderungen ihres aktuellen welfare-Zustandes zu äußern und zu realisieren. Das gilt nicht nur für zentrale Wahlen, sondern auch für lokale. Die Bedürftigen haben ein ‚Droh-Potential' (Homann u. Pies 1996): Radikalisierung der Politik, oder Abwanderung (Eger u. Nutzinger 1998).

Der Prospekt vieler ‚social contracts', den wir in DEAL aufschlagen, sortiert sich nach Kriterien, unter denen Moral nur eines sein wird. Moral wird ein Attraktor werden, der bestimmte ‚social contracts' ermöglicht, wegen moralisch begründeter Moralangebote, die anders gar nicht zustandekommen würden. Moral würde dann in die Freiheit der eigenen moralischen Bestimmung entlassen, und nicht als heimliche Norm ubiquitär geltend gemacht, ohne legitimiert zu sein. Wir haben immer Moral und ihre funktionalen Äquivalente auseinandergehalten. Moral soll eine freie, individuelle Entscheidung (als individuelle oder als koordinative) bleiben. Ordnungen sind, als funktionale Äquivalente von Moral, keine Moral, sondern gehören in die Sphäre der Politik (oder der Subpolitik), wo sie ihre kontingenten Konsensus bilden.

Moderne Gesellschaften müssen es sich erlauben können, alle ihre institutionellen Arrangements neu zu prüfen und in Frage zu stellen, und zwar nach Effektivitätskriterien, was an wen auszuzahlen aus welchen Gründen zweckmäßig ist. In diese Effektivitätsprüfung werden Institutionen, Normen, auch Moralen einbezogen.

Die Implementation von Regeln/Institutionen ist kein staatshoheitlicher Akt, wie wir in Deutschland gemeinhin glauben, sondern ein bürgergesellschaftliches Prozedere, das an allen Orten und Stellen der Gesellschaft veranstaltet werden kann (z.B. über Betriebsvereinbarungen, kommunale Arrangements etc. (Wieland 1996).

Wenn wir DEAL im Kontext von ‚AMO als Markt' betrachten, können wir folgende Beziehung in Anschlag bringen: ‚moral restriction' muß keiner freiwilligen moralischen Überlegung der Akteure entspringen, sondern kann aufgrund des Drohpotentials der Moralnachfrager in Spiel kommen. Moral ist in diesem Zusammenhang nicht als ‚edle Haltung' konzipiert, sondern als ein

Interaktionsergebnis zwischen handlungsfähigen und handlungsunfähigen Akteuren, das sie gemeinsam auf Kooperation oder institutionelle Koordination verpflichtet, und zwar unter Einschluß der gewöhnlich von rationalen Kooperationen/Koordinationen Ausgeschlossenen. Den Handlungsunfähigen, die nicht als autonome ökonomische Akteure von sich aus auftreten können, steht die Drohung zur Verfügung, aus diesem System auszutreten oder es zu stören. Die Drohung kann faktisch werden, oder aber als Erinnerung an die gemeinsame Verabredung, die Konkurrenzmarktwirtschaft deshalb zu legitimieren, weil sie Wohlfahrt für alle erzeugen kann.[26]

Modern reden wir von ‚coopetition‘, d.h. von einem policy-mix von Kooperation und Kompetition. Innerhalb dieses policy-mixes, d.h. innerhalb des neuen Prospektes vieler ‚social contracts‘, werden sich Inseln stärkerer moralischer und andere Inseln stärkerer strategisch funktionaler institutioneller Ausprägungen entwickeln. Indem wir diesen Prospekt aufschlagen, relativiert sich die alte Entgegensetzung von Moral und Ökonomie und findet ihre jeweiligen sozialen Orte in einem weiten Spektrum differenter Koordinationsdesigns.

Wenn die aus dem Club positiver ‚property rights‘ ausgeschlossenen Drohprämien erringen können, treten sie bereits als Verhandlungspartner auf.

---

26 Man kann das als ein ‚historisch die moderne Ökonomie begleitendes Smith-Paradigma‘ bezeichnen. Freie und konkurrente Märkte sind deshalb legitimiert, weil sie als Medien von Wohlfahrtszielen gelten können. Die Ökonomie verschärft diese Aussage durch die Behauptung, daß andere soziale Medien dies nicht erreichen können. Ihre Aussage, Märkte lieferten optimale welfare-Ergebnisse, wird erweitert auf die Aussage, daß dies nur Märkte leisten könnten, keine anderen sozialen Institutionen (B. P. PRIDDAT: *Arm und reich. Zur Transformation der vor-klassischen in die klassische Ökonomie. Zum 200. Todesjahr Adam Smiths,* Diskussionsschrift Nr. 39 der Universität St. Gallen, Institut für Wirtschaftsethik 1990; J. ALVEY: „Adam Smith's moral justification for free enterprise – economic growth“, *Asian Economics*, 67 (1989), S. 5-36).
Wohlfahrtsziele des ‚mitlaufenden Smith-Paradigmas‘ sind 1. die Verbesserung der Wohlfahrt der Agenten, 2. unter der Nebenbedingung der Verbesserung der Wohlfahrt aller bzw. 3. unter Ausschluß der Verschlechterung der Wohlfahrt einzelner. (3) bezeichnet die zu Beginn des 20. Jahrhunderts eingeführte paretokriteriale Ergänzung des ‚mitlaufenden Smith-Paradigmas‘.
Der Markt, und das ist im laufenden Disput über die Legitimation von freier Marktwirtschaft immer wieder vergessen worden, ist kein Ziel für sich, sondern ein Medium einer sozialen Funktion, und nur seiner Leistungsfähigkeit wegen präferiert.

Es geht in diesem Fall nicht mehr um Moralnachfrage Bedürftiger, wie das abendländische Muster lautet, sondern um neue soziale Märkte, in denen Sozial- und Sozialkapitalgüter gehandelt werden, vornehmlich Anerkennungs-, Droh- und Statusgüter.[27]

X. Fin

Die Ökonomie muß das Koordinationsdesign formulieren können, den sozialen Mechanismus. Wenn individuelle Moral als Restriktion von Präferenzen behandelt wird, wird man sie erst dann für relevant erachten, wenn sie statistisch signifikant auftritt, als ein ‚large group phenomenon'.[28] Es gibt Gründe, das für moderne/postmoderne Gesellschaften in Frage zu stellen (‚Faktum der Pluralität'). Das gilt auch für den Bereich, den die Ökonomie klassisch als ‚collective' oder ‚public good phenomenon' (in der Finanzwissenschaft) durch funktionale Äquivalente der Moral strukturiert. Im Bereich der Politik und ihrer Konsensmechanismen, die ebenso wie die individuelle Moral nicht sui generis rational strukturiert sind (wegen der Irreduzibilität von Macht auf Nutzen), lassen sich nur kleine Bereiche einer ‚public choice' zuordnen. Die Ökonomie wird sich klugerweise auf die Areale beschränken, in denen rationale Kooperationen möglich sind. Dieser Bereich wird sich

27 Ihre Nichtbefriedigung droht die Balance zwischen Wirtschaft und Politik zu stören, so daß wir nicht nur eine neue politische Ökonomie entwickeln müssen, sondern vor allem eine positive Theorie der Investition der Handlungs- und Entscheidungsfähigen in ‚social relations'. Die Drohung des politischen ‚exit' und die Chance der Investition in Handlungskompetenz werden die bewegenden Topoi einer neuen Sozialpolitik, die die Frage der Moral nicht mehr unter dem Gesichtspunkt von ‚moral preferences/restrictions' stellt, sondern in der Formulierung von neuen Gütern, die zu handeln zu unterlassen Beeinträchtigungen der scheinbar selbständig laufenden Märkte erzeugt, deren Kosten ex post zu bestreiten durch geeignete Investitionen ex ante zu begegnen politisch und ökonomisch klug ist.

28 Vgl. V. VANBERG u. J. M. BUCHANAN: „Rational Choice and Moral Order", *Analyse & Kritik*, 10 (1988), S. 138-160. Individuelle plurale (stochastisch auftretende) Moralen sind für die Gleichgewichtsökonomik nur von Bedeutung, wenn sie statistisch relevant werden, d.h. wenn sie die Preis-/Mengen-Relationen beeinträchtigen.

ausweiten lassen durch die Extension des Güterraumes, in dem z.B. Drohpotentiale in sozialen Leistungsbeziehungen verhandelt werden.

Der Einwand, daß damit die Moral keine Rolle mehr spiele, sondern nurmehr ihre funktionalen Äquivalente, kann nicht ohne weiteres zurückgewiesen werden. Die moderne Ökonomik ist als Konkurrent zur normativen und moralorganisierten Ordnungen der Gesellschaft und ihrer Wirtschaft im aufgeklärten 18. Jahrhundert angetreten. Doch muß sie dann, wenn sie in Konkurrenz zur Moral angetreten war, auch deren funktionales Äquivalent leisten. In diesem Sinne gibt es ein moralisches Kriterium der Prüfung der Effektivität der Ökonomie: Kann sie ihr ‚welfare'- und ‚welfare'-Steigerungsversprechen einhalten?

Da die Ökonomie die Einhaltung des Versprechens vom Wachstum abhängig macht, weist sie eine Kontingenz auf, die es nötig zu machen scheint, über die demokratische Politik eine Instanz der Erinnerung und Erzwingung des ‚welfare'-Versprechens parallel zu halten. Die Konklusion lautet, daß AMO nur dann gewährleistet ist, wenn die Bedürftigen oder Moralnachfrager im Kontext des politischen Systems Macht bekommen, das funktionale Äquivalent der Moral einzufordern. Die Differenz zur Redistribution, die immer noch im Spannungsbogen der Differenz von Gerechtigkeit und Wachstum steht, äußert sich darin, daß nicht mehr um gerechte Anteile gebeten wird, sondern um Investition in die Aufrechterhaltung von Ordnungen, in ‚social capital'.

Wachstum unterscheidet sich in 1. Wachstum des Sozialproduktes und 2. in Wachstum und Erhalt von Ordnungen. Da Ordnungen in einer demokratischen Gesellschaft keine gesetzten, sondern abgestimmte sind, wird Moral in Politik transponiert. Wenn wir Politik nicht mehr stark staatsorientiert, sondern bürger- oder zivilgesellschaftlich konzipieren (‚civil state'), wird der DEAL-Charakter von AMO offensichtlicher. Die zivilgesellschaftlich ausgeweitete demokratische Politik eröffnet ein neues, weites Feld von ‚institutional arrangements', innerhalb derer die individuelle Moral neue, vornehmlich lokale Potentialität gewinnen kann (vgl. Frey 1997; Voigt/Kiwitt 1998, 105).

Literaturverzeichnis

ALVEY, J.: „Adam Smith's moral justification for free enterprise – economic growth", *Asian Economics*, 67 (1989), S. 5-36.

ARROW, K. J.: „Rational Discourse and Conflicts in Value & Judgement", in: H. K. BETZ (Hrsg.): *Recent Approaches to Social Sciences*, Calgary (The University of Calgary) 1979, S. 3-18.

BACHARACH, M. L. O.: „The Problem of Agent's Beliefs in Economic Theory", in: M. BARANZANI u. R. SCAZZARI (Hrsg.): *Foundations of Economics*, Cambridge (Cambridge University Press) 1986, S. 175-209.

BAUMANN, Z.: *Postmoderne Ethik*, Hamburg 1995.

BOUDON, R.: „Social mechanisms without black boxes", in: P. HEDSTRÖM u. R. SWEDBERG (Hrsg.): *Social Mechanisms*, Cambridge (Cambridge University Press) 1998, S. 172-202.

DENZAU, A. T. u. NORTH, D. C.: „Shared Mental Models: Ideologies and Institutions", *Kyklos*, 47 (1994), S. 3-25.

EGER, T. u. NUTZINGER, H. G.: „Soziale Marktwirtschaft zwischen Abwanderung und Widerspruch: Theoretische Überlegungen und empirische Befunde", in: W. ELSNER u. W. W. ENGELHARDT u. W. GLASTETTER (Hrsg.): *Ökonomie in gesellschaftlicher Verantwortung*, Berlin (Duncker & Humblodt) 1998, S 193-210.

EGER, T. u. WEISE, P.: „Normen als gesellschaftliche Ordner", *Ökonomie und Gesellschaft*, 8 (1990), S. 65-111.

FREY, B. S.: „A Constitution for Knaves Crowds Out Civic Virtues", *The Economic Journal*, 107 (1997), S. 1043-1053.

FRICK, S. u. PENZ, R. u. WEISS, J. (Hrsg.): *Kooperative Politikverfahren*, Marburg (Metropolis) 1999.

GIGERENZER, G.: „Rationality: why social context matters", in: P. B. BALTES u. U. STAUDINGER (Hrsg.): *Interactive Minds*, Cambridge (Cambridge University Press) 1996, S. 319-346.

HAUSMAN, D. M. u. MCPHERSON, M. S.: *Economic Analysis and Moral Philosophy*, Cambridge (Cambridge University Press) 1996.

HAYEK, F. A. v.: „Der Wettbewerb als Entdeckungsverfahren", in: F. A. v. HAYEK: *Freiburger Studien*, Tübingen (J.C.B. Mohr [P. Siebeck]) 1969, S. 249-265.

HOMANN, K. u. PIES, I.: „Sozialpolitik für den Markt: Theoretische Perspektiven konstitutioneller Ökonomik", in: M. LESCHKE u. I. PIES (Hrsg.): *James Buchanans konstitutionelle Ökonomik*, Tübingen (J.C.B. Mohr [P. Siebeck]) 1996, S. 203-239.

KUBON-GILKE, G.: *Verhaltensbindung und die Evolution ökonomischer Institutionen*, Marburg (Metropolis) 1997.

LINDENBERG, S. u. FREY, B. S.: „Alternatives, Frames, and Relative Prices: A Broader View of Rational Choice Theory“, *Acta Sociologica*, 36 (1993), S. 191-205.

LOHMANN, K. R. u. PRIDDAT, B. P. (Hrsg.): *Ökonomie und Moral. Beiträge zur Theorie ökonomischer Rationalität*, München 1997.

LOHMANN, K. R. u. SCHMIDT, T. (Hrsg.): *Werte und Entscheidungen im Management*, Marburg (Metropolis) 1996.

MCCLOSKEY, D. N.: „The economy as a conversation“, in: *Knowledge and persuasion in economics*, Cambridge (Cambridge University Press) 1994, S. 367-385.

MENGER, C. (1883): „Ueber die sogenannte ethische Richtung in der Politischen Ökonomie“, in: F. HAYEK (Hrsg.): *Carl Menger, Gesammelte Werke*, Bd. II, Anhang IX, Tübingen (J.C.B. Mohr [P. Siebeck]) 1969, S. 289 ff.

NORTH, D. C.: *Institutions, Institutional Change and Economic Performance*, Cambridge (Cambridge University Press) 1990.

PEUKERT, H.: *Das Handlungsparadigma in der Nationalökonomie*, Marburg (Metropolis)1998.

PIES, I.: *Normative Institutionenökonomik*, Tübingen (J.C.B. Mohr [P. Siebeck]) 1993.

PIES, I. u. LESCHKE, M. (Hrsg.): *Ökonomische Gesellschaftstheorie in der Diskussion: John Rawls Politischer Liberalismus. Theoretische Grundlagen demokratischer Wirtschafts- und Gesellschaftspolitik*, Tübingen (J.C.B. Mohr [P. Siebeck]) 1995.

PRIDDAT, B. P.: *Arm und reich. Zur Transformation der vor-klassischen in die klassische Ökonomie. Zum 200. Todesjahr Adam Smiths*, Diskussionsschrift Nr. 39 der Universität St. Gallen, Institut für Wirtschaftsethik 1990.

PRIDDAT, B. P. (1994a): *Ökonomische Knappheit und moralischer Überschuß. Zum Verhältnis von Ökonomie und Ethik*, Hamburg (S+W-Verlag) 1994.

PRIDDAT, B. P. (1994b): „Rationalität, Moral und Emotion“, in: H. NUTZINGER (Hrsg.): *Wirtschaftsethische Perspektiven* II, Berlin (Duncker & Humblodt) 1994.

PRIDDAT, B. P. (Hrsg.): *Wert, Meinung, Bedeutung. Die Tradition der deutschen subjektiven Wertlehre bis auf Menger*, Marburg (Metropolis) 1997.

PRIDDAT, B. P.: „Rationalität, Moral und Person“, in: W. GÄRTNER (Hrsg.): *Wirtschaftsethische Perspektiven* IV, Berlin (Duncker & Humblodt) 1998.

PRIDDAT, B. P. (1999a): „Nichtökonomische ökonomische Theorie. Vivienne Forresters Buch ‚Der Terror der Ökonomie‘ als anregende Lektüre zum Problem der Kontextspezifität von rational choices“, in: *Homo Oeconomicus* H. 1, 1999.

PRIDDAT, B. P. (1999b): „Beyond equilibrium. Kultur als Hinter-/Vordergrund der Ökonomie“, in: B. P. PRIDDAT (Hrsg.): *Kultur, Krise, Kapitalismus*, Marburg (Metropolis) 1999.

RICHTER, R. u. FURUBOTN, E.: *Neue Institutionenökonomik*, Tübingen (J.C.B. Mohr [P. Siebeck]) 1996.

RICŒUR, P.: *Liebe und Gerechtigkeit*, Tübingen (J.C.B. Mohr [P. Siebeck]) 1990.

RIPPERGER, T.: *Ökonomik des Vertrauens*, Tübingen (J.C.B. Mohr [P. Siebeck]) 1998.

SCHEFCZYK, M: *Personen und Präferenzen*, Marburg (Metropolis) 1999.
SCHMIDT, T.: *Rationale Entscheidungstheorie und reale Personen*, Marburg (Metropolis) 1995.
SIEGENTHALER, H.: *Regelvertrauen, Prosperität und Krisen*, Tübingen (J.C.B. Mohr [P. Siebeck]) 1993.
VANBERG, V.: „Individual Choice and Institutional Constraints", *Analyse & Kritik*, 8 (1986), S. 113-149.
VANBERG, V. u. BUCHANAN, J. M.: „Rational Choice and Moral Order", *Analyse & Kritik*, 10 (1988), S. 138-160.
VOIGT, S. u. KIWITT, D.: „The Role and Evolution of Beliefs, Habits, Moral Norms, and Institutions", in: H. GIERSCH (Hrsg.): *Merits and Limits of Markets*, Berlin, Heidelberg, New York (Springer) 1998, S. 83-108.
WEISE, P.: „Moral: Die Handlungsbeschränkung für den Deppen?", in: E. K. SEIFERT u. B. P. PRIDDAT (Hrsg.): *Neuorientierungen in der ökonomischen Theorie*, Marburg (Metropolis) 1995, S. 73-105.
WIELAND, J.: „Sozialpartnerschaft, betriebliche Sozialpolitik und Unternehmenskultur", in: *Wittener Jahrbuch für ökonomische Literatur*, Bd. 2, 1996, S. 143-159.

4. Kapitel

Ein Freiheitsbegriff für die Wirtschaftsphilosophie

KURT RÖTTGERS

I. Freiheit und Wirtschaft
II. Der philosophisch-ethische Freiheitsbegriff
III. Der politisch-philosophische Freiheitsbegriff
IV. Die Inkompatibilität beider
V. Die Unzulänglichkeit der ethischen Freiheit für die Wirtschaftsphilosophie
VI. Die Unzulänglichkeit der politischen Freiheit für die Wirtschaftsphilosophie
VII. Der Begriff der sozialen Freiheit

I. Freiheit und Wirtschaft

Wir leben in einer freien Marktwirtschaft, sagt man uns – und wir glauben es. Mich interessiert, was wir damit eigentlich glauben. Welches ist die Idee von Freiheit, die hinter dieser Annahme steckt?

Daß diese Frage wichtig ist für jedes Konzept von Wirtschaftsethik, dürfte klar sein: Ohne die Annahme von Freiheit wäre Ethik unmöglich, und das gilt natürlich mutatis mutandis auch für die Wirtschaftsethik. Wie also hat ein Freiheitsbegriff für die Wirtschaftsphilosophie sinnvollerweise auszusehen?[1] Soll Freiheit der Wirtschaft heißen, daß die Sphäre der Wirtschaft

1 Ich verwende den weiteren Begriff „Wirtschaftsphilosophie", weil der philosophische Blick auf die Ökonomie nicht auf ethische Fragen eingeschränkt bleiben darf und weil die wirtschaftsethischen Probleme ihre spezifischen Konturierung gerade im Kontext einer allgemeineren Wirtschaftsphilosophie bekommen und nicht als eine – wie manchmal gemeint zu werden scheint – Anwendung von

oder, anders gesagt, das gesellschaftliche Subsystem der Wirtschaft frei sei oder sein solle (im Sinne einer normativen, vielleicht sogar ethischen Theorie) von Beeinflussungen, Bevormundungen oder gar Eingriffen aus anderen gesellschaftlichen Sphären oder Subsystemen, etwa der Moral oder der Politik? Oder soll freie Marktwirtschaft heißen, daß es sich um diejenige Wirtschaftsform handelt, innerhalb derer die Akteure der ökonomischen Prozesse, zumeist interpretiert als Handlungssubjekte, so richtig frei sind. Mit anderen Worten heißt freie Marktwirtschaft befreiende oder befreite Marktwirtschaft? Im Zentrum des liberalistischen Glaubens an die freie Marktwirtschaft steht vermutlich die allerdings sehr starke und daher sehr begründungsbedürftige These, daß die freie, gleich befreite Wirtschaft zugleich die befreiende Wirtschaft sei.[2] Daß die beiden Komponenten im Begriff der Freiheit der Wirtschaft tatsächlich zusammen gedacht werden, hat, wie ich glaube, zwei Ursachen: eine historische und eine philosophische. Der historische Grund liegt darin beschlossen, daß die bürgerliche Revolution eine war, deren Entstehungsbedingungen die Emergenz von Machtlagen waren, die sich dem ökonomischen Erfolg verdankten und für die der Feudalstaat und seine Strukturen ein Hindernis und Hemmnis weiterer Entfaltung waren, insofern mußte „*die* Wirtschaft" befreit werden; und es fehlt ja nicht an Theorien, die nachzuweisen versuchen, daß die von Moral und Staat befreite Wirtschaft dem Staat, seiner Obrigkeit und seinen Untertanen, am meisten nützen werde. Zugleich aber ist die Grundstruktur dieser frühen Wirtschaft der Bourgeoisie die Individualisierung und die Abstraktion des Individuums auf seine Interessen (am Markt).[3] Die ökonomisch politischen Forderungen waren in der bürgerlichen Revolution daher im Kern solche, die sich auf das individuelle Handlungssubjekt bezogen: Gewerbefreiheit, Aufhebung aller Handelsbeschränkungen, absolute Vertragsfreiheit der Individuen usw. Hier fielen historische Forderungen nach Befreiung der Wirtschaft und nach Befreiung des Subjekts unmittelbar zusammen. Im Bild des freien Unternehmers – jenem

Prinzipien einer allgemeinen Ethik auf die spezifische Sphäre der Wirtschaft verstanden werden dürfen.

2 Aber nicht jeder freie souveräne Staat beispielsweise garantiert seinen Bürgern eben deswegen allein schon die größtmöglichen Freiheiten; und die Erfahrung mit dem befreiten und entfesselten Frühkapitalismus führten über mindestens 100 Jahre zu einer Diskussion dessen, was man damals die „soziale Frage" nannte.

3 Das hat G. Simmel in seiner *Philosophie des Geldes* erstmals in hinreichender Schärfe herausgearbeitet. G. SIMMEL: *Gesamtausgabe*, hrsg. v. O. RAMMSTEDT, Bd. VI, Frankfurt a.M. (Suhrkamp) 1989.

Abziehbild aus dem Ende des 19. Jahrhunderts – gerinnt diese historische Zufälligkeit zu einer prägnanten und Nachfolgehandlungen motivierenden Figur.

Der zweite Grund – wenn es denn überhaupt eines zweiten bedurft hätte – ist die Ungeklärtheit des philosophischen Begriffs von Freiheit. Ich werde mich im folgenden zunächst zentral darauf beziehen.

Wie hat der Freiheitsbegriff der Wirtschaftsphilosophie sinnvollerweise auszusehen? Wer so fragt, hat die Gegenfrage zu gewärtigen: braucht die Wirtschaftsphilosophie überhaupt einen eigenen, einen neu durchdachten Freiheitsbegriff, reicht nicht der allgemeine philosophische Freiheitsbegriff? Mit der Beantwortung dieser fingierten Gegenfrage komme ich zu den Thesen meiner Überlegungen, nämlich daß es den allgemeinen philosophischen Freiheitsbegriff gar nicht gibt, sondern daß der Freiheitsbegriff mindestens in zwei nicht kompatible Komponenten zerfällt, daß aber zweitens keine dieser beiden Komponenten für die Wirtschaftsphilosophie tauglich ist, so daß ich drittens Grundlinien eines Freiheitsbegriffs für die Wirtschaftsphilosophie vorschlagen werde.

Nida-Rümelin und Vossenkuhl taten sehr wohl daran, dem erweiterten Berichtsband über die Tagung des Engeren Kreises der Allgemeinen Gesellschaft für Philosophie in Deutschland den Titel zu geben „Ethische und politische Freiheit“.[4] Denn der Begriff der Freiheit enthält wenigstens diese zwei gar nicht kompatiblen Komponenten.[5] Ich möchte für folgendes argumentieren: Weder ist es möglich, die beiden Freiheitsbegriffe der ethisch-philosophischen und der politisch-philosophischen Freiheit aufeinander zu reduzieren, noch auch sie zu harmonisieren. Dadurch scheint für die Wirtschaftsphilosophie entweder die Möglichkeit gegeben, sich für einen der beiden Freiheitsbegriffe zu entscheiden oder aber sich widerspruchsvoll auf beide zu beziehen. Ich werde für ein Weder-Noch plädieren und versuchen,

---

4 *Ethische und politische Freiheit*, hrsg. v. J. NIDA-RÜMELIN u. W. VOSSENKUHL, Berlin, New York (de Gruyter) 1998.

5 Aber sprach nicht zuvor auch Isaiah Berlin in einer ganz anderen Unterscheidung von den zwei Freiheitsbegriffen, nämlich, wie er es nannte, die positive Freiheit zu und die negative Freiheit von. Und machte er nicht keinerlei Anstrengungen, diese zwei Freiheitsbegriffe auf einen zu reduzieren? I. BERLIN: *Freiheit*, Frankfurt a.M. (Fischer Verlag) 1995, S. 197-256: „Zwei Freiheitsbegriffe“, wieder abgedr. in: *Ethische und politische Freiheit*, S. 129-179.

wie gesagt, einen dritten Freiheitsbegriff zu konzipieren, dem ich den Namen der „sozialen Freiheit" geben möchte.[6]

II. Der philosophisch-ethische Freiheitsbegriff

In den ethischen Theorien der Freiheit wird diese oft einem, wie auch immer begründeten Determinismus entgegengesetzt. Ältere Determinismen dachten oft mechanistisch, sie stellten sich den Menschen vor als Sondertyp einer Maschine, bei der ein bestimmter, über die Sinne vermittelter Input nach einem kausal bestimmten mentalen Verarbeitungsvorgang zu einem bestimmten und damit im Prinzip berechenbaren Handlungs-Output führte. Gegen solche kruden Vorstellungen waren die Freiheitsphilosophen des 19. Jahrhunderts angegangen: von Kant bis Renouvier.

Wir können nicht annehmen, so sagen die Freiheitsphilosophen, daß die Handlungen eines Subjekts durch eine Kausalität, oder wo diese nicht herrscht, durch absolute Zufälligkeit bestimmt seien. Viel zu viele unserer sozial gültigen Praxen haben das Bild des in seinem Kern freien Subjekts zur Grundlage. Zu einem Handeln, so sagte bereits Nietzsche, dem das in dieser Form nicht mehr selbstverständlich war, fingieren wir einen Autor, einen absoluten Urheber dieser Handlung hinzu.[7] Und nur so können wir anscheinend Verantwortung und Schuld, Verdienst und Strafen zurechnen, und nur so können wir erziehen. Im Strafrecht, speziell im Umweltstrafrecht, führt die Beschränkung auf individuelle Handlungssubjekte allerdings zu Problemen.[8]

---

6 Cf. K. RÖTTGERS: „Soziale Freiheit als Innovation", *Berliner Debatte INITIAL*, 9 (1998), S. 31-38.

7 F. NIETZSCHE: *Kritische Studienausgabe*, hrsg. v. G. COLLI u. M. MONTINARI, München, Berlin, New York (de Gruyter) 1980, III, S. 619; cf. XIII, S. 54, 274, 422.

8 G. HEINE: *Die strafrechtliche Verantwortlichkeit von Unternehmen*, Freiburg 1995; G. HEINE: „Die Berücksichtigung der Natur im Rahmen der Straftheorien", in: *Ökologische Ethik und Rechtstheorie*, hrsg. v. J. NIDA-RÜMELIN u. D. V. D. PFORDTEN, Baden-Baden (Nomos Verlagsgesellschaft) 1995, S. 293-300; dort ferner L. SCHULZ: „Das anthropologische ‚Rechtsgut' im Umweltstrafrecht", S. 265-279.

Insgesamt läßt sich sagen, daß das Bewußtsein von echten Entscheidungsalternativen für den Handelnden im Hinblick auf sein zukünftiges Handeln nicht schon im Grundsatz eine Illusion sein darf. Dabei spielt dann die metaphysische Begründung für diese Annahme keine so wichtige Rolle, sie kann – um nur zwei Extreme herauszugreifen – sowohl existenzphilosophisch als auch indeterministisch ausfallen.[9]

Im Hinblick auf vergangene Handlungen umgekehrt verweist der ethischphilosophische Freiheitsbegriff auf das Bewußtsein, anders, als geschehen gehandelt haben zu können; dieses Bewußtsein könne doch keine Illusion sein, sagen die Freiheitsphilosophen. Zwar gibt es, sozial vorgesehen, immer wieder Exkulpationsstrategien, etwa im Strafverfahren, in denen Nachweise vorgesehen sind, daß der Täter für seine Handlung eben doch nicht voll verantwortlich gewesen sei, weil er entweder grundsätzlich (Debilität) oder nur momentan in der fraglichen Handlungssituation nicht so frei war, sondern wenigstens partiell determiniert; aber solche Exkulpationen sind Ausnahmefälle, sie werden von für Pathologien zuständigen Gutachtern (Medizinern, Psychologen etc.) attestiert. Zudem ist die soziale Praxis der Exkulpation philosophisch sehr unbefriedigend, weil sie Freiheit und Determiniertheit auf ein und derselben Realitätsebene ansiedelt und damit zu einem empirisch zu klärenden Mehr oder Weniger an Freiheit oder Determiniertheit macht. Im Vergleich dazu war die Kantische Lösung für das philosophische Freiheitsproblem mit Sicherheit die befriedigendere Lösung: er schied aspektiv die Freiheit als notwendiges Postulat der praktischen Philosophie von der Möglichkeit durchgängiger Determiniertheit allen Geschehens in der theoretischen Philosophie. Immerhin kann ja doch der Gutachter, der die verminderte Schuldfähigkeit und damit die eingeschränkte Freiheit attestiert, nicht die transzendentale Freiheit als solche bestreiten oder auch nur einschränken. Diese transzendentale Freiheit ist gedacht als eine der kausalen Determiniertheit allen Geschehens entgegengesetzte. Somit führt die Exkulpationspraxis zu einer Spaltung des Freiheitsbegriffs, die lediglich behaupten kann, daß das angeklagte und beurteilte Wesen zu der fraglichen Zeit nicht frei war, seine transzendentale Freiheit zu ergreifen: Zwangshandlungen sind demnach tran-

9 J.-P. SARTRE: *L'être et le néant*, Paris (Gallimard) 1943; A. J. AYER: *Philosophical Essays*, London (MacMillan)1954; K. R. POPPER: *The Open Universe. An Argument for Indeterminism*, hrsg. v. W. W. BARTLEY, III, London (Hutchinson) 1982.

szendental frei, weil nicht determiniert, und doch sind sie, weil unter irgendwelchen Zwängen stehend, wiederum determiniert.

III. Der politisch-philosophische Freiheitsbegriff

Dem ethisch-philosophischen, transzendental begründeten Freiheitsbegriff steht ein politisch philosophischer Freiheitsbegriff gegenüber. In ihm geht es nicht um transzendentalfreie, sich zum Handeln überhaupt erst bestimmende Subjekte, sondern es geht um Menschen und um deren Rechte, ihre Angelegenheiten selbst zu bestimmen und nicht von anderen bestimmen zu lassen. Damit wird Freiheit weitgehend identisch mit dem Begriff der Souveränität, der das Recht und die Macht beinhaltet, in seiner eigenen Sphäre Herr zu sein. John Locke, dem wir wesentliche Fundamente dieser Tradition der Diskussion der Freiheit verdanken, kennt gleichwohl auch eine metaphysische Begründung dieser politischen Freiheit. Für ihn ist Freiheit die Macht, zwischen Handlungsmöglichkeiten zu präferieren: "To act or not to act according as we shall choose or will".[10] Diese Qualität ist keine Eigenschaft des Willens, sondern sie ist mit dem Willen selbst identisch. Es geht bei Locke folglich nicht um die Freiheit oder Unfreiheit des Willens, es geht um die Freiheit des Menschen, nämlich Präferenzen zu bilden und gemäß Präferenzen handeln zu können, und diese Fähigkeit heißt Wille. Daher ist auch bei Locke der Begriff einer Freiheit des Willens ein Nonsensbegriff; denn einen unfreien Willen gibt es gar nicht, weil sowohl der Wille als auch die Freiheit in nichts anderem bestehen als in der Macht des Geistes, Handlungen zu präferieren.[11]

---

10 J. LOCKE: *Works*. Neudr., Aalen (Scientia-Verlag) 1963, I, S. 252; ähnlich auch VOLTAIRE: „En quoi consiste donc votre liberté, si ce n'est dans le pouvoir que votre individu a exercé de faire ce que votre volonté exigeait d'une nécessité absolue? ... Votre volonté n'est pas libre, mais vos actions le sont. Vous êtes libre de faire quand vous avez le pouvoir de faire." *Dictionnaire philosophique*, ed. R. NAVES, Paris (Garnier) 1954, S. 275, 277 (Art. „Liberté [de la]")

11 l. c., S. 245; ähnlich übrigens sogar bemerkenswerterweise G. W. F. HEGEL im Zusatz zu § 4 der *Rechtsphilosophie*: „Die Freiheit ist ... ebenso eine Grundbestimmung des Willens, wie die Schwere eine Grundbestimmung der Körper ist. ... Das Schwere macht den Körper aus und ist der Körper. Ebenso ist es mit der

In politischen Zusammenhängen operiert dieser Freiheitsbegriff vor der Folie von Naturzustands-Phantasien und Gesellschaftsvertrags-Theorien. Im Naturzustand besteht die Freiheit des Menschen in der unbeschränkten Ausübung der metaphysisch begründeten Freiheit und äußert sich konkret in zwei Formen, der Selbsterhaltung und der Abwehr und Bestrafung von Angriffen auf diese Selbsterhaltung.[12]

Letzterem Zweck dient das Recht, es ermöglicht jedem Menschen die Verfolgung seiner eigenen Zwecke und Interessen, insbesondere schützt das Recht das durch eigene Arbeit zum Zweck der Selbsterhaltung erworbene Eigentum. Die Freiheit des Menschen als Bürgers eines Staatsverbandes ist hier also die Freiheit seiner Eigenheit und seines Eigentums. Unter dem Begriff des Eigentums fallen aber nicht nur die materiellen Güter des Besitzers, sondern der Kern des Ganzen, die Integrität der Person und ihre grundlegenden Freiheiten und Rechte. So wie in der Metaphysik Freiheit und Wille identisch waren, so in der bürgerlichen Gesellschaft Freiheit und Eigentum. Das Recht ist der Mechanismus, diese Identitäten zu schützen.

IV. Die Inkompatibilität beider

Nun ist in der Geschichte mehrfach die Notwendigkeit empfunden worden, den philosophischen und den politischen Freiheitsbegriff miteinander zu vermitteln, obwohl sie ja eigentlich auf sehr unterschiedlichen Argumentationsebenen angesiedelt sind. Das abstrakte Handlungssubjekt des philosophischen Freiheitsbegriffs ist nämlich auch „in Fesseln frei".[13] Dagegen ist

---

Freiheit und dem Willen, denn das Freie ist der Wille. Wille ohne Freiheit ist ein leeres Wort, so wie die Freiheit nur als Wille, als Subjekt wirklich ist." *Werke*, Frankfurt a.M. (Suhrkamp) 1970 ff., VII, S. 46.

12 J. LOCKE, l. c. V, S. 413.

13 So die Formel, die CHR. F. D. SCHUBART in einem Brief an seine Frau vom 29.04.1784 verwendete, zit. nach J. SCHLUMBOHM: *Freiheit – Die Anfänge der bürgerlichen Emanzipationsbewegung in Deutschland im Spiegel ihres Leitwortes*, Düsseldorf (Pädag. Verlag Schwann) 1975, S. 74; der Interpretation Schlumbohms, der in dieser Formel eine „Spiritualisierung" (S. 73) des Freiheitsbegriffs von einem zunächst politischen zu einem dann philosophischen Freiheitsbegriff kulminieren sehen möchte, kann ich mich allerdings nicht anschließen. Er scheint suggerieren zu wollen, daß generell der philosophische Freiheitsbegriff apolitisch

der Mensch, der in der bürgerlichen Gesellschaft das Unglück hat, kein Eigentümer zu sein, schon genau damit im eigentlichen Sinne unfrei. Wenn aber – so Kant – Freiheit gar kein empirisch nachzuweisender Begriff ist, dann ist er genau damit auch als ein Begriff der politischen Philosophie untauglich. In der politischen Öffentlichkeit können wir widerspruchsfrei annehmen, daß alles dort beobachtbare Handeln heteronom bestimmt sei, daß die im glücklichen Falle beobachtbare Gesetzesförmigkeit überall bloß Legalität und keine Moralität sei, d.h. bloß pflichtgemäß und nicht aus Pflicht geschehen sei. Ist das aber der Fall, dann ist Gesetzesübereinstimmung immer nur Zufall und folgt nicht einem zwingenden Prinzip, wie es allein die Sittlichkeit gewährleisten würde, einem zwingenden Prinzip, das alleine die Sicherheit der Individuen voreinander zur Folge haben könnte. So ist die im Gesellschaftsvertrag gedachte Übereinstimmung aller als Verläßlichkeitsgrund nicht hinreichend. Es bedarf, wie Kant sagt, einer „vereinigenden Ursache", also etwas, das den empirischen Willen der Subjekte so zwingt, daß alle gegenseitig sich darauf verlassen können. „Freilich ist das Wollen aller einzelnen Menschen einer gesetzlichen Verfassung nach Freiheitsprincipien zu leben (die distributive Einheit des Willens Aller), zu diesem Zweck nicht hinreichend, sondern daß Alle zusammen diesen Zustand wollen (die collec-

---

(und das ist wertend gemeint) und zugleich „grundsätzlich konservativ" (S. 78) sei. Die zugrunde liegende kritische Unterstellung, daß Spekulation als solche schon Eskapismus sei, ist von einem in den siebziger Jahren vielleicht noch entschuldbaren Praktizitätsdrang beseelt, der jedoch den historischen Sachverhalten nicht gerecht zu werden vermag. Schlumbohm meint, daß es jedenfalls klar sei, „daß zumindest für die Gegenwart den status quo akzeptierte, wer in dieser Weise eine rein innerliche oder transzendente ‚Freiheit' der politisch-sozialen Emanzipationsforderung nach ‚Freiheit' gegenüberstellte" (S. 78). Ich finde das nicht klar; denn nicht immer kämpft in ideenpolitischen Auseinandersetzungen derjenige am effektivsten, der in vorderster Front kämpft und nicht immer ist in solchen Kontexten ganz klar, was die vorderste Front sei. Vielleicht könnte ja der Wert philosophischer Begriffe darin bestehen, diejenige Generalisierung bereit zu halten, die von der Forderung unmittelbarer Praxisrelevanz suspendiert, um ein Medium der Selbstvergewisserung außerhalb des Kampfes zu haben. In dieser Frage bin ich mir einig mit St. Dietzsch: „Bathos der Erfahrung und Pathos der Distanz", in: *Sichtweisen. Das Pathos der Deutschen*, hrsg. v. Stiftung Weimarer Klassik u. DG Bank, München (Stiftung Weimarer Klassik Publikationen) 1996, S. 115-128; s. meinen Aufsatz: „Buchphilosophie und philosophische Praxis", *Deutsche Zeitschrift für Philosophie*, 38 (1990), S. 1187-1201.

tive Einheit des vereinigten Willens), diese Auflösung einer schweren Aufgabe, wird noch dazu erfordert, damit ein Ganzes der bürgerlichen Gesellschaft werde, und da also über diese Verschiedenheit des particularen Wollens Aller noch eine vereinigende Ursache desselben hinzukommen muß, um einen gemeinschaftlichen Willen herauszubringen, welches Keiner von Allen vermag: so ist in der Ausführung jener Idee (in der Praxis) auf keinen andern Anfang des rechtlichen Zustandes zu rechnen, als den durch Gewalt, auf deren Zwang nachher das öffentliche Recht gegründet wird ..."[14]

---

14 I. KANT: *Gesammelte Schriften*, hrsg. v. d. Preußischen Akademie der Wissenschaften, Berlin (de Gruyter) 1902 ff., VIII, S. 371. In seiner Geschichtsphilosophie macht gerade dieser Umstand es nötig, das Motiv zur *Versittlichung* des Menschen als in seiner *Natur* angelegt zu deuten, und nicht selbst noch einmal durch die Freiheit motiviert sein zu lassen: „Das größte Problem für die Menschengattung, zu dessen Auflösung *die Natur ihn zwingt*, ist die Erreichung einer allgemein das Recht verwaltenden bürgerlichen Gesellschaft. Da nur in der Gesellschaft, und zwar derjenigen, die die größte Freiheit, mithin einen durchgängigen Antagonism ihrer Glieder und doch die genaueste Bestimmung und Sicherung der Grenzen dieser Freiheit hat, damit sie mit der Freiheit anderer bestehen könne, ... so muß eine Gesellschaft, in welcher Freiheit unter äußeren Gesetzen im größtmöglichen Grade mit unwiderstehlicher Gewalt verbunden angetroffen wird ... die höchste Aufgabe der Natur für die Menschengattung sein, weil die Natur nur vermittelst der Auflösung und Vollziehung derselben ihre übrigen Absichten mit unserer Gattung erreichen kann. In diesen Zustand des Zwanges zu treten, zwingt den sonst für ungebundene Freiheit so sehr eingenommenen Menschen die Noth; und zwar die größte unter allen, nämlich die, welche sich Menschen untereinander selbst zufügen, deren Neigungen es machen, daß sie in wilder Freiheit nicht lange neben einander bestehen können. ... Alle Cultur und Kunst, welche die Menschheit ziert, die schönste gesellschaftliche Ordnung sind Früchte der Ungeselligkeit, die durch sich selbst genöthigt wird sich zu disipliniren und so *durch abgedrungene Kunst die Keime der Natur vollständig zu entwickeln.*" l. c., S. 22 (Hervorhebungen von mir, K. R.) Zur Unvereinbarkeit des ethisch-philosophischen mit dem politisch-philosophischen Freiheitsbegriff s. auch W. GALSTON: „Defending Liberalism", in: *Ethische und politische Freiheit*, S. 249-264, bes. S. 252ff. Zu dem Kantischen Versuch, eine positive (im Sinne von Berlin) ethische Freiheit mit einer negativen politischen Freiheit zu verbinden, stellt Galston lapidar fest: "The attempt fails." (S. 252) Allerdings ist sehr die Frage, ob Kant tatsächlich den ernsthaften Versuch überhaupt gemacht hat, beide zu verbinden. Zugegebenermaßen gibt es zu Fehlinterpretationen einladende Formulierungen bei Kant, auf die sich Galston dann auch prompt bezieht, etwa diejenige, daß es Pflicht sei, in den bürgerlichen Zustand einzutreten. Man muß

V. Die Unzulänglichkeit der ethischen Freiheit für die Wirtschaftsphilosophie

Warum ist nun – wenn schon nicht beide Freiheitsbegriffe zu harmonisieren sind – nicht wenigstens einer der beiden Freiheitsbegriffe für die Wirtschaftsphilosophie brauchbar?

Ich prüfe zunächst den philosophisch-ethischen Freiheitsbegriff. In der Tat gibt es ja Vorschläge zu einer Wirtschaftsethik, die diesen Begriff einer transzendentalen Freiheit den wirtschaftsethischen Überlegungen zugrunde legen. Insbesondere vernunftethische Konzeptionen, wie zuletzt die in ihrer Art imponierende „Integrative Wirtschaftsethik" Peter Ulrichs, gehen sehr entschieden in diese, m.A.n. falsche, Richtung. So lautet bereits der zweite Satz dieses Werkes: „Grundlage dieser Möglichkeit des Menschen zum Handeln ist seine *Freiheit*, einen eigenen Willen zu entwickeln (Willensfreiheit) und zur Welt, zu sich selbst und zu den verschiedenen Möglichkeiten des Tuns (Handlungsfreiheit) bewußt *Stellung zu nehmen*."[15] Und direkt im Anschluß daran heißt es, die Transzendentalphilosophin Annemarie Pieper zitierend: „Im Begriff der Moralität wird Freiheit als das Unbedingte gedacht, als der unbedingte Anspruch, Freiheit um der Freiheit willen als das höchste menschliche Gut zu realisieren."[16] Feierlicher und tautologischer hätte auch ich das nicht sagen können; und daher gehört dieses Pieper-Zitat bei Ulrich hier nun erneut zitiert. Aber was folgt daraus für die Wirtschaftsethik: entweder gar nichts, und es bleibt bei dem feierlichen Klang der Worte oder es folgt zuviel daraus. Das individuelle Subjekt, sagen wir: irgendein Entscheidungsträger in einem Betrieb, wird in Sartrescher Weise überbelastet. Ihm wird in der Einsamkeit seiner Gewissensentscheidung die moralische Last in uneingeschränkter Weise zugemutet. Er soll sich fragen müssen: ist die Maxime meines Handelns als allgemeines Gesetz denkbar; oder in anderer Couleur: fördert mein Handeln die Erreichung des größten Glücks der größten

---

hier nämlich hinzudenken, daß es für Kant keine Gewähr dafür gibt, daß die Menschen, die mich umgeben, dieser Pflicht genüge leisten. Also bedarf es Sicherheiten ganz anderer Art für den zivilisierten Umgang der Menschen miteinander, als es das moralische Gesetz in mir (und allen vernünftigen Wesen) bieten könnte.

15 P. ULRICH: *Integrative Wirtschaftsethik*, Bern, Stuttgart, Wien (Haupt Verlag) 1997, S. 23

16 A. PIEPER, zit. P. ULRICH, l. c., S. 24

Zahl. Vermuten wir einmal, daß die Moralitätsprüfung den Entscheider oft zu der Ansicht zwingen müßte, daß er nicht so, wie geschehen, hätte entscheiden dürfen, oder daß eine erwogene ökonomisch-rationale Entscheidung vor dieser strengen Moralitätsforderung keinen Bestand haben könnte. Was kann er also tun? Er könnte – immer noch denken wir uns ihn als dieses einsame mit seinem Gewissen allein gelassene individuelle Subjekt, wie es uns die Moderne beschert hat und anpreist – zu seinem Chef gehen und ihn in einen ethischen Diskurs zu verwickeln trachten, und wenn dieser keine Lust oder keine Zeit dazu hat, letztlich aus Freiheit seinen Hut nehmen oder um die Versetzung in die Pförtnerloge nachsuchen. Denn transzendental ist er als Individuum frei, all dem sich zu verweigern, wozu ihn die ökonomische Rationalität verbindet. Er könnte aber auch seine Moralität aus Freiheit „verraten", das tun, was von ihm erwartet wird, in wiederholten Fällen dann natürlich seine Selbstachtung und seine Identifizierung mit seinem Arbeitsplatz verlieren. Hat er sich schließlich pragmatisch eingerichtet, so wird er alltags all das tun, was er soll, und sonntags über die Unmoralität des Weltwirtschaftssystems resümieren und vielleicht auf die Zeit hoffen, wo alle Tage moralischer Sonntag ist. Die Dilemma-Struktur dieser Situation hängt jedoch an einer Voraussetzung, zu deren Anzweiflung gerade die Stilisierung der Situation dienen sollte. Diese Voraussetzung ist, daß wirtschaftsethische Überlegungen von der transzendentalen Freiheit des individuell gedachten Handlungssubjekts auszugehen hätten. Wenn man das in dieser Weise mit kritischem Unterton vorträgt, dann wird man vermutlich ganz schnell gefragt werden: wovon denn sonst? Zwar hat man ja schon von der sozialwissenschaftlichen methodologischen Kontroverse zwischen Holismus vs. Individualismus gehört – aber man ist ja schließlich kein Sozialwissenschaftler, sondern Ethiker, und die kennen keine solche Kontroverse, sondern sind klarerweise immer methodologische Individualisten. Dieses ist also das wirtschaftsethische Dilemma, wenn wir Freiheit, wie für die Ethik allgemein üblich, als individual-ethischen Begriff konzipieren. Von den wirtschaftsphilosophischen Problemlagen her gesehen wäre es mehr als wünschenswert, wir hätten einen anderen als diesen philosophisch-pathetischen oder dramatischen Freiheitsbegriff.

VI. Die Unzulänglichkeit der politischen Freiheit für die Wirtschaftsphilosophie

Aber prüfen wir zunächst den politisch-philosophischen Freiheitsbegriff, ob er nicht leistet, was für ökonomische Zusammenhänge erforderlich ist. Der politische Freiheitsbegriff setzt ebenfalls das Individuum ins Zentrum. Anders aber als der ethische Freiheitsbegriff, der im Grunde unterstellte, daß die Individualität der Freiheit im Begriff der Vernunft aufgehoben sei, so daß – wenn sie ihre Freiheit nur wahrhaft ergreifen – alle dasselbe wollen,[17] unterstellt der politische Freiheitsbegriff im Gegenteil gerade Diversität der Entfaltung der Freiheit, so daß der Interessenkonflikt das Normale ist und Freiheit der Einzelnen eingeschränkt werden muß, damit ein friedliches und gerechtes Zusammenleben überhaupt möglich ist. Daher scheint dieser Freiheitsbegriff so gestaltet zu sein, daß er für die ökonomischen Zusammenhänge wesentlich besser geeignet ist. Die Individuen regeln ihr Zusammenleben durch Verträge, und was ist dem Markt vertrauter als ein Handeln mittels Verträgen. Natürlich droht immer die Gefahr einerseits ungerechter Verträge, andererseits nicht erfüllter Verträge; diesen Gefahren wird begegnet durch eine Rahmenordnung, die ihrerseits aus Verträgen aller Individuen miteinander hervorgegangen gedacht wird.

Indem der Markt das Grundmodell der sozialen Orientierung in der Moderne ist, ist der freie, autonome und auch seine sozialen Beziehungen frei wählende und vertragsförmig gestaltende Einzelne die Leitfigur der Ablösung des Feudal- und Fürsorgestaates durch die moderne bürgerliche Gesellschaft und ihren Staat. Der freie Unternehmer ist zum Bild des Menschen überhaupt geworden: possessiver Individualismus. Nicht erst im Zuge der Globalisierung, sondern längst vorher ist dieser Vereinzelte, ist dieses freie Subjekt abgeschafft worden. Die sogenannten Sachzwänge des Marktes werden daher vielerorts gar nicht mehr als Zwänge, d.h. im wörtlichen Sinne als

17 Deswegen ist es ja durchaus fraglich, ob sich hinter dem „Schleier des Nichtwissens“ bei Rawls tatsächlich mehrere befinden oder nicht vielmehr ein und derselbe Geist, der folglich auch keinen Vertrag mit sich abschließen kann; denn die dort Verhandelnden sollen ja gerade per definitionem von ihrer zukünftigen Individualisierung nichts wissen. Daß sie also einen Konsens in der Frage der Gerechtigkeitsprinzipien erzielen, ist nicht weiter verwunderlich: es ist ein und derselbe Geist, der da mit sich verhandelt.

Freiheitseinschränkungen für ein sich frei wollendes Subjekt empfunden oder wahrgenommen, sondern als Quasi-Naturgesetzlichkeiten, die ebenso wenig wie die Gesetze der Schwerkraft als aus ethischen Gründen abzuschaffende Einschränkungen der Freiheit empfunden werden; vielmehr ist ihre Nichtberücksichtigung ein Mangel an Realitätssinn.

Im Grunde aber kann man an der am konsequentesten vertragstheoretischen Konstruktion bei Hobbes ablesen, daß eine Ethik auf dieser Grundlage keinen Platz mehr hat. Oder aber man braucht einen gütigen Gott, der die Welt so eingerichtet hat, daß sich moralisches Verhalten letztlich für das Individuum lohnt, wenigstens im Jenseits – so eher die Version bei Locke. In dieser Theorietradition war es Mandeville, der es als einer der ersten konsequent aussprach, daß es der Wirtschaft und den von dem Florieren der Wirtschaft profitierenden Individuen dann am besten gehe, wenn sich die Individuen im Sinne einer individuellen Heilsökonomie unmoralisch verhalten, also z.B. dem Luxus frönen statt sich zu bescheiden.

Fazit: Der philosophisch-ethische Freiheitsbegriff führt in der Wirtschaft zu einer moralischen Überforderung der Individuen, der politisch-philosophische Freiheitsbegriff läßt eine Wirtschaftsethik, die etwa auch vertragstheoretisch begründete Rahmenordnungen noch auf ihre Moralität hin überprüfbar halten möchte, unmöglich werden, weil der Vertrag der Individuen die letzte Instanz einer kriteriellen Prüfung ist. Die dritte Position, die den einvernehmlich geschlossenen Vertrag auf seine moralische Zulässigkeit hin überprüfen könnte, ist hier dezidiert nicht vorgesehen.[18]

Man könnte nun versucht sein, diesem doppelt negativen Befund zu entgehen, indem man entlang von Begriffen wie „Marktversagen" ein bißchen Ethik einführt, und im Hinblick auf die Freiheit hieße das ein bißchen transzendentale Freiheit, aber nicht zu hoch dosiert, in die Lücken der Rahmenordnung einzufügen versucht. Die transzendentale Freiheit aber, als kontrafaktischer Begriff, ist nicht portionierbar. Das hat auch Peter Ulrich ganz klar gesehen, wenn er Apel vorwirft, mit der Aufnahme von Anwendbarkeitserwägungen in Teil B seiner Ethik, die Grundlagen seiner Ethik verraten

18 Deswegen hat der mit sich allein gelassene Markt bei „ungerechten" Verträgen auch kein anderes Mittel, als die ungleiche Kostenbelastung durch Externalisierung (Verträge zu Lasten Dritter) auszugleichen, bzw. die Nichterfüllung der Verträge durch Versicherungen (statt durch Haftungsregeln) abzusichern.

zu haben. Ich stimme dem zu, allerdings ohne Vorwurf, ja mit Applaus für Apels Verrat.[19]

VII. Der Begriff der sozialen Freiheit

Was ist angesichts dieses Dilemmas eines Freiheitsbegriffs für die Wirtschaftsphilosophie zu tun? Ich schlage vor, wir sollten konsequenter als dieses bisher oft geschehen ist, der Tatsache ins Auge sehen, daß die Kategorien der Moderne ihre Kraft verloren haben, daß wir – gerade die Sphäre der Wirtschaft erzeugt ständig neue Belege dafür und ist vielleicht auch der Motor diese Bewegung – inzwischen in der Postmoderne leben. Postmoderne ist dabei nicht Kritik, die Selbstkritik, die Überwindung oder die Aufhebung der Moderne, denn wir können das Ende der Moderne nicht in den eigentümlichen Begriffen der Moderne selbst verstehen. Kritik der Moderne hätte immer eine Revision der Moderne zum Ergebnis, weil der Kritikbegriff selbst so sehr zum Selbstverständnis der Moderne gehört, daß seine Anwendung, so radikal Kritik auch immer gemeint sein mag, immer nur zu einer Perfektionierung der Moderne führen könnte. Ähnlich auch mit den anderen zentralen Begriffen der Moderne. Postmoderne ist der Verlust der Moderne. Diese Verluststruktur ist – wertend betrachtet – durchaus ambivalent. Es könnte der Verlust eines Wertes, es könnte aber auch der Verlust einer Belastung sein. Und da wir ja nicht mehr an die fortschrittsphilosophischen Kategorien der Moderne glauben, werden wir zugestehen müssen, daß jede Errungenschaft auch immer einen Verlust mit sich führt. Postmoderne, das ist der Verlust zentraler Kategorien der Moderne. Die Struktur eines solchen Verlustes ist aber nicht eine plötzliche Amnesie des Inhalts oder des Bewußtseins der Werthaltigkeit dieser Kategorien. Dann könnte durch ein verstärktes Erinnern an sie die Postmoderne aufgehalten werden und die Moderne als unbeendbares Projekt weiter gefeiert werden.[20] Die Struktur des Verlustes ist vielmehr diejenige der Erosion oder Korrosion. Die Zerstörung und Abnutzung zentraler Kategorien der Moderne geschieht durch zweierlei: erstens es wird den Begriffen zuviel zugemutet (Überforderungssyndrom oder Wertestreß);

---

19 P. ULRICH, l. c., S. 99ff.

20 J. HABERMAS: *Die Moderne – ein unvollendetes Projekt: philosophisch-politische Aufsätze*, Leipzig (Reclam Verlag Leipzig) ³1994.

zweitens durch inflationären Gebrauch – weil sie ja so wichtige Begriffe sind – verkommen sie zu Schlagworten. Beides zusammen führt dazu, daß die Begriffe an Nationalfeiertagen oder in der Philosophie dort, wo sie pathetisch ist, ihre legitime Funktion behalten – die Moderne besteht auch in der Postmoderne ornamental fort.

Für die tatsächlichen Orientierungsprobleme des Lebens über die Welt, so wie sie ist, oder über das Handeln, sind sie bedeutungslos geworden. Der Begriff der Freiheit des Subjekts scheint mir nun genau so ein zentraler und inzwischen korrodierter Begriff zu sein. Das Problem ist dabei weniger die Freiheit, die ja als positive Freiheit zu etwas (Rechte, Privilegien, Macht etc.) und als negative Freiheit von etwas (nämlich Fremdbestimmung, Not etc.) ein reiner Relationsbegriff ist, der deskriptiv immer sinnvoll bleibt. Problematisch ist vielmehr die Zuschreibung von Freiheit im sozialen Zusammenhang allein auf individuelle Handlungssubjekte, die ja zudem noch substantiell gedacht werden: der einzelne Mensch ist dann der, der von Natur aus frei geboren ist, der mit seinesgleichen vertragsförmige Beziehungen aufnehmen kann und der sich jenseits der ihm individuell auferlegten Beschränkungen als absolut frei denkt und von dem Moment träumt, wo seine individuelle Subjektivität eben nicht mehr individuell sein wird, sondern wo sich die Identität dieser Subjektivität mit dem Allgemeinen der Vernunft in der Realität hergestellt haben wird: volonté générale, der Moment, wo alle Jean-Jacques heißen.

Ich will dabei festhalten, daß es sich bei diesem Begriff der Postmoderne nicht um eine Programmatik handelt, sondern um eine Diagnostik. Daher mag man den Verlust zentraler Begriffe der Moderne – wie den der Freiheit des Subjekts – bedauern, ja beweinen, sogar seine Erhaltung fordern, beschwören, die Moderne als unvollendetes Projekt deklarieren, das alles wird nichts daran ändern, daß wir uns in unseren Praxen längst von der Moderne und ihren zentralen Begriffen verabschiedet haben. Eingang gefunden hat diese Diagnostik auf unterschiedliche Weise in Foucaults Beschreibung der Disziplinargesellschaften, in Deleuzes Begriff der Kontrollgesellschaft, in Becks Idee der Risikogesellschaften und in F. Ewalds und M. Makropoulos' Analyse der Versicherungsgesellschaften.[21]

21 M. FOUCAULT: *Überwachen und Strafen*, Frankfurt a.M. (Suhrkamp) ²1977; G. DELEUZE: „Postskriptum über die Kontrollgesellschaften", in: G. DELEUZE: *Unterhandlungen 1972-1990*, Frankfurt a.M. (Suhrkamp) 1993, S. 254-262; U. BECK: *Risikogesellschaft*, Frankfurt a.M. (Suhrkamp) 1986; F. EWALD: „La socié-

Nun zum Begriff der sozialen Freiheit, den ich sowohl für den der Postmoderne angemessenen Freiheitsbegriff halte als auch für den Freiheitsbegriff, der der Wirtschaftsphilosophie angemessen wäre. Er meint – im Gegensatz zur individuellen Freiheit – einen ganz anderen Typus von Freiheit, zu dessen Wesen und nicht zu dessen Einschränkungen das Soziale gehört, wobei das Soziale nicht normativ gemeint ist im Sinne von mehr Menschenfreundlichkeit oder Solidarität.

So wie Tönnies das Soziale unterschieden hat in das Gemeinschaftliche und das Gesellschaftliche, so wird man auch für den Begriff der sozialen Freiheit eine gemeinschaftliche Freiheit von einer gesellschaftlichen Freiheit unterscheiden wollen. Gemeinschaftlichkeit und Gesellschaftlichkeit sollten aber nicht sektoriell oder gar ontologisch unterschieden werden, wonach dann Familie der Gemeinschaft zugehörig zu betrachten wäre, die Wirtschaft aber der Gesellschaft. Wollen wir angemessen beschreiben, kommt nur eine funktionale Differenz in Betracht. Das aber heißt, daß Formen gemeinschaftlicher Freiheit sich sehr wohl auch in der Sphäre der Wirtschaft wiederfinden lassen, ohne daß damit die Wirtschaft romantisch würde, wie es auch Formen gesellschaftlicher Freiheit in den Familien gibt, ohne daß man deswegen gleich eine Kolonisierung der Lebenswelt zu argwöhnen brauchte.[22]

Unter Freiheit allgemein wird dabei verstanden eine Modalisierung des Handelns, die analog derjenigen der Macht ist.[23] Dann ist dasjenige, was seine nächsten und übernächsten Handlungszüge selbst bestimmen kann, frei und mächtig, und zwar im Hinblick auf andere, kooperierend, konkurrierend, einschränkend, erweiternd. Wie die Macht nicht in der Gestalt der Autarkie eines Einzelnen ihr Maximum hat, so ist auch Freiheit gemeinsam mit anderen steigerbar. Die Freiheit des Vereinzelten ist nicht – wie der Individualismus der Moderne uns weismachen wollte – die größte oder sogar die einzige Freiheit. Sie verdient es vielmehr Vogelfreiheit genannt zu werden. Die größte Freiheit ist vielmehr diejenige, die ich mit anderen teile. Es ist unsere, unsere soziale, gemeinsam gesteigerte Macht und Freiheit. Im Unterschied

---

té assurancielle", *Risques*, I (1990), S. 5-23; F. EWALD: *Der Vorsorgestaat*, Frankfurt a.M. (Suhrkamp) 1993; M. MAKROPOULOS: *Modernität und Kontingenz*, München (Fink Verlag) 1997.

22 So bekanntlich J. HABERMAS: *Theorie des kommunikativen Handelns*, 2 Bde., Frankfurt a.M. (Suhrkamp) 1981, II, S. 293.

23 K. RÖTTGERS: *Sozialphilosophie: Macht – Seele – Fremdheit*, Essen (Verlag Die Blaue Eule) 1997, S. 109-150.

zum Machtbegriff stellt aber der Freiheitsbegriff auf die Richtungsqualität der Handlungsanschlüsse ab. Und genau deswegen hat man ja auch die ethischen Überlegungen an den Freiheitsbegriff und nicht an einen Machtbegriff gebunden.

Die soziale Freiheit erscheint nun in den üblichen Deklinationen des Freiheitsbegriffs. Sie ist Freiheit in der Gemeinschaft und Freiheit in der Gesellschaft, sie ist aber auch Freiheit von der Gemeinschaft und Freiheit von der Gesellschaft. Und schließlich ist sie Freiheit durch die Gemeinschaft und Freiheit durch die Gesellschaft. Aber selbst bei der Freiheit von der Gesellschaft ist das Korrelat dieser Freiheitsbeziehung nicht eo ipso das einsame Subjekt. Auch zweie oder dreie oder mehr können gemeinsam frei von der Gesellschaft sein und d.h. ihrem gemeinsamen oder koordinierten Handeln Handlungsanschlüsse geben, die frei sind von sonstigen gesellschaftlichen Beziehungen, sogar dann, wenn die inneren sozialen Beziehungen selbst nur gesellschaftliche, nicht aber gemeinschaftliche sind. Das Korrelat der Freiheitsbeziehung wollen wir allgemein als ein Selbst bezeichnen und vom Anderen unterscheiden. Jedes sich zum Handeln und zu zukünftigen Handlungsanschlüssen bestimmende Selbst ist in seiner Freiheit zugleich für die Art der Richtungsgebung und Zwecksetzung verantwortlich. Viele solcher Handlungen und Handlungsanschlüsse sind überhaupt nur als soziale Handlungen möglich. Die Verantwortlichkeiten der Richtungssetzungen beziehen sich dabei sowohl auf die gemeinsame Freiheit in Gemeinschaft oder Gesellschaft, als auch auf die von einem gemeinsamen Handeln Betroffenen. Es ist daher kategorial falsch – obwohl wir in der Moderne uns so sehr daran gewöhnt haben – dem individuellen Subjekt und seinem einsamen Gewissen die Verantwortung für das aufzubürden, was es überhaupt nur gemeinsam mit anderen tun kann.

Die frühen Liberalen der Moderne nahmen an, daß Freiheit und Macht absolute Gegensätze seien. Nach ihrer Ansicht war Freiheit das, was sie für sich und alle anderen wollten, und Macht war das, was die anderen hatten, und das war böse. In der Postmoderne haben wir die Chance der Einsicht bekommen, daß Freiheit und Macht als Handlungsmodalisierungen sich gegenseitig stützen und steigern. Allerdings ist es offenkundig, daß unbegrenzte Machtsteigerung, die ja immer auf die stillschweigende Zustimmung anderer angewiesen ist, sich in zu hohem Maße von der Pluralität dieser vielen anderen abhängig macht und damit ein Verlust der Richtungskonstanz der Handlungsanschlüsse hingenommen werden muß, d.h. ein Verlust an Freiheit. Das heißt nun, daß wir auch Freiheit nur als gemeinsame Freiheit steigern können.

Oder konkreter gesprochen: wir müssen über die Ziele Einigkeit oder wenigstens Vereinbarkeit erreichen können, wenn wir nicht an sozialer Freiheit verlieren wollen und mit bloßer Machtentfaltung in Abhängigkeit geraten wollen. Das heißt mit anderen Worten: Je weiter in die Zukunft hinein die Handlungskontinuität gesichert werden soll, desto mehr muß Freiheit als gemeinsame, und nicht mehr als individuelle Freiheit verstanden werden. Damit hat der Begriff der sozialen Freiheit gegenüber demjenigen der individuellen oder auch der persönlichen Freiheit Vorrang gewonnen: individuelle Freiheit ist immer nur Residualfaktor der sozialen Freiheit.

Diese Abhängigkeit läßt sich auch auf andere Weise ausdrücken: je mehr Freiheit als Freiheit des Individuums aufgefaßt wird, desto mehr verfällt Macht als Handlungsmodalisierung; und entsprechend dem Machtverfall tritt an die Stelle der Handlungsmodalisierung, sprich Macht, dort, wo ein anderes Handeln betroffen sein soll, die pure Gewalt oder Gegengewalt (und sei sie auch durch das Recht legitimiert). Somit ist die Gewaltbereitschaft eine soziologische Konsequenz der Freiheitsindividualisierung der Moderne. Die individualistische Freiheitsauffassung kann die Macht des Anderen stets nur als Freiheitseinschränkung der eigenen individuellen Freiheit erleben. Und dann meinen wir, als Freiheitsbeschränkungen den Staat und das Recht nötig zu haben, die aber angesichts globaler Ökonomisierung zunehmend disfunktional oder bloß ornamental werden. Die sogenannte „Privatisierung" von Bahn, Post, kommunalen Versorgungs- und Entsorgungsbetrieben, d.h. der Verzicht des Staates darauf, eine Grundversorgung mit Elementargütern für die Bürger noch zu gewährleisten, ist ja mitnichten eine Privatisierung, ist vielmehr eine Ökonomisierung öffentlicher Aufgaben. Vor einigen Jahren noch konnte man, um diese Tendenzen zu ridikülisieren, vorschlagen, doch gleich die Bundeswehr zu privatisieren, damit auch sie ökonomisch effektiver sei. Inzwischen ist zu lesen, daß allen Ernstes Pläne bestehen, Teilbereiche der Bundeswehr zu privatisieren. Sowohl die Abschaffung der Wehrpflicht in Großbritannien und Frankreich als auch die zunehmende Verwendung nationaler Streitkräfte als gewissermaßen „Leiharmeen" für internationale Interventionen weisen in die gleiche Richtung, so daß sich die Hoffnung, mit dem Absterben der Nationalstaaten würden auch Heere und Kriege aufhören, auf fatale Weise als völlig voreilig erweisen könnte.

Es bleibt dann, wenn ich alle Macht minimalisieren möchte, und das heißt natürlich auch meine eigene, nichts übrig als die kontinuierliche Verkürzung aller temporalen Handlungsorientierungen, die auf nichts anderes konvergiert als auf die terroristische Gewalt des Augenblicks und diese ist gewiß nicht in der Lage, moderne oder postmoderne Gesellschaften insgesamt zu steuern, auch wenn sie immer ein begleitendes Merkmal der Politik der Moderne gewesen sein mag. Komplexe Gesellschaften am Ende der Moderne haben vermutlich keine anderen Mittel, wenn sie ihre Freiheit nicht mit Regression erkaufen wollen, d.h. auch nicht mit politisierender und moralisierender Regression, als die Macht zu modalisieren, d.h. zu steigern. Und genau das ist auch der Weg, die soziale Freiheit zu steigern. Wie List erfindet sie Auswege: sie verläßt die Einzigkeit des moralisch-politisierten, des einzig-möglichen Standpunkts; denn sie kann immer auch noch ganz anders. Ja, das ist ihr Prinzip in der Postmoderne: anderes und mehr anderes heute und später können zu wollen: Modalisierung statt Moralisierung.

Und so wird eine anspruchsvolle Orientierung an zwischenmenschlicher Herrschaftsfreiheit sich nicht in die einfachen Sozialzustände zurückwünschen können, als es die Herrschaft noch nicht gab, sondern nur die Freiheit in der Gemeinschaft und wo – nota bene – die Gewalt alle Probleme lösen half. Sie wird sich aber auch nicht zufrieden geben können mit einem von dem possessiven Individualismus der bürgerlichen Gesellschaft figurierten Begriff der individuellen Freiheit. Sie wird vielmehr vorausblicken in die plural vernetzten Zustände der Zukunft, für die Herrschaft (sei es des Staates, sei es des Marktes) ein viel zu einfacher Mechanismus der Koordination des Handelns ist und in der Freiheit dann nur noch als soziale Freiheit denkbar ist.

Auch wenn sich die Wirtschaftsphilosophie nicht auf Wirtschaftsethik beschränken läßt, sollen dennoch im Anschluß an das Gesagte abschließend einige Thesen für die Wirtschaftsethik angefügt werden:

1. Wirtschaftsethik sollte nicht länger eine individualistische Brille tragen, sie überfordert damit die Subjekte.

2. Wirtschaftsethik sollte aufhören, pathetische Worte zu prägen, ohne Rücksicht auf die inzwischen eingetretenen Veränderungen postmoderner Gesellschaften.

3. Wirtschaftsethik sollte aber auch nicht kompromißlerisch den Überforderungsdruck einfach bis zur Erträglichkeit reduzieren.

4. Ferner sollte Wirtschaftsethik nicht einfach mit den Kategorien, die die ökonomischen Wissenschaften liefern, versuchen, eine ökonomische Ethik zu entwickeln, obwohl sich hier für eine Wirtschaftsethik noch am meisten lernen läßt, indem ja z.B. ökonomische Akteure klarerweise nicht als individuelle Handlungssubjekte in die Theorie eingehen. Andererseits ist das ökonomisch Rationale, das einen ökonomischen Akteur verpflichtet, nicht identisch

mit dem aus sozialer Freiheit ermöglichten Vernünftigen gemeinsamen Handelns. Diese Differenz muß Wirtschaftsethik kategorial aufrecht erhalten.

5. Wirtschaftsethik hat diejenigen sozialen Verpflichtungen zu reflektieren, die die soziale Freiheit den nicht individuellen Akteuren so auferlegt, wie im Denken der Moderne das individuelle Subjekt sich als moralisch integer selbst zu achten lernen sollte. Dieses wird allerdings nicht einfach in einer Kopie der Ethik der Moderne auf die Wirtschaftsethik führen.

6. Schließlich hat Wirtschaftsethik aufzuhören, philosophische Rechtfertigungen für Moralisierungen abzugeben. Sie hat vielmehr die Kategorien für wirtschaftsethische Fragestellungen so zuzurüsten, daß sie der Wirtschaftssphäre als angemessen erscheinen müssen und nicht als quengelndes Dreinreden von Philosophen, die sowieso nichts davon verstehen.

7. Meiner Ansicht nach muß eine solche kategoriale Revision der wirtschaftsethischen Begriffe strikt auf der Ebene der Inter-Individualität ansetzen, auf der Ebene des Sozialen. Meine Überlegungen zur sozialen Freiheit versuchten, an einem beliebigen, aber nicht unwichtigen Punkt damit anzufangen.

Literaturverzeichnis

AYER, A. J.: *Philosophical Essays*, London (MacMillan) 1954.

BAADER, F. v.: „Über die Zeitschrift Avenir und ihre Prinzipien", in: F. v. BAADER: *Vom Sinn der Gesellschaft*, hrsg. v. H. A. FISCHER-BARNICOL, Köln (Hegner) 1966, S. 215-229.

BECK, U.: *Risikogesellschaft*, Frankfurt a.M. (Suhrkamp) 1986.

BERLIN, I.: *Freiheit*, Frankfurt a.M. (Fischer Verlag) 1995.

DELEUZE, G.: „Postskriptum über die Kontrollgesellschaften", in: G. DELEUZE: *Unterhandlungen 1972-1990*, Frankfurt a.M. (Suhrkamp) 1993, S. 254-262.

DIETZSCH, ST.: „Bathos der Erfahrung und Pathos der Distanz", in: *Sichtweisen. Das Pathos der Deutschen*, hrsg. v. Stiftung Weimarer Klassik u. DG Bank, München (Stiftung Weimarer Klassik Publikationen) 1996, S. 115-128.

EWALD, F.: „La société assurancielle", *Risques*, I (1990), S. 5-23.

EWALD, F.: *Der Vorsorgestaat*, Frankfurt a.M. (Suhrkamp) 1993.

FOUCAULT, M.: *Überwachen und Strafen*, Frankfurt a.M. (Suhrkamp) ^{2}1977.

GALSTON, W.: „Defending Liberalism", in: *Ethische und politische Freiheit*, hrsg. v. J. NIDA-RÜMELIN u. W. VOSSENKUHL, New York (de Gruyter) 1998, S. 249-264.

HABERMAS, J.: *Theorie des kommunikativen Handelns*, 2 Bde., Frankfurt a.M. (Suhrkamp) 1981.

HABERMAS, J.: *Die Moderne – ein unvollendetes Projekt: philosophisch-politische Aufsätze*, Leipzig (Reclam Verlag Leipzig) [3]1994.

HEGEL, G. W. F.: *Werke*, Frankfurt a.M. (Suhrkamp) 1970 ff.

HEINE, G.: „Die Berücksichtigung der Natur im Rahmen der Straftheorien", in: *Ökologische Ethik und Rechtstheorie*, hrsg. v. J. NIDA-RÜMELIN u. D. V. D. PFORDTEN, Baden-Baden (Nomos Verlagsgesellschaft) 1995, S. 293-300.

HEINE, G.: *Die strafrechtliche Verantwortlichkeit von Unternehmen*, Baden-Baden (Nomos Verlagsgesellschaft) 1995.

KANT, I.: *Gesammelte Schriften*, hrsg. v. d. Preußischen Akademie der Wissenschaften, Berlin (de Gruyter) 1902 ff.

LIPPS, G. F.: *Das Problem der Willensfreiheit*, Leipzig, Berlin (Teubner) [2]1919.

LOCKE, J.: *Works*. Neudr., Aalen (Scientia-Verlag) 1963.

MAKROPOULOS, M.: *Modernität und Kontingenz*, München (Fink Verlag) 1997.

NIDA-RÜMELIN, J. und W. VOSSENKUHL (Hrsg.): *Ethische und politische Freiheit*, Berlin, New York (de Gruyter) 1998.

NIETZSCHE, F.: *Kritische Studienausgabe*, hrsg. v. G. COLLI u. M. MONTINARI, München, Berlin, New York (de Gruyter) 1980.

PLANCK, M.: *Vom Wesen der Willensfreiheit*, Leipzig (Barth) 1936.

POPPER, K. R.: *The Open Universe. An Argument for Indeterminism*, hrsg. v. W. W. BARTLEY, III, London (Hutchinson) 1982.

RÖTTGERS, K.: „Buchphilosophie und philosophische Praxis", *Deutsche Zeitschrift für Philosophie*, 38 (1990), S. 1187-1201.

RÖTTGERS, K.: *Sozialphilosophie: Macht – Seele – Fremdheit*, Essen (Verlag Die Blaue Eule) 1997.

RÖTTGERS, K.: „Soziale Freiheit als Innovation", *Berliner Debatte INITIAL*, 9 (1998), S. 31-38.

SARTRE, J.-P.: *L'être et le néant*, Paris (Gallimard) 1943.

SCHLUMBOHM, J.: *Freiheit – Die Anfänge der bürgerlichen Emanzipationsbewegung in Deutschland im Spiegel ihres Leitwortes*, Düsseldorf (Pädag. Verlag Schwann) 1975.

SCHULZ, L.: „Das anthropologische ‚Rechtsgut' im Umweltstrafrecht", in: *Ökologische Ethik und Rechtstheorie*, hrsg. v. J. NIDA-RÜMELIN u. D. V. D. PFORDTEN, Baden-Baden (Nomos Verlagsgesellschaft) 1995, S. 265-279.

SIMMEL, G.: *Gesamtausgabe*, hrsg. v. O. RAMMSTEDT, Bd. VI: *Philosophie des Geldes*, Frankfurt a.M. (Suhrkamp) 1989.

SPITZ, J.-F.: *La Liberté Politique*, Paris (Presses Univ. de France) 1995.

STEINBACH, F.: *Der geschichtliche Weg des wirtschaftenden Menschen in die soziale Freiheit und politische Verantwortung*, Köln, Opladen (Westdeutscher Verlag) 1954.
TAYLOR, CH.: *Negative Freiheit?* Frankfurt a.M. (Suhrkamp) 1988.
ULRICH, P.: *Integrative Wirtschaftsethik*, Bern, Stuttgart, Wien (Haupt Verlag) 1997.
VOLTAIRE: *Dictionnaire philosophique*, ed. R. NAVES, Paris (Garnier) 1954.

5. Kapitel

Ist Philosophie heute überhaupt noch ökonomisch vertretbar?

FRANZ RUPERT HRUBI

I. Was ist Philosophie?
II. Was leistet Philosophie?
III. Die schleichende Selbstzerstörung der Philosophie
IV. Menschliches Leben kommt nicht ohne Sinn aus
V. Was braucht der Mensch, um zufrieden zu sein?
VI. Welt- und Menschenbilder – die Philosophie verliert an Terrain
VII. Praktische Philosophie und Wirtschaftsethik: wo bleibt die Wirtschaft?
VIII. Allmähliche Umwertung alter Werte
IX. Die Durchsetzung des Leistungsprinzips
X. Der Wettbewerb wird universal, die Philosophie verliert weiter
XI. Die Frage nach der ökonomischen Vertretbarkeit der Philosophie und die Wirtschaftsethik

Im Sinne der Leitfrage des Tagungsthemas – „wo bleibt die Philosophie?" – werde ich mich im folgenden stärker als sonst mit der Philosophie selbst und ihren Randbedingungen auseinandersetzen, und ich werde aus Gründen, die gleich anschließend klar werden sollten, einen ausgesprochen historischen Standpunkt einnehmen. Ich werde mich also der Reihe nach mit den oben genannten Themen und Fragen beschäftigen.

Das Rahmenthema dieser Tagung lautet: „Wirtschaftsethik – wo bleibt die Philosophie?" Ich versuche in der Regel, den Inhalt meiner Vorträge an die jeweils vorgegebenen Rahmentitel möglichst adäquat anzupassen, muß in diesem Fall aber gestehen, daß ich nicht genau weiß, was die Organisatoren bei dieser durchaus mehrdeutigen Frage wirklich im Sinn gehabt haben. Bemängeln sie, daß in der mittlerweile schon ziemlich umfangreichen Literatur zur Wirtschaftsethik der philosophische Aspekt zu kurz gekommen ist?

Die Wirtschaftsethik ist ja, wie schon vom Namen her ersichtlich, ein interdisziplinäres Unterfangen, und es wäre durchaus nichts Ungewöhnliches, wenn dabei eine Disziplin die andere(n) dominiert. Im vorliegenden Fall scheint es mir, daß zwar von der überwiegenden Mehrheit der am Diskurs Beteiligten das Fehlen des ethischen Aspekts in der Wirtschaft angeprangert wird, von kaum jemandem aber die Nichtberücksichtigung wirtschaftlicher Gesichtspunkte in der Ethik, verstanden als genuin philosophische Fachdisziplin.

Das führt mich zu einer anderen möglichen Deutung der Frage: „wo bleibt die Philosophie?" Die bestünde nämlich in der dahinterstehenden Anklage, daß sich die Philosophie, gewiß verstanden als wohletablierte akademische Disziplin, auffallend vornehm aus den Niederungen des wirtschaftsethischen Diskurses heraushält. Das wieder könnte ebensogut mit der von den Anfängen bis heute nicht zu übersehenden Arroganz, ja sogar Verachtung gegenüber solchen Gegenständen, wie es die Wirtschaft nun einmal ist, als andererseits auch mit der (uneingestandenen) „Hilflosigkeit der Philosophen angesichts der moralischen Schwierigkeiten von heute"[1] zusammenhängen.

I. Was ist Philosophie?

Wie dem auch sei, jedenfalls wird die Philosophie im Kontext der Wirtschaftsethik offensichtlich vermißt, aus welchen Gründen auch immer. Damit ist aber die Bredouille noch lange nicht ausgestanden. Denn: was ist das überhaupt, die Philosophie? „In der Philosophie", wird Robert Spaemann nicht müde zu betonen, „ist alles kontrovers, sogar was das ist, Philoso-

1 Das ist der Titel eines Aufsatzes von E. Tugendhat, der sich allerdings mit einem ganz anderen Thema beschäftigt.

phie",[2] um dann fortzusetzen; „die Frage, was ist Philosophie, läßt sich auf eine nicht kontroverse Art wohl nur mit dem Hinweis auf den in Europa seit 2 500 Jahren kontinuierlich geführten Diskurs beantworten. Auf dessen Kontinuität beruht die Identität der Philosophie und auf sonst, wie mir scheint, gar nichts".[3]

Dieser Diskurs hat natürlich zahlreiche Highlights und eines der ersten läßt sich unzweifelhaft mit dem Namen „Aristoteles" kennzeichnen. Von ihm stammt zwar nicht der Name, denn den hat sein Lehrer Platon geprägt, wohl aber die erste systematische Erörterung des Wesens der Philosophie. Dabei wird deutlich, daß Philosophieren im strengsten Sinne diejenige Tätigkeit ist, die am weitesten entfernt vom alltäglichen Leben und zudem am wenigsten zu irgend etwas zu gebrauchen ist. Man muß sich nun klarmachen, daß diese Charakteristika, die aus heutiger Perspektive doch eher eindeutige Mangelerscheinungen sind, von Aristoteles ausdrücklich als Gründe verwendet werden, um zu zeigen, daß die Philosophie die höchste dem Menschen mögliche, ja eine geradezu göttliche Wissenschaft ist.

Aristoteles beschäftigt sich aber auch mit den Voraussetzungen der Philosophie bzw. des Philosophierens. Schon die Tatsache, daß die Philosophie ihren Ursprung im müßigen Staunen hat und nicht im Kontext der unmittelbaren Bewältigung oder auch nur Erleichterung des Lebens, beweist, daß sie – jedenfalls dort, wo sie zu ihrer vollendeten Entfaltung aufläuft, also in dem, was man später dann eben Metaphysik genannt hat – völlig abgehoben vom alltäglichen Leben und Treiben existiert, damit nichts zu tun hat und zu tun haben will. Philosophie setzt demnach die nötige Muße für eine relativ kleine Gruppe von Menschen voraus, deren einziges Ziel laut Nikomachischer Ethik es ist, sich ganz der *Theoria*, der Betrachtung bzw. Schau der ewigen und unwandelbaren Wahrheiten hinzugeben und damit sich selbst bzw. für sich die höchste dem Menschen überhaupt mögliche Lebensform zu verwirklichen. Das Resultat dieser Betrachtung ist, um es zu wiederholen, mindestens für diejenigen, die durch ihre Arbeit die Muße der Philosophen allererst möglich machen, in keiner Weise brauchbar, jedenfalls nicht im praktischen Sinn.

---

2 R. SPAEMANN: „Philosophie als Lehre vom glücklichen Leben", in: G. BIEN (Hrsg.): *Die Frage nach dem Glück*, Stuttgart-Bad Cannstatt (Frommann-Holzboog) 1978, S. 2.

3 *Ebenda*, S. 4.

II. Was leistet Philosophie?

Man kann sich nun natürlich fragen, wie es dazu kommen kann, daß eine Gruppe von Menschen von ihren Verpflichtungen vor allem im Hinblick auf die gesellschaftliche Arbeitsteilung freigestellt wird, offenbar ohne dafür irgendeine Gegenleistung erbringen zu müssen. Aber erbringen die Philosophierenden tatsächlich keine Gegenleistung?

Ein Hinweis auf die Antwort auf diese Frage ist wohl darin zu finden, daß Aristoteles wiederholt den Gegenstand als auch die Tätigkeit dieser höchsten Wissenschaft als etwas Göttliches bezeichnet und darüber hinaus ihren historischen Ursprung just am ägyptischen Priesterstand festmacht. Denn diese hätten als erste über die nötige Muße verfügt, um so etwas wie die mathematischen Wissenschaften hervorzubringen, und die waren, zumindest damals, auch durchaus etwas, das man zu gar nichts Weiterem gebrauchen konnte. Hilfreich im gegebenen Kontext ist vielleicht auch noch der Hinweis, daß die Anklage, die dem gewissermaßen Prototyp aller Philosophen, also Sokrates, letztendlich das Leben gekostet hat, unter anderem auf Asebie lautete, d.h. auf Gottlosigkeit.[4]

Was Philosophie ist und worin sie jeweils die ihr eigentümliche Aufgabe und Verfahrensweise sieht, läßt sich, wie gesagt, generell und ohne historische Präzisierung gar nicht verbindlich sagen. Wenn wir uns jedoch eine funktionale Perspektive zu eigen machen, dann können wir allerdings feststellen, daß Philosophie und Religion über weite Strecken funktional äquivalente Leistungen erbringen, nämlich eine umfassende und sinnstiftende Orientierung im Hinblick auf fundamentale existentielle Fragen, betreffend das Verhältnis des Menschen zur Natur oder zum Universum, zu den anderen Menschen und zu sich selbst.

Worin sich Philosophie und Religion freilich prinzipiell unterscheiden, ist das Fundament, auf das sie jeweils ihre Lehrgebäude aufsetzen. Während die Religion für sich einen privilegierten Zugang zum Göttlichen, einen m.o.w. unmittelbaren Kontakt zum Übersinnlichen beansprucht, beruft sich die Philosophie in der Begründung ihrer Einsichten in aller Regel auf nichts als die Vernunft. Selbst denken ist hier angesagt, nichts als selbstverständ-

---

4 Freilich wird dieses Urteil allen, die auch nur ein paar platonische Dialoge gelesen haben, ebenso befremdlich erscheinen wie die Verhängung der Fatwa über Salman Rushdie, wenn man die Satanischen Verse kennt.

lich oder ungefragt hinnehmen. Diese Tatsache hat freilich wiederum nachhaltige Folgen nicht nur für das Verhältnis der Philosophie zur Religion, sondern auch für das Verhältnis der Philosophie zu sich selbst.

Das Verhältnis der Philosophie zur Religion war und ist teilweise (und überwiegend) kritisch, und zwar von Xenophanes über Feuerbach, Marx und Nietzsche bis zu Sartre und darüber hinaus, teilweise hingegen eher assistierend, so insbesondere als „ancilla theologiae“ im Mittelalter, und erst jetzt wieder hat Papst Johannes Paul II. in seiner Enzyklika „Fides et Ratio“ die Philosophie aufgerufen, ihre Beziehung zur Theologie zurückzugewinnen.

III. Die schleichende Selbstzerstörung der Philosophie

Im Selbstverhältnis der Philosophie war es vor allem die (historisch erstaunlich spät einsetzende) radikalisierte Vernunftkritik, also die Reflexion auf das Denken, auf die Instrumente und Quellen der Erkenntnis, die schlußendlich dann in unserem Jahrhundert (im Namen des Logischen Empirismus oder Neopositivismus) zur Leugnung der Möglichkeit von Ethik, ja von Philosophie im traditionellen Sinne überhaupt geführt hat und nun in postmoderner Perspektive sogar die Vernunft selbst zur Disposition stellt. Mit dem Ende der „großen Erzählung“ der Moderne habe sich auch die Einheit der Vernunft und die Identität des Subjekts verabschiedet. Ob der heroische Versuch insbesondere von Jürgen Habermas, diesen Zerfallsprozeß diskurstheoretisch rückgängig zu machen, erfolgreich sein wird, bleibt allererst abzuwarten.

Worauf es mir hier auch ankam, war, auf die genuin destruktive und vor allem selbstzerstörerische Kraft des Urquells der Philosophie, eben der Vernunft, hinzuweisen. Gerade die Reflexion auf das Wissen hat nämlich zu einer stetigen Reduktion des für wißbar oder für vernünftig Gehaltenen geführt. Die Vernunft wurde im Lauf der Zeit immer exklusiver, bis sie am Ende vollständig zu implodieren scheint.

Die Vernunft, so belehrt uns der Kritische Rationalismus, ist ein Instrument, mit dem wir Theorien allenfalls widerlegen können, niemals jedoch deren Wahrheit nachweisen, und schon gar nicht bringt die Vernunft neue Theorien hervor. Ebenso kann weder der kategorische Imperativ noch die Diskursethik irgendwelche Normen oder Maximen generieren, sondern allenfalls zeigen, daß eine gegebene nicht universalisierbar und daher unmoralisch ist. Aber die Maximen und Normen, ebenso wie die Theorien müssen immer schon da sein, ehe die Vernunft ihr Geschäft der kritischen Prüfung aufnimmt.

Das hat allerdings durchaus auch praktische Konsequenzen. Wenn z.B. Kant behauptet, daß diejenigen Maximen, die den Kriterien des kategorischen Imperativs genügen, von allen Vernunftwesen in gleicher Weise geteilt werden können, dann fragt man sich unwillkürlich: und was ist, wenn einer sie nicht teilen kann? Und was ist, wenn jemand im Diskurs (aus nicht strategischen Gründen, versteht sich) konsensverhindernd die Zustimmung verweigert? Wer die in der Logik der Forschung festgesetzten Regeln des Spiels Wissenschaft nicht beachtet, „der tritt aus dem Spiel aus"[5], stellt Popper lapidar fest. Noch deutlicher wird Sarastro in Mozarts Zauberflöte. In der zweiten Strophe der berühmten Arie „In diesen heiligen Hallen" singt er ganz klar in einem durchaus zu unserem Thema passenden Zusammenhang: „Wen diese Lehren nicht erfreu'n, verdient es nicht ein Mensch zu sein"!

IV. Menschliches Leben kommt nicht ohne Sinn aus

Damit kehre ich wieder zum Ausgangspunkt dieses Exkurses zurück. Aristoteles betont offensichtlich genau deshalb die Nutzlosigkeit der Philosophie (was, und das sollte man nicht übersehen, für die alten Griechen in keinster Weise gleichbedeutend war mit „Sinnlosigkeit" – diese Konnotation ist erst im 20. Jahrhundert entstanden), weil sich die Philosophie von Anfang in Konkurrenz zur Religion in Szene gesetzt hat.

Die Voraussetzungen für das spezifisch menschliche Bedürfnis nach Religion und/oder Philosophie waren schon den Griechen des klassischen Altertums recht deutlich bewußt, systematisch herausgearbeitet wurden sie jedoch erst in diesem Jahrhundert durch die philosophische Anthropologie. Bei den Griechen begegnen uns die entsprechenden Einsichten insbesondere dort, wo etwa Platon (bzw. Sokrates) und Aristoteles die Frage nach dem *ergon*, dem Ziel und Zweck des menschlichen Lebens stellen. Diese müsse

5 KARL R. POPPER: *Logik der Forschung*, Tübingen (J.C.B. Mohr [P. Siebeck]) [6]1976, S. 26.

man nämlich kennen, um die *arete anthropine*, also die Lebenstüchtigkeit (oder wie immer man dieses Wort übersetzen mag) bestimmen zu können. Platon und Aristoteles sorgten bekanntlich für Verwirrung mit ihrer Behauptung, sie wüßten nicht, was das sei, man müsse es allererst suchen.

Ein weiteres Indiz wären die Überlegungen des Aristoteles betreffend die Tatsache, daß alle Lebewesen nach der Erhaltung ihres Seins, also ihres Lebens, streben, wohingegen der Mensch, und nur er (weil nur er nämlich den *logos* besitzt), sich auch Vorstellungen vom Guten und Schlechten, von Recht und Unrecht machen kann. D.h. dem Menschen geht es als einzigem Lebewesen nicht ums nackte Überleben, sondern um ein gutes, mindestens lebenswertes Leben, wobei es Sache der philosophischen Reflexion ist, diese Qualität wenigstens formal zu bestimmen. Soweit Aristoteles und Platon.

In der Terminologie der modernen philosophischen Anthropologie liest sich das dann so: der Mensch als „weltoffener" Organismus (Portmann), als „noch nicht festgestelltes Tier" (Nietzsche) ist „ein Wesen, welches in sich eine Aufgabe vorfindet – und gerade deshalb ... eine Deutung seiner selbst"[6] braucht, ebenso wie er auch auf eine Deutung der Welt, in der er sich orientieren und sich behaupten muß, angewiesen ist. Der Entwurf solcher Welt- und Menschenbilder, oder weniger der Entwurf als vielmehr die Arbeit an ihnen, ist – oder war einmal – die Aufgabe von Medizinmännern, Schamanen, Priestern und eben auch Philosophen.

Der Mensch „*verhält sich zu sich selbst*, lebensnotwendig, wie das kein Tier tut; er lebt nicht, ... er *führt* sein Leben"[7]. Nun muß, was vom anthropologischen Standpunkt aus zweifellos richtig sein mag, nicht notwendigerweise auch aus soziokultureller Perspektive zutreffen. Denn in aller Regel führt der einzelne Mensch gerade nicht selbst sein Leben, sondern er läßt typischerweise die Zügel hängen, er läßt führen.

In der Sprache Heideggers (der freilich mit der Anthropologie nichts zu tun haben will) heißt das: „Es könnte sein, daß das Wer des alltäglichen Daseins gerade *nicht* je ich selbst bin".[8] Ja und wer ist es dann, möchte man fragen? Die Antwort findet sich in *Sein und Zeit* ein paar Seiten später: „Das Wer ist nicht dieser und nicht jener, nicht man selbst und nicht einige und

---

6 A. Gehlen: *Der Mensch. Seine Natur und seine Stellung in der Welt*, Wiesbaden (Athenaion) [11]1976, S. 16.

7 *Ebenda*, S. 17.

8 M. Heidegger: *Sein und Zeit*, Tübingen (Max Niemeyer) [11]1967, S. 115.

nicht die Summe Aller. Das ‚Wer' ist das Neutrum, *das Man*".[9] Also normalerweise bestimmen nicht wir selbst, wie wir unser Leben führen wollen, sondern wir lassen uns fast durchgehend von dem bestimmen, was „man" jeweils für gut und richtig hält. Diese Diagnose scheint heute, gut siebzig Jahre, nachdem sie formuliert wurde, mit einer eher noch höheren Wahrscheinlichkeit zuzutreffen als damals.

V. Was braucht der Mensch, um zufrieden zu sein?

Die marketingorientierte Bedürfnistheorie unterscheidet heute – offenbar schon ohne jede kritische Distanz zu dem von Heidegger hervorgehobenen Faktum – etwa die „Needs" von den „Wants", wobei die Needs weit entfernt davon sind, das zu meinen, was die Menschen, sagen wir etwa in weiten Teilen Schwarzafrikas, brauchen würden, um ein wenigstens annähernd menschliches Dasein fristen zu können, nein, mit Needs sind die Bedürfnisse gemeint, deren Befriedigung die Menschen vor allem in reichen Gesellschaften für irgendwie selbstverständlich halten (z.B. also eine Wohnung mit einer Fläche von mindestens 120 m^2, mindestens zwei Autos, mindestens zwei Fernsehapparate, immer pro Familie, eine entsprechende Wohnungseinrichtung und Garderobe, mindestens ein Fernreise-Urlaub im Jahr usw.).

Selbstverständlich sind diese Standards vom durchschnittlichen Reichtum einer Gesellschaft oder wenigstens gesellschaftlichen Gruppe abhängig. Worauf es aber ankommt, ist, daß wir das eben brauchen (oder zu brauchen ganz selbstverständlich glauben), ungeachtet der Tatsache, daß rund ein Viertel der Menschheit hungert, es ihnen also an den Needs in einem qualitativ ganz anderen, nämlich wirklich fundamentalen Sinn mangelt.[10]

9 *Ebenda*, S. 126.

10 Ergänzend dazu ein erschreckender Vergleich in Zahlen. Gewiß läßt sich von der Höhe des BSP pro Einwohner nur mit Einschränkungen auf den Wohlstand einer Nation bzw. ihrer Einwohner schließen. Wenn die Differenz zwischen dem in diesem Sinne reichsten und dem ärmsten Staat der Welt aber so aussieht, daß das Verhältnis nicht weniger als 1 : 500 beträgt (Luxemburg US$ 39 850, Mozambique US$ 80; Quelle: *Der Fischer Weltalmanach 1997*, Frankfurt a.M. (Fischer Taschenbuch Verlag) 1996), dann müssen die Lebenschancen einfach extrem

Noch schlimmer freilich steht es um die „Wants“, weil sie das Zufriedenheitsniveau der unersättlichen Konsumenten immer noch weiter hinaufschrauben und irgendwie komparativ angelegt sind. Dabei sind es heute immer weniger die realen Nachbarn, an denen man sich mißt, als vielmehr zunehmend die virtuellen vor allem in den Serien auf dem Bildschirm. Tatsächlich kann man, auch wenn man eigentlich zufrieden sein müßte, immer noch mehr haben, sich das Leben noch schöner machen wollen. Auch und gerade die Werbung, wieder vor allem im Fernsehen, zeigt uns tagtäglich, welch unglaubliche Möglichkeiten es da gibt.

VI. Welt- und Menschenbilder – die Philosophie verliert an Terrain

Was ich mit dem Vorhergehenden zugleich mehr angedeutet als gesagt habe, ist, daß die modernen Massenmedien den traditionellen Führungsmächten auf diesem Gebiet, nämlich der Religion und der Philosophie, de facto weitgehend den Rang abgelaufen haben, was die Interpretation dessen betrifft, was man unter einem guten oder gelungenen Leben zu verstehen hat. Ich behaupte nicht, daß Religion und Philosophie ihren Einfluß ganz verloren hätten, allerdings ist die Tendenz seit längerem und weiterhin fallend.

Ursprünglich teilten sich (oder stritten sich um) das Konstruktions- bzw. Interpretationsmonopol von Welt- und Menschenbildern, wie schon erwähnt, ja ebenso die Religion und die Philosophie. Aber auch das ist seit längerem nicht mehr der aktuelle Stand. Denn selbst wenn nach offizieller Lesart die (empirischen) Wissenschaften nicht in der Lage sind, Sinn zu stiften (was im Grunde schon stimmt), so prägen sie, zumindest seit ein paar Jahrhunderten, doch, gewissermaßen indirekt, durch die von ihnen vorausgesetzten Denkmodelle (eben durch ihr hypothetisch unterstelltes Bild von Mensch und Welt) sehr stark das öffentliche Bewußtsein.

Was die Weltbilder betrifft, folgten, sehr schematisch gesprochen, auf die wahrscheinlich frühesten, stark regional gebundenen, magisch animisti-

ungleich sein. Und ich kann mir nicht vorstellen, daß das irgend jemand bestreiten würde.

schen Weltbilder die immer noch sehr kulturspezifischen mythologischen, auf diese dann die rationalisierten Weltbilder der Hochreligionen und schließlich das tatsächlich universell gültig gewordene naturwissenschaftliche Weltbild. Freilich hätte auch dieses nach Ansicht zahlreicher Autoren sein Verfallsdatum bereits überschritten, allerdings vermochte noch niemand einigermaßen klare und unumstrittene Konturen seines Nachfolgers anzugeben.

Wenn hier von einer gleichsam entwicklungslogischen Abfolge der Weltbilder[11] gesprochen wird, dann ist nicht etwa gemeint, daß ein Typ von Weltbild das vorhergehende ablöst, so wie eine neue Regierung die vorhergehende, sondern nur, daß jeweils ein neuer Typ von Weltbild zu einem bestimmten historischen Zeitpunkt entsteht und damit einfach die Palette bereichert.

Das Weltbild des Durchschnittsmenschen ist alles andere als kohärent, und Eklektizismus ist da durchaus die Norm. So ist es keineswegs außergewöhnlich, wenn jemand sowohl davon überzeugt ist, daß die gesamte Wirklichkeit sich aus kleinsten Teilchen zusammensetzt und von einer Handvoll Naturgesetzen gesteuert wird, als auch davon, daß sich sämtliche Verkehrsampeln gegen ihn verschworen haben, weil sie immer dann, wenn er sich einer mit dem Auto annähert, auf Rot schalten. Auch der zornige Blick, dem man dem Schreibtisch zuwirft, weil sich seine Kante beim Vorbeigehen einem in den Oberschenkel gebohrt hat, wurzelt in einem recht archaischen Weltbild.

Bemerkenswert ist, daß keines der Weltbilder, die sich wirklich durchgesetzt haben, von der Philosophie hervorgebracht wurde (als Ausnahme könnte man das marxistische Weltbild geltend machen, das stellt aber einen Sonderfall dar, der hier nicht zu erörtern ist). Die Philosophie hat sich immer nur kritisch (und zumeist destruktiv) mit den jeweils herrschenden Weltbildern auseinandergesetzt und damit durchaus auch zu deren Veränderung beigetragen, aber selbst hervorgebracht hat sie, wie gesagt, kaum eines.

---

11 Habermas hat sich Ende der siebziger, Anfang der achtziger Jahre recht eingehend mit der Evolution von Weltbildern und den Möglichkeiten, die Abfolge entwicklungslogisch zu rekonstruieren, beschäftigt. Vgl. insbes. J. HABERMAS: *Zur Rekonstruktion des Historischen Materialismus*, Frankfurt am Main (Suhrkamp) 1976 und J. HABERMAS: *Theorie des kommunikativen Handelns*, Frankfurt a.M. (Suhrkamp) 1981.

Grundsätzlich nicht viel anders verhält es sich mit den Menschenbildern. Allerdings scheint mir hier die Rolle der Philosophie doch erheblich konstruktiver gewesen zu sein. Wieder haben wir zunächst die lange Reihe der religiös geprägten Bilder, die sich die Menschen der verschiedenartigen Konfessionen von sich selbst machen und die sich inhaltlich zum Teil ganz beträchtlich voneinander unterscheiden (wie schon ein flüchtiger Blick auf die Menschenbilder etwa der Christen, der Muslime und der Hindus, um ganz willkürlich nur drei bekanntere herauszugreifen, zeigt).

Und es gibt sehr viele und vor allem sehr unterschiedliche und allesamt sehr einseitige „wissenschaftliche" Menschenbilder: den Homo oeconomicus etwa (also das Bild des egoistischen, stets hinreichend informierten und nur am Eigennutz orientierten, sonst aber leidenschaftslosen Menschen, das besonders, aber keineswegs nur die Ökonomie im Bann hält) oder den Homo faber, den Homo sociologicus und den Homo sapiens, der bemerkenswerterweise seinen systematischen Ort just in der Zoologie hat, und der dann noch vom Homo sapiens sapiens[12] überboten wird.

Ich möchte nicht behaupten, und glaube auch keineswegs, daß insbesondere die „wissenschaftlichen" Menschenbilder im Bewußtsein der Menschen weit verbreitet sind. Aber sie sind, wie gesagt, gleichsam metaphysische Voraussetzungen bestimmter Theorien und auf diese Weise indirekt – und vor allem ganz unreflektiert, man möchte beinahe sagen: unbewußt – dann doch breitenwirksam. Ich kann und möchte hier auf den Zusammenhang zwischen dem jeweils herrschenden Welt- und Menschenbild und den jeweils geltenden Werten und (moralischen) Normen nicht eingehen, aber ich glaube als nicht-kontroversiell voraussetzen zu können, daß dieser Zusammenhang besteht. Vor diesem Hintergrund gibt eine empirisch feststellbare Diskrepanz zu denken. Wenn man die Menschen fragt, welche moralischen Regeln für sie verbindlich sind, geben die meisten (in unserem Kulturkreis) zur Antwort: die Zehn Gebote, oder auch die Goldene Regel, Bildungsbürger erwähnen gern auch den Kategorischen Imperativ. Wenn man jedoch beobachtet, welche Regeln für ihr tatsächliches Handeln leitend sind, muß man feststellen: die vorherrschend gelebte Moral ist ein kruder Kontraktualismus, also etwas, von dem Tugendhat zu recht sagt, daß es gar nicht eigentlich

12 Das ist die Bezeichnung des rezenten, also des gegenwärtig lebenden Menschen.

„Moral“, sondern bloß „Quasi-Moral“ genannt werden könnte[13] (auch wenn er die Goldene Regel noch inkludiert).

VII. Praktische Philosophie und Wirtschaftsethik: wo bleibt die Wirtschaft?

Lassen Sie uns nach diesem weitreichenden Exkurs zu unserem Ausgangspunkt zurückkehren. Wir waren ausgegangen von der aus heutiger Perspektive gewagten Bestimmung der Philosophie als weltfremd, nutzlos, unbrauchbar, dafür aber – und gerade deswegen – der Gipfel des menschlichen Glücks. Soziale Resonanz findet diese zwecklose Tätigkeit, weil sie sich – ähnlich der Religion, von der sie sich gleichwohl von Anfang an m.o.w. deutlich abzusetzen versucht – mit Sinnproduktion und Sinnvermittlung beschäftigt, an denen jederzeit Bedarf herrscht.

Aufgrund der Ablehnung von Platons Ideenlehre fällt für Aristoteles die Philosophie jedoch zwangsläufig in zwei Teile auseinander:[14] er unterscheidet die theoretische Philosophie, deren Gegenstand das Ewige und Unveränderliche und deren Ziel die ehrfurchtsvolle Schau (*theorein*!) dieses Ewigen und Unveränderlichen ist. Sie allein könne strenge Wissenschaft genannt werden, weil ihre Methode das reine Denken (*nous*) ist, das denknotwendige Beweise zuläßt.

Demgegenüber habe es die praktische Philosophie mit dem zu tun, was sich ständig verändert, aber eben auch verändert werden kann, weshalb das Ziel der praktischen Philosophie nicht die Erkenntnis von etwas Vorgegebenem, sondern die Veränderung (der Menschen und der Gestalten ihres Zusammenlebens) ist. Freilich sei in diesem Bereich weder Wissen noch Wahrheit zu erreichen, die Untersuchungsergebnisse sind und bleiben unzu-

---

13 E. TUGENDHAT: *Vorlesungen über Ethik*, Frankfurt a.M. (Suhrkamp) 1993, S. 76; zum Kontraktualismus generell S. 72ff.

14 Streng genommen sind es sogar drei. Der Bereich der poietischen Wissenschaften spielt aber im Denken nicht nur des Aristoteles, sondern der griechischen Philosophie insgesamt, eine so marginale Rolle, daß wir sie hier getrost vernachlässigen können.

verlässig, streng genommen ist die praktische Philosophie daher gar nicht Wissenschaft im eigentlichen Sinne.

Aristoteles unterteilt die praktische Philosophie nochmals in die drei Schwesterdisziplinen Politik, Ethik und Ökonomik, und man fragt sich unwillkürlich, wie es denn da, in den Anfängen sozusagen, um die Wirtschaftsethik bestellt war. Aber was die Griechen unter Ökonomik verstanden, hatte mit dem, was wir heute Ökonomik nennen, nahezu gar nichts zu tun. Der Antike fehlten sowohl der Begriff selbst wie auch die begrifflichen Voraussetzungen für das, was heute „die Wirtschaft" genannt wird (also abstrakte Grundbegriffe der Art wie Produktion, Kapital, Investition, Nachfrage usw.).[15] Die alte Ökonomik der vormerkantilistischen Zeit ist „buchstäblich Lehre vom Oikos, vom Hause im umfassenden Sinn, vom ‚ganzen Hause'", es handelt sich um die sogenannte „Hausväterliteratur".[16]

Das bedeutet: die Rahmenfrage dieser Tagung nach der Wirtschaftsethik müßte hier also lauten: „Wo bleibt die Wirtschaft?" In den paar Kapiteln, die er im ersten Buch seiner Politik ökonomischen Problemen widmet, legt Aristoteles großen Nachdruck auf die moralische Verurteilung der auf bloßen Handelsgewinn gerichteten Erwerbskunst, die er (wie vor ihm schon Platon) als widernatürlich bezeichnet.[17] Genau in dieser Kunst aber finden wir die historischen Wurzeln der modernen Ökonomie.

Entsprechend meint Aristoteles in der Nikomachischen Ethik,[18] wo er die alternativen Lebensformen diskutiert, die nach allgemeiner Ansicht zu einem geglückten Leben führen können, daß überhaupt nur drei in die engere Wahl kämen: das der weltabgewandten Kontemplation gewidmete Leben des Philosophen, das der Praxis gewidmete Leben des Politikers und das

---

15 Vgl. dazu M. I. FINLEY: *Die antike Wirtschaft*, München (Deutscher Taschenbuch Verlag) 1977, S. 7ff.

16 O. BRUNNER: „Das ‚ganze Haus' und die alteuropäische ‚Ökonomik'", in: O. BRUNNER: *Neue Wege der Verfassungs- und Sozialgeschichte*, Göttingen (Vandenhoeck & Ruprecht) ^{2}1968, S. 104.

17 ARISTOTELES: *Politik* 1258a (= I,10). – Anm. d. Verf.: Ich zitiere antike Autoren, wie allgemein üblich, nach Seiten- und Zeilenzahlen der als klassisch geltenden Ausgaben (im Falle des Aristoteles also der von Bekker, Brandis u.a. herausgegebenen Ausgabe der Preußischen Akademie der Wissenschaften) und nicht mit (doch immer ein wenig skurril erscheinenden) Jahreszahlen und Seitenangaben moderner Übersetzungen.

18 ARISTOTELES: *Nikomachische Ethik* 1095b14-1096a10 (= I,3).

dem Vergnügen und der Lust gewidmete Leben, das die meisten anstreben. Es versteht sich, daß Aristoteles im *bios theoretikos* den Königsweg zum vollendet glücklichen Leben sieht und im *bios praktikos* den zweitbesten Weg. Der *bios apolaustikos* orientiert sich am sinnlich-leiblichen, also am tierischen Aspekt des menschlichen Lebens und ist für Aristoteles daher abstoßend.

Was diese drei Lebensformen aber gemeinsam haben ist der Umstand, daß ihre Wahl in jedem Fall ein Leben in Freiheit von den Notwendigkeiten der Lebenserhaltung voraussetzt. Daher wird das auf Gelderwerb gerichtete Leben des Kaufmannes gerade noch mit Abscheu erwähnt, die Lebensform eines Handwerkers und selbstverständlich das sich ganz der Arbeit hingebende (oder besser: hingeben müssende) Leben des Sklaven kommen gar nicht mehr vor. Arbeit kommt in der Hierarchie der Tätigkeiten ganz an letzter Stelle. Das war nicht nur bei den Griechen so, sondern in allen Zivilisationen, die von dem eigentümlichen Bazillus der Moderne noch nicht infiziert worden waren (oder sind). Arbeit galt immer als Fluch, als Zeichen von Knechtschaft und Sklaverei, und wer immer es sich leisten konnte, versuchte sich von ihr zu befreien.

VIII. Allmähliche Umwertung alter Werte

Wichtige Weichenstellungen in der Geschichte, die deren späteren Verlauf vielleicht erst Jahrhunderte später nachhaltig prägen, vollziehen sich oft, zunächst fast unbemerkt, an der Peripherie. Eine solche Initialzündung, die die antike Wertewelt auf den Kopf stellen sollte, erfolgte just in einem ausgesprochen kontemplativen Binnenklima. Die zivilisatorisch einzigartige Einstellung zur Arbeit in der Moderne wird nämlich meistens historisch auf die Ordensregeln des hl. Benedikt zurückgeführt, was freilich so wenig stimmt wie die Behauptung, der „Geist des Kapitalismus“ sei ein Resultat der protestantischen (calvinistischen) Ethik. So wie der „Geist des Kapitalismus“ schon erheblich früher entstand (ich komme gleich darauf zurück) und in der (gehörig modifizierten!) protestantischen Ethik erst den entsprechenden institutionellen Rahmen vorfand, in dem er sich dann tatsächlich wirksam durchsetzen und ausbreiten konnte, so wird man auch die Einleitung der Enttabuisierung der Arbeit eher dem bereits Mitte des 4. Jahrhunderts verstorbenen Pachomius zuschreiben müssen, der einem erstmals auf ein Gemeinschaftsleben bezogenen Mönchtum die Regel gab, die das Zueinander von Gebet, lectio divina und Arbeit in diesen Gemeinschaften ordnete. Ursprünglich trat nämlich das Mönchtum in Gestalt eines asketischen Eremitentums auf (*monachoi* heißt „die allein Lebenden").

Im Zusammenleben einer sich ganz dem Gottesdienst hingeben wollenden und sich zugleich autark verfassenden Gemeinschaft, die die Last der Arbeit auch nicht mehr auf so etwas wie Sklaven auslagern konnte, mußte der Arbeit zwangsläufig ein gewisser Wert zugewiesen werden. Das bereitete der Anerkennung der Arbeit als etwas dem menschlichen Leben durchaus Angemessenen fraglos den Boden. Der Weg zur neuzeitlichen Verherrlichung von Arbeit und Leistung war von dort aus allerdings noch weit. Daß Arbeit zum Beispiel das Charakteristikum auch des eigentlichen Lebens im Jenseits sein könnte, auf die Idee wäre wohl kein Mönch (und gewiß auch sonst niemand) gekommen.

Der Auslöser zu einer anderen, kaum weniger nachhaltigen Veränderung, vollzog sich ausgerechnet in der Lebens- und Arbeitsweise der vielgeschmähten Kaufleute,[19] und zwar zwischen dem 13. und 14. Jahrhundert. Es war die Entwicklung der bürgerlichen Lebensform. Vielleicht war es nicht zuletzt die jahrhundertelange Diskriminierung und Abwertung ihrer Tätigkeit, die die Kaufleute zu ihrer Haltung der Gelassenheit, der nüchternen Kalkulation, der Toleranz geführt hat.

Es ist schwer vorstellbar, daß das Leben der Kaufleute über Generationen hinweg wirksam von dem permanenten inneren Zwiespalt zwischen ihrem Streben, sich zu bereichern und der Angst, nach dem Jüngsten Gericht dafür schrecklich bestraft zu werden, geprägt war. Es blieb ihnen im Grunde gar keine andere Wahl, als ihre Geschäfte zu machen und diese Lehren samt den daran geknüpften Drohungen nicht allzu ernst zu nehmen.

In diesem Kontext kann man nicht einmal von einem Free-Rider-Verhalten sprechen, denn einerseits zogen sie aus der Tatsache, daß sich die anderen an die Regeln hielten, die sie selbst zumeist unterliefen, sichtlich keinen Vorteil, andererseits erkannten sie, wie andere Menschen von einigem Weitblick wohl auch, daß ihre Tätigkeit, nüchtern betrachtet, nicht ganz so unrechtmäßig als vielmehr gesellschaftlich durchaus von Nutzen war.

19 Es versteht sich wohl von selbst, daß ich die Ausdrücke „Kaufmann", „Kaufleute" usw. hier in einem idealtypischen Sinn verwende.

Nicht, daß sich die Kaufleute von den Geboten der Kirche ausdrücklich distanziert oder sich wie manche Intellektuelle gar gegen sie aufgelehnt hätten, sie nahmen am religiösen Leben der Gemeinden teil und achteten auf ein generell gutes Verhältnis zur Kirche – dies vermutlich aber vor allem deshalb, weil die Kirche eine einflußreiche Institution war, mit der es sich gut zu stehen sicher klug war.

Im übrigen fällt auf, daß die Kirche, der seit dem hl. Augustinus die Begierde nach Geld und Besitz als eine der drei Hauptsünden des gefallenen Menschen – neben Machtgier und sexueller Begierde – galt,[20] allmählich selbst ganz augenfällig von dieser Begierde erfaßt wurde. Zum bekanntesten Phänomen in diesem Zusammenhang ist wohl der Ablaßhandel (Ablaß*handel*!) geworden, der bekanntlich eine der Mitursachen der Reformation wurde.

Die Kaufleute haben im übrigen bei der Verbreitung der Reformation eine wichtige Rolle gespielt, „auch wenn man kaum behaupten kann, daß sie sich ihr in großer Zahl anschlossen".[21] Den Kaufleuten lagen immer in erster Linie ihre Geschäfte und der geschäftliche Erfolg am Herzen, mit den Umständen mußte man sich entsprechend arrangieren. Voltaire bezeichnet ganz in diesem Sinne die Börse als einen Ort, an dem kein Mensch nach dem Bekenntnis frage, sondern lediglich nach dem Kredit: „Alle treiben sie miteinander Handel, ohne daß sie ihre Dolche gegeneinander zücken, um Seelen für ihre Religion zu gewinnen'[22] – treffender läßt sich die Grundhaltung der Kaufleute wohl kaum zum Ausdruck bringen.

---

20 Vgl. A. O. HIRSCHMAN: *Leidenschaften und Interessen*, Frankfurt a.M. (Suhrkamp) 1980, S. 17.

21 A. TENENTI: „Der Kaufmann und der Bankier", in: E. GARIN (Hrsg.): *Der Mensch der Renaissance*, Frankfurt a.M., New York (Campus) 1990, S. 223.

22 VOLTAIRE: *Dictionnaire Philosophique, Art. „Tolérance"* – (Ich zitiere hier jedoch aus zweiter Hand nach: I. FETSCHER: „Rousseau, Voltaire und wir", in: I. FETSCHER: *Arbeit und Spiel*, Stuttgart [Reclam] 1983. S. 134.)

IX. Die Durchsetzung des Leistungsprinzips

Die Einstellung der Gelassenheit der Kaufleute gegenüber den Lehren und transzendentalen Drohungen der Kirche läßt sich sehr schön auch an ihrem völlig neuen und folgenschweren Verhältnis zur Zeit studieren. Während die Kirche stets die Nichtigkeit des irdischen Daseins betonte und diesem ein Gewicht überhaupt nur in seiner Rolle als Vorbereitung auf das ewige Leben zugestehen wollte, weshalb dann alle Menschen im Jenseits auch Rechenschaft darüber abzulegen hätten, wie sie ihre Zeit auf Erden verbracht haben, setzte sich bei den Kaufleuten mehr und mehr die Überzeugung durch, daß jeder einzelne Moment des Lebens hier auf Erden wertvoll (im eigentlichen Sinn des Wortes) sei und es daher in erster Linie darum gehe, die stets knappe Zeit so intensiv wie möglich zu nutzen, denn Zeit ist Geld. Aus dieser zunächst nur für die Kaufleute charakteristischen Haltung sollte sich im Lauf der nächsten Jahrhunderte die unglaubliche Betriebsamkeit der modernen westlichen Zivilisation überhaupt entwickeln.

Wir sehen, daß sich hier genau der Typ des Wirtschaftens durchgesetzt hat, der den Griechen offenkundig zwar nicht fremd war, den aber unter anderem Aristoteles als „wider die Natur" geschmäht und verächtlich gemacht hat. Aber das Europa des 13. bis 15. Jahrhunderts ist nicht mehr das der klassischen Antike, das Christentum hat die Überzeugung gefestigt, daß zumindest vor Gott alle Menschen gleich sind, egal ob sie nun Adelige oder deren Leibeigene sind.

Und plötzlich zeigte sich auch, daß so mancher erfolgreiche Kaufmann sich nicht nur in seinem Lebensstil mit einem Adeligen durchaus messen kann, sondern vermöge seines erwirtschafteten Reichtums den Mächtigen auch beachtliche Zugeständnisse abringen kann, mit einem Wort: das Geld hat ernsthaft begonnen, die Welt zu regieren.

Erfolgreich aber ist ein Kaufmann, der z.B. das Risiko nicht scheut (gerade im Fernhandel dieser Zeit waren Risiko und Gewinnchancen extrem hoch, auch wenn das Risiko durch das damals neu entstandene Instrument der Versicherung gepuffert werden konnte),[23] oder der rechtzeitig erkennt, was wirklich gewinnbringend ist (heute würden wir von Marktorientierung

---

23 Ich erinnere daran, daß noch K. Popper im Falle mehrerer alternativer Theorien den riskanteren (also denen, die sich einer größeren Gefahr, widerlegt zu werden, aussetzen) mehr Erfolgschancen einräumt!

sprechen), und vor allem, der die Nase vorn hat (also entsprechend wettbewerbsorientiert ist).

Thomas Hobbes hat (freilich viel später, als sich derlei Tendenzen schon breit gestreut durchgesetzt hatten) festgestellt: „Der Vergleich eines Menschenlebens mit einem Wettrennen ist nicht in jedem Punkte zutreffend, eignet sich aber für unseren Zweck so gut, daß wir dadurch fast alle vorher erwähnten Affekte sehen und uns ihrer erinnern können. Dieses Rennen darf aber kein anderes Ziel, keinen anderen Ruhm als den kennen, an erster Stelle zu stehen".[24] Hobbes spricht hier, wohlgemerkt, bereits von einem Menschenleben und nicht etwa vom Leben eines Kaufmannes.

X. Der Wettbewerb wird universal, die Philosophie verliert weiter

Machen wir noch einen Zeitsprung in Richtung Gegenwart. Die Universalisierung des Wettbewerbs hat weitreichende, auf manchen Gebieten oft überraschende Folgen. Im Wettbewerb setzt sich durch, wer etwas besser kann. Darüber entscheiden natürlich die Marktteilnehmer (und auch dieser Begriff ist mittlerweile sehr weit zu fassen). Was ich damit sagen möchte ist, daß viele der traditionellen Aufgaben der Philosophie mittlerweile von Konkurrenten übernommen worden sind, die das eben besser können. Was die Wissensproduktion betrifft, sind das natürlich vor allem die unterschiedlichen Einzelwissenschaften (und gerade die moderne Ökonomie ist ein hervorragendes Beispiel dafür). Was die Werte- und Sinnvermittlung betrifft (und das gilt nun für die Religion in nahezu gleichem Maße), scheinen mir in den modernen Wohlstandsgesellschaften vor allem der Konsumgütermarkt, also das Warenangebot im vollen Umfang seiner Inszenierung, und die Medien die Nase weit vorn zu haben. Bestimmte Werte, aber auch Lebenssinn werden heute vielfach vermittelt durch ausgeklügelte Formen der Werbung, der Verpackung, überhaupt durch die Präsentation, ja Inszenierung der Waren, ihre tatsächlichen oder zugeschriebenen Eigenschaften (den Käufer glücklich zu machen oder erfolgreich oder sexuell attraktiv, ihm vielleicht

24 T. HOBBES: *Naturrecht und allgemeines Staatsrecht in den Anfangsgründen*, Darmstadt (Wissenschaftliche Buchgesellschaft) 1990, S. 77.

das Gefühl zu geben, daß er durch den Kauf eine moralisch gute Tat getan oder vielleicht einen Beitrag für die Erhaltung der Umwelt geleistet hat) usw.

Dieser Trend ist durchaus wirtschaftsimmanent, denn aufgrund der heutigen Überfülle an Warenangeboten sind die Produzenten zunehmend genötigt, ihre Produkte aus dieser Masse herausragen zu lassen, d.h. sie müssen versuchen, über die Optimierung des Preis-Leistungs-Verhältnisses hinaus, ihren Produkten bestimmte unverwechselbare und begehrte Eigenschaften oder ein entsprechendes Image zu verleihen. Konsumgüter dienen heute in aller Regel nicht nur, oft nicht einmal primär, der Befriedigung subjektiver Bedürfnisse, sondern sie verkörpern ganz bestimmte Werte, die es ihrem Besitzer ermöglichen, z.B. seinen gesellschaftlichen Status oder ganz bestimmte Eigenschaften und Einstellungen – und zwar keineswegs nur nach außen hin – zum Ausdruck zu bringen. Auf diese Weise steuert der Markt auf eine sehr subtile Weise die Zustimmung der Konsumenten zu bestimmten Werten.[25]

Gar nicht zu unterschätzen ist die Rolle der Medien im Werte- und Sinnvermittlungsprozeß, erstens schon allein deshalb, weil sie die wirkungsvollsten Überträger von Werbebotschaften sind, zweitens in ihrer Unterhaltungsfunktion. Mindestens seit der Antike gibt es Theater, seit langem gibt es Bücher und Menschen, die sie mühelos lesen können, aber nie zuvor hat es so viele Menschen gegeben, die soviel Zeit damit verbracht haben, sich aus dem Alltag auszuklinken und in eine virtuelle Welt (in diesem Fall die des Fernsehens) abzutauchen. Der Einfluß, den die diversen TV-Serien, Talk-Shows und sonstigen Filme auf die Erwachsenen und insbesondere die Kinder nehmen, ist gegenwärtig noch nicht genau bezifferbar, aber er ist enorm (und, etwa im Hinblick auf die stetig anwachsende Gewaltbereitschaft, auch prekär). Von einiger Bedeutung ist, daß auch die Medienunternehmen, ob sie jetzt über das TV-Netz, über das Internet oder über noch andere Kanäle operieren, im allgemeinen auch nichts anderes als kommerziell geführte Unternehmen sind,[26] die genau die Produkte verkaufen, die der Markt eben verlangt.

---

25 Vgl. dazu H. KARMASIN: *Produkte als Botschaften*, Wien (Ueberreuter) 1993.

26 Vgl. M. KARMASIN: *Das Oligopol der Wahrheit. Medienunternehmen zwischen Ökonomie und Ethik*, Wien, Köln, Weimar (Böhlau) 1993 und M. KARMASIN: *Medienökonomie als Theorie (massen-)medialer Kommunikation. Kommunikationsökonomie und Stakeholder Theorie*, Graz, Wien (Nausner & Nausner) 1998.

Globalisierung ist die (vorläufig) letzte Stufe in der Entwicklung und Ausbreitung des marktwirtschaftlichen Systems und damit des Wettbewerbs. Die modernsten Verkehrs- und Kommunikationstechniken ermöglichen die weltweite und zunehmend flächendeckende Ausdehnung von Märkten und möglichen Produktionsstandorten. Der Wettbewerb ergreift aber auch zunehmend die Refugien, in denen die Philosophie als Institution beheimatet ist: die Universitäten. Mehr und mehr ist zu hören, daß sich auch die Universitäten dem Wettbewerb stellen und daher als Betrieb, klarerweise Dienstleistungsbetrieb, geführt werden müssen. In erschreckender Vergessenheit ihrer ursprünglichen Idee, die bis heute noch in ihrem Namen zum Ausdruck kommt, werden die Studenten nicht mehr als Teil ihrer Substanz, sondern als ihre Kunden aufgefaßt. Und diese „Kunden" wollen eine Ausbildung, die ihnen eine möglichst gute Startposition im Wettbewerb auf dem Arbeitsmarkt verschafft. Da ist natürlich mit der Philosophie – nutzlos, weltfremd und unbrauchbar, wie sie nun einmal ist – wenig Staat zu machen.

XI. Die Frage nach der ökonomischen Vertretbarkeit der Philosophie und die Wirtschaftsethik

In einer Zivilisation, in der zunehmend alle Tag für Tag ihren Wert beweisen müssen, und zwar vorzüglich dadurch, daß sie etwas geleistet haben,[27] kann die Philosophie mit ihrem tradierten Selbstverständnis nur in der „geschützten Werkstätte" einer Universität oder dergleichen überleben.

Aus kultureller Perspektive ist die Existenz der Philosophie – schon allein aufgrund ihres hohen Alters und der überragenden Bedeutung, die sie für die Geistesgeschichte zumindest einmal hatte – tabu. Aber wo es um letztlich zumeist an Kosten-Nutzen-Überlegungen orientierte Grundsatzdiskussionen im Bildungssektor geht, wird schon auffällig direkt nur mehr mit Umwegrentabilitäten argumentiert. Das hat man aber im Hinblick auf die alten Sprachen auch lange genug getan und konnte, wie es scheint, dennoch ihren Niedergang nicht aufhalten.

27 Ich erinnere in diesem Zusammenhang an die enormen psychischen Probleme, an denen viele Arbeitslose und Pensionisten leiden – sie erleben sich irgendwie als wertlos.

Ich glaube,[28] daß die im Titel meines Vortrags genannte Frage: „Ist Philosophie heute überhaupt noch ökonomisch vertretbar?“ von einer großen Mehrheit (mitnichten von allen![29]) der ökonomisch argumentierenden Experten (das sind natürlich in erster Linie die professionellen Betriebs- und Volkswirte, aber selbstverständlich nicht nur sie) tatsächlich mit „nein“ beantwortet würde.

Die Blickrichtung läßt sich aber mit guten Gründen auch umkehren und man könnte fragen: „Ist eine solche Art von Ökonomie philosophisch (und freilich nicht nur philosophisch) überhaupt vertretbar?“.[30] Mit dieser Frage haben wir uns nun eindeutig auf wirtschaftsethisches Terrain[31] begeben und ich möchte behaupten, daß die Entstehung eines mittlerweile ganzen Bündels angewandter Ethiken mit genau dem zuvor genannten Problem zu tun hat: auch die Philosophie muß heute, um ihre Existenzberechtigung unter Beweis zu stellen, eine identifizierbare und vor allem irgendwie legitimierbare Leistung erbringen. Und sie kann das (und tut das ja keineswegs erst seit heute), indem sie den ihrer selbst oft allzu gewissen und von sich selbst eingenommenen Einzelwissenschaften sozusagen den Spiegel vorhält.

Etwas ganz Ähnliches hat bekanntlich schon Sokrates getan. Und auch er hat sich damit nicht beliebt gemacht.

---

28 Leider verfüge ich über kein empirisches Belegmaterial. Eine entsprechende Studie würde eine Menge Kosten verursachen und – wem und wozu würde sie schon nützen?

29 Das heißt von den meisten, nicht unbedingt von den besten (vgl. dazu Anm. 30).

30 Ein richtungweisendes Signal scheint mir zu sein, daß der Wirtschaftsnobelpreisträger des Jahres 1998, Amartya Sen, diese Frage meiner Ansicht nach mit einem eindeutigen „nein“ beantworten würde.

31 Aus der Überfülle der einschlägigen Literatur möchte ich nur drei Werke herausgreifen, die je auf ihre Weise eine Antwort auf diese Frage zu geben erleichtern. Ich nenne sie in der Reihenfolge ihres Erscheinens: A. SEN: *On Ethics and Economics*, Oxford/New York (B. Blackwell) 1987; P. KOSLOWSKI: *Prinzipien der Ethischen Ökonomie. Grundlegung der Wirtschaftsethik und der auf die Ökonomie bezogenen Ethik*, Tübingen (J.C.B. Mohr [P. Siebeck]) 1988; P. ULRICH: *Integrative Wirtschaftsethik. Grundlagen einer lebensdienlichen Ökonomie*, Bern, Stuttgart, Wien (Paul Haupt) 1997.

Literaturverzeichnis

ARISTOTELES: *Die Nikomachische Ethik*, München (Deutscher Taschenbuch Verlag) ^{6}1986 (= dtv Bd. 2146).

ARISTOTELES: *Politik*, Reinbek (Rowohlt) 1965 (= rowohlts klassiker Bd. 171 – 173).

BRUNNER, O.: „Das ‚ganze Haus' und die alteuropäische ‚Ökonomik'", in: O. BRUNNER: *Neue Wege der Verfassungs- und Sozialgeschichte*, Göttingen (Vandenhoeck & Ruprecht) ^{2}1968, S. 103-127.

FETSCHER, I.: *Rousseau, Voltaire und wir*, in: I. FETSCHER: *Arbeit und Spiel*, Stuttgart (Reclam) 1983. S. 125-145.

FINLEY, M. I.: *Die antike Wirtschaft*, München (Deutscher Taschenbuch Verlag) 1977 (= dtv Bd. 4277). Original: *The Ancient Economy*, 1973.

Der Fischer Weltalmanach 1997, Frankfurt a.M. (Fischer Taschenbuch Verlag) 1996.

GEHLEN, A.: *Der Mensch. Seine Natur und seine Stellung in der Welt*, Wiesbaden (Athenaion) ^{11}1976.

HEIDEGGER, M.: *Sein und Zeit*, Tübingen (Max Niemeyer) ^{11}1967.

HIRSCHMANN, A. O.: *Leidenschaften und Interessen. Politische Begründungen des Kapitalismus vor seinem Sieg*, Frankfurt a.M. (Suhrkamp) 1980. Original: *The Passions and the Interests. Political Arguments for Capitalism before its Triumph*, Princeton 1977.

HOBBES, T: *Naturrecht und allgemeines Staatsrecht in den Anfangsgründen*, Darmstadt (Wiss. Buchges.) 1990. Original: *The elements of law, natural and politic*, Oxford 1994.

KARMASIN, H.: *Produkte als Botschaften: was macht Produkte einzigartig und unverwechselbar?*, Wien (C. Ueberreuter) 1993.

KARMASIN, M.: *Das Oligopol der Wahrheit. Medienunternehmen zwischen Ökonomie und Ethik*, Wien, Köln, Weimar (Böhlau) 1993.

KARMASIN, M.: *Medienökonomie als Theorie (massen-)medialer Kommunikation. Kommunikationsökonomie und Stakeholder Theorie*, Graz, Wien (Nausner & Nausner) 1998.

KOSLOWSKI, P.: *Prinzipien der Ethischen Ökonomie. Grundlegung der Wirtschaftsethik und der auf die Ökonomie bezogenen Ethik*, Tübingen (J.C.B. Mohr [P. Siebeck]) 1988.

POPPER, K. R.: *Logik der Forschung*, Tübingen (J.C.B Mohr [P. Siebeck]) ^{6}1976.

SEN, A.: *On Ethics and Economics*, Oxford, New York (B. Blackwell) 1987.

SPAEMANN, R.: „Philosophie als Lehre vom glücklichen Leben", in: G. BIEN (Hrsg.): *Die Frage nach dem Glück*, Stuttgart-Bad Cannstatt (Frommann-Holzboog) 1978 (= problemata Bd. 74).

TENENTI, A.: *Der Kaufmann und der Bankier*, in: E. GARIN (Hrsg.): *Der Mensch der Renaissance*, Frankfurt a.M., New York (Campus) 1990, S. 215-250. Original: *L'Uomo del Rinascimento*, Rom 1988.

TUGENDHAT, E.: *Vorlesungen über Ethik*, Frankfurt a.M. (Suhrkamp) 1993 (=suhrkamp taschenbuch wissenschaft Bd. 1100).

ULRICH, P.: *Integrative Wirtschaftsethik. Grundlagen einer lebensdienlichen Ökonomie*, Bern, Stuttgart, Wien (P. Haupt) 1997.

6. Kapitel

Unternehmensethik: Die Ethik der Governancestrukturen wirtschaftlicher Transaktionen*

JOSEF WIELAND

I. Die Unternehmung und die Ethik der Organisation
II. Organisationsökonomie und Governancestruktur
III. Unternehmensethik ist Governanceethik
IV. Die Ethik der Governanceethik

I. Die Unternehmung und die Ethik der Organisation

Wer nach der Ethik der Unternehmung fragt, fragt im Hinblick auf eine Organisation. Aus der Perspektive der institutionalistischen New Economics of Organization,[1] die im folgenden die Perspektive bestimmen wird, geht es um die moralischen Eigenschaften einer Governancestruktur zur Abwicklung wirtschaftlicher Transaktionen.

Governancestrukturen sind formale und informale Ordnungen zur Steuerung der verschiedenen Codes eines Systems oder einer Organisation, eine Matrix, innerhalb deren distinkte Transaktionen verhandelt und möglichst vollständig durchgeführt werden. Staat, Markt und Unternehmen sind in diesem Sinne Governancestrukturen, die sich unterscheiden über ihre Leistungsfähigkeit hinsichtlich der effizienten Durchführung einer bestimmten

---

* Dieser Aufsatz ist eine Vorstudie zu einem Buch, das im Frühjahr 1999 erschienen ist, vgl. WIELAND (1999). Teile dieses Aufsatzes wurden für dieses Buch verwendet, allerdings in einer wesentlich modifizierten Form. Dies betrifft nicht die Grundlinie der Argumentation, wohl aber entscheidende Aus- und Weiterformulierungen der hier vorgetragenen Argumente.

1 Vgl. hierzu WILLIAMSON (1990, 1993 und 1998).

Transaktion. Aber auch Standardprozeduren, Organisationsstrukturen, Riten und moralische Werte innerhalb eines Unternehmens lassen sich als effiziente Steuerungsstrukturen für Transaktionen verstehen. Effizienz wird in diesem Kontext als adaptive Effizienz definiert, also als Vergleich von mindestens zwei Governancestrukturen hinsichtlich ihrer Anpassungsfähigkeit an Kontingenzen, die sich einstellen können bei der Abwicklung einer distinkten Transaktion. Da solche Strukturen gewöhnlich aus formalen und informalen Regelwerken bestehen, können auch moralische Ambitionen und Werte ohne Zwang als Elemente der Governance ökonomischer Transaktionen verstanden werden. Genau dies wollen wir als Governanceethik bezeichnen.

Die bisherige Argumentation impliziert, daß die moralischen Vorstellungen und Handlungen eines Unternehmers, seiner Führungsmannschaft oder seiner Mitarbeiter nicht der systematische Gegenstand einer derart ansetzenden Unternehmensethik sein kann. Diese sind vielmehr personale Tugenden, die wir handelnden Personen zurechnen können, nicht aber der Normativität von Organisationen. Es scheint indes in der einschlägigen Diskussion unstrittig zu sein, daß die moralische Verfassung einer Organisation etwas anderes sein muß als die Summe der moralischen Überzeugungen ihrer Mitglieder.[2] Strittig und weitgehend unklar hingegen ist, wie sich das Phänomen überhaupt verstehen läßt. Ich werde im folgenden versuchen, meine eigenen Vorstellungen zu diesem Thema unter dem Begriff Governanceethik zu plausibilisieren.

Von Bedeutung ist zunächst die Festlegung, daß Organisationen hinsichtlich ihrer Normativität vertraglich konstituierte Systeme institutionalisierter Handlungsbeschränkungen und damit auch Handlungsmöglichkeiten sind. Mit anderen Worten: Unternehmensethik kann nicht aus dem Handlungsbegriff heraus entwickelt werden, sondern aus den Eigenschaften eines Vertragssystems, einer Governancestruktur für wirtschaftliche Transaktionen. Sie gehört demnach in den Bereich der Institutionenethik.

Eine Sichtung derjenigen theoretischen Anschlußprobleme, die man sich mit dieser theoretischen Disposition einhandelt, kann an einem differenzierten Begriff der Organisation selbst ansetzen. Organisation bezeichnet sowohl den allgemeinen Prozeß des Organisierens als auch die spezifische Form, innerhalb deren sich dieser Prozeß vollzieht. Die Einführung dieser Unterscheidung hat weitreichende Konsequenzen, die sehr anschaulich an der in

2 Vgl. hierzu die Diskussion der Literatur in KLEINFELD (1997).

der ökonomischen Theorie geläufigen Unterscheidung von Markt und Hierarchie[3] demonstriert werden können.

Markt und Hierarchie sind unterschiedliche Governancestrukturen. Als allgemeine Optionen zur Abwicklung einer Transaktion, sagen wir einem langfristig angelegten Beschäftigungsverhältnis, sind sie äquivalent. Als bestimmte Form, unter deren Regime sich dann das Beschäftigungsverhältnis vollzieht, sind sie es gerade nicht. Weil Märkte und Unternehmen über unterschiedliche Eigenschaften und Fähigkeiten zur Steuerung wirtschaftlicher Prozesse verfügen, entsteht das ökonomische Entscheidungsproblem der kostenoptimalen Zuordnung einer bestimmten Transaktion zu der für diese je effizientesten Governancestruktur. Für unser Beispiel eines langfristigen Beschäftigungsverhältnisses wird dessen Steuerung aus genau diesen Gründen nicht über den Markt, sondern über die hierarchische Form „Unternehmen" organisiert.

Die im Begriff der Organisation mitlaufende Differenz „Prozeß/Form" kann für die theoretische Architektur einer institutionalistischen Unternehmensethik genutzt werden. Insoweit im Prozeß des Organisierens Personen handeln, spielen deren Tugenden und Untugenden eine Rolle. Aber die organisatorische Form, die Unternehmung, innerhalb deren sich dieser Prozeß vollzieht, liegt jenseits der tradierten Tugendethik. Diese Entkopplung von Form und Prozeß entspringt aus unterschiedlichen Zeitbezügen. Der Prozeßcharakter der Organisation „Unternehmung" kann durch den Formcharakter derselben Organisation auf prinzipiell infinite Dauer gestellt werden, weil und insofern die Form auf der Exklusion von „Menschen", „Individuen" oder „Personen" beruht.[4] Unternehmensethik, wenn denn diese Bezeichnung ernst gemeint sein soll, muß sich daher konstitutiv auf die Form „Unternehmung" beziehen. Sie kann systematisch nur als Governanceethik entwickelt werden, unter deren Bedingungen sich die Tugenden des Einzelnen zur Geltung bringen müssen. In dieser Weise soll also das Verhältnis von Tugend- und Institutionenethik in der Unternehmensethik bestimmt sein. Der Ort der Tugenden ist der Prozeß der Organisation, der Ort der Unternehmensethik ist die Form der Organisation.

3 Zu dieser Unterscheidung WILLIAMSON (1975).

4 Vgl. für diesen Zusammenhang WIELAND (1996, S. 70ff.).

II. Organisationsökonomie und Governancestruktur

Die bisher entwickelte Argumentation führte zu der Überlegung, daß der Gegenstandsbereich der Unternehmensethik als Governanceethik aus den Eigenschaften einer bestimmten Form, nämlich der Unternehmung als Organisation, entwickelt werden muß. Die New Economics of Organization, ein institutionenökonomisches Forschungsprogramm, erfaßt diese Form deskriptiv und explanativ in zwei Dimensionen: Erstens der Vertrag, zweitens die Organisation.

Erstens: Aus organisationsökonomischer Sicht konstituiert sich die Unternehmung als Abhebung der ökonomischen Form von den Akteuren der Wirtschaft über einen konstitutionellen Vertrag, die Unternehmensverfassung.[5] In ihr werden nicht nur die Unternehmensziele und die Unternehmenspolitik festgehalten, sondern auch die „stakeholder" des Unternehmens[6]. Dieser Konstituierungsprozeß des Unternehmens läßt sich vertragstheoretisch rekonstruieren als ein „Nexus von Verträgen" zwischen individuellen Ressourcenbesitzern[7]. Die Konstitution des Unternehmens (oder des Teams) erfolgt, weil die Erträge jedes einzelnen Ressourcenbesitzers aus seinen Ressourcen durch Kooperation mit anderen Ressourcenbesitzern über dem Niveau liegen, das für jeden alleine erreichbar wäre. Nicht Gewinnerwirtschaftung ist daher das Motiv zur Unternehmensgründung, sondern die Realisierung einer Kooperationsrente. Mit dieser Rente aus Kooperation, die ein Kollektivgut ist, ist allerdings nur das strikt individualistische und eigeninteressierte Motiv zur Teambildung gegeben. Die entscheidende Frage lautet jetzt: Wie ist es möglich, daß ausschließlich an ihrem Eigeninteresse orientierte Akteure sich dauerhaft in einer Organisation zur Erwirtschaftung dieses kollektiven Gutes zusammenschließen? Die Antwort lautet: Durch gewollt langfristig und adaptiv angelegte Vertragsarrangements, in denen alle Vertragspartner sich auf ein bestimmtes Tun und Lassen verpflichten. Sie stimmen damit einerseits der gegenwärtigen und zukünftigen Einschränkung ihrer Handlungsmöglichkeiten in der Kooperation zu. Dies ist ein Sinn von Verträgen, und nur so wird Teamarbeit zwischen strikt eigeninteressierten Akteuren möglich. Die Konstituierung eines Unternehmens als Netzwerk von explizi-

---

5 So schon SCHMOLLER (1901, S. 414, 438f. und 453).
6 Vgl. DONALDSON u. PRESTON (1995).
7 Vgl. VANBERG (1992) und GIFFORD (1991).

ten und impliziten Verträgen ist ein Akt von Handlungsbeschränkungen, der die kooperativen Handlungsmöglichkeiten und Ressourcennutzungen überhaupt erst eröffnet. Anders formuliert: Die vereinbarten Constraints der individuellen Ressourcenbesitzer konstituieren den kollektiven Akteur „Unternehmung" als ein Kooperationsprojekt. Dieser repräsentiert für jene eine Beschränkung des Hobbesschen „Recht auf alles" und markiert damit die Differenz der Unternehmensorganisation als Form gegenüber dem Prozeß.

Mit dieser Interpretation der Form Unternehmung als eines Sets von konstitutionellen (z.B. Unternehmensverfassung, Verhaltensstandards) und postkonstitutionellen (z.B. Arbeitsverträge) Verträgen ist eine erste Anschlußstelle für unternehmensethische Fragestellungen markiert. Sie können offenbar aus dem Problem der Kooperation entwickelt werden, genauer aus den Werten Kooperationsbereitschaft und Kooperationsfähigkeit. Denn Verträge in und zwischen Unternehmen sind systematisch unvollständig, durch Ambiguität und Kontingenz charakterisiert. Sie werfen daher im Vollzug ihrer Erfüllung immer auch moralische Fragen auf. Deren Kern besteht darin, daß eigeninteressierte Akteure vertragliche Unvollständigkeit, Ambiguität und Kontingenz immer dann für sich ausbeuten, wenn sie diese Schädigung der Kooperationspartner kostenoptimal erreichen können. Ein solches Handeln ist der Sache nach eine Suspendierung der Kooperationsbereitschaft und eine Zerstörung der Kooperationsfähigkeit. Beide aber sind Voraussetzungen für die Realisierung einer Kooperationsrente durch den jeweiligen Akteur. Festzuhalten bleibt daher, daß es die vertragstheoretische Entwicklung von Moralfragen ermöglicht, die Ethik der Unternehmung als immanentes Formproblem eines Kooperationsprojekts aufzuwerfen.

Zweitens: Die Kooperation selbstinteressierter ökonomischer Akteure erreicht aus den soeben erwähnten Gründen nur Dauer und Stabilität, wenn i) Konflikt, ii) Abhängigkeit und iii) Ordnung in einer Organisation und zwischen Organisationen balanciert und iv) angemessen kommuniziert werden können. Zur Herstellung dieser Balance sind ökonomische Anreizsysteme und organisationale Verfahren und Kontrolle grundlegend. In den letzten Jahren hat die Diskussion jedoch zunehmend gezeigt, daß ebenfalls dem Management von „soft facts", Atmosphäre und Werten hier eine Ausschlag gebende Bedeutung zukommt.

ad i) Konflikte entstehen in Organisationen zunächst zwangsläufig aus dem bereits entwickelten Selbstinteresse aller Teammitglieder bis hin zum Opportunismus, aus der Verteilung der Kooperationsrente und aus den immer existierenden differenten Entscheidungswerten in der Realisierung gegebener

Aufgaben. Die technische (Verfahren, Kontrolle) oder ökonomische (Anreize) Vermeidung oder Überwindung solcher Konflikte wird erschwert durch die begrenzte Rationalität der Akteure unter der Bedingung informationaler, personaler und situationaler Unsicherheit und die Ambiguität von Sachverhalten. Gemeinsame moralische Werte können einen Beitrag leisten zur Prozessierung der Konflikte.

ad ii) Abhängigkeit ist eine Grundtatsache in kooperativen Beziehungen. Sie resultiert daraus, daß die Erfolgspotentiale des Akteurs A abhängig sind von den Ressourcen und dem Verhalten des Akteurs B und umgekehrt. Wären die Ressourcen abhängig, daß Verhalten jedoch erwartungssicher, entstünde ebensowenig ein Problem wie im umgekehrten Fall. Das Problem aber besteht in der Ausbeutbarkeit asymmetrischer Abhängigkeiten zwischen den Akteuren durch einen der Akteure, beziehungsweise der kollektiven Kooperationsrente, die ja durch diese Abhängigkeit überhaupt erst erreicht werden kann. Gemeinsame moralische Werte können einen Beitrag leisten zur Eindämmung von Opportunismus.

ad iii) Ordnung dokumentiert sich in Standardprozeduren, Führungsgrundsätzen, Leitlinien, Organigrammen, Codes of Ethics, EthikManagementSystemen, impliziten Leistungs- und Verhaltenserwartungen etc., also in einem Set formaler und informaler Regeln und Werte. Kooperationsprojekte lassen sich daher als ein spezifisches Set von Regeln und Werten beschreiben und analysieren. Dabei sind Leistungswerte (wie Kompetenz), Interaktionswerte (wie Loyalität) und moralische Werte (wie Gerechtigkeit) zu unterscheiden, die nur gemeinsam ökonomische Kooperation ermöglichen und nicht aufeinander reduziert werden können. Leistungswerte, Interaktionswerte und moralische Werte sind damit bezogen auf die beiden Leitwerte von Unternehmen als Kooperationsprojekten, nämlich Kooperationsbereitschaft und Kooperationsfähigkeit. Sie realisieren diese und bestimmten damit die Menge der für ein Unternehmen überhaupt erreichbaren Kooperationschancen.

ad iv) Unternehmen sind Kommunikationssysteme. Die Bedeutung von formaler und informaler Kommunikation als Produktions- und Kooperationsfaktor hat in den letzten Jahren verstärkt die organisationsökonomische Forschung beschäftigt.[8] Für unser Thema ist dabei von grundlegendem Interesse, daß Unternehmen polylinguale Systeme sind. Anders als der Markt, der jedes Ereignis in Preisen kodieren muß, um es kommunizieren zu können, müssen

8 Vgl. zur Übersicht über die Literatur PICOT, REICHWALD u. WIGAND (1999).

Unternehmen in der Lage sein, relevante Ereignisse in vielen Sprachspielen – Ökonomie, Technik, Recht, Verfahren, Moral – gleichzeitig oder selektiv zu bewerten und zu verarbeiten. Der ökonomischen Codierung – Aufwand/ Ertrag oder Kosten/Gewinn – kommt im Gesamt der polylingualen Ressourcen des Unternehmens eine Leitfunktion für Entscheidungen zu, weil und insofern das Marktsystem die Umwelt des Unternehmens strukturiert. Hier greift durch, daß Unternehmen Organisationen des Wirtschaftssystems sind. Alles, was daher in den Unternehmen relevant ist, hat eine ökonomische Bedeutung oder Konsequenz. Aber nicht alles in der Unternehmung ist Ökonomie. Ethik, und dies schon im Vorgriff auf die Erörterungen des letzten Abschnitts dieses Aufsatz, die in der Unternehmung etwas bewirken will, hat daher immer einen betriebswirtschaftlichen Aspekt, ohne selbst zur Ökonomie werden zu müssen. Ethik, die sich davor schützen und um ihrer selbst willen betrieben werden will, ist in den Unternehmen der Wirtschaft irrelevant.

Die soeben gezogenen Schlußfolgerungen, daß zwar alles in den Unternehmen eine ökonomische Konsequenz hat, aber nicht alle Ereignisse dort ökonomische Ereignisse sind, folgen zwar aus dem polylingualen Charakter ökonomischer Kooperationsprojekte, aber nicht allein aus diesem. Denn organisationsökonomisch formuliert sind Gewinne kein Maximierungsziel von Unternehmen als Kooperationsprojekten, sondern die nichthintergehbare Beschränkung der Relevanz aller Sprachspiele im Unternehmen, also auch der Kooperationsrente. Mit anderen Worten: Gewinne sind die bedeutendste, aber nicht die einzige Handlungsbeschränkung eines Unternehmens. Diese methodologische Umstellung des Gewinns von Zielfunktion auf Handlungsbeschränkung ist eine unmittelbare Konsequenz der Umstellung des Gegenstandsbereichs der Diskussion von „Unternehmen“ auf „Governancestruktur für spezifische Transaktionen“. Während im ersten Fall nach dem Unternehmensziel gefragt wird, interessiert im zweiten Fall deren Anpassungsfähigkeit. Eine Governancestruktur, die nur über das ökonomische Anpassungskriterium „Gewinn“ verfügen würde, wäre hinsichtlich ihrer Anpassungseffizienz ineffizient.

Es bleibt jetzt noch zu klären, welchen Status wir der moralischen Kommunikation in den Unternehmen zurechnen können. Denn Moral strukturiert weder die Marktumwelt des Unternehmens, noch ist sie für dieses eine marktkonstitutive Handlungsbeschränkung. Dennoch haben wir ihr über den polylingualen Charakter der Organisation den Status einer Handlungsbeschränkung für Unternehmen zuerkannt. Offensichtlich ist es von Bedeutung, bei der Analyse von Handlungsbeschränkungen auf den institutionellen Kontext und die Spezifität ihrer Wirkungsweise zu achten. Wie aber wirkt sich nun moralische Kommunikation in den Entscheidungen des Unternehmens als eines Kooperationsprojekts aus?

In der Literatur wird zur Beantwortung dieser Frage häufig auf den sozialen und informalen Charakter moralischer Regeln und Werte abgestellt. Diese entwickeln sich evolutionär, existierten in der Gesellschaft, sind mit Sanktions- und Drohpotential ausgestattet und wirkten von dort aus auf die Entscheidungen der Wirtschaftsakteure (oder eben nicht). Da wir die darin steckende tugendethische Deutung der Unternehmensethik nicht so ohne weiteres übernehmen wollen, richten wir unser institutionenethisches Augenmerk auf die Ambiguität evolutionär entstandener und nicht codifizierter, also informaler gesellschaftlicher moralischer Werte: Im Prinzip ist zwar klar, was mit ihnen gemeint ist, aber im konkreten Anwendungsfall verwischen sich Grenzen. Daraus folgt ein erheblicher Bedarf an Definition, Kontrolle und Durchsetzung dieser Werte, der nur auf der Ebene der Organisationen und Institutionen der Gesellschaft, also etwa Staat und Unternehmen, geleistet werden kann. Wenn Unternehmen sich also einen expliziten code of ethics geben, trachten sie danach, moralische Ambiguität in organisationale Selbstbindung durch Regeln und Werte zu überführen. Identitätsaufbau, Transparenz und Verbindlichkeit sind daher Wirkungen moralischer Kommunikation in der Unternehmung.

Während die ökonomische Leitcodierung über die relativ klaren Differenzen Aufwand/Ertrag und Kosten/Gewinn in den Unternehmen auf die Kooperationsrente wirkt und über das Marktumfeld auf Dauer gestellt wird, wirkt die moralische Codierung über organisatorische Selbstbindung (Identität, Transparenz, Verbindlichkeit) auf die Werte Kooperationsbereitschaft und Kooperationsfähigkeit und damit auf Kooperationschancen eines Unternehmens. Diese Selbstbindung wird über das Reputationskapital selektiv aktiviert, nämlich immer dann und nur dann, wenn Transaktionen dieses Kapital tangieren können. Dies erklärt erstens, warum Unternehmensethik nicht gleichverteilt von allen Unternehmen der Wirtschaft nachgefragt wird und auch nicht nachgefragt werden muß. Schraubenfabrikanten haben hier einen anderen Bedarf als soziale Dienstleister. Dies erklärt zweitens, daß moralische Kommunikation immer ein Leistungsversprechen mit sich führt, das sich an die Selbstbindung ankristallisiert. In diesem Zusammenhang sei der Hinweis auf die philosophische Sprechakttheorie erlaubt, die gezeigt hat, daß moralische Kommunikation sich durch einen performativen Charakter auszeichnet.[9] Wer über Moral redet oder moralische Werte kodifiziert, gibt damit ein Leistungsversprechen. Wer dies in den Unternehmen der Wirtschaft tut, verspricht Selbstbindung. Ein Unternehmen bindet sich daher durch seine moralische Kommunikation und schafft nach innen und außen gerechtfertigte Handlungserwartungen und Verhaltensmaßstäbe. Deren Enttäuschung führt nicht nur zur moralischen Mißachtung des kollektiven Akteurs, sondern diese auch zu Kosten aus Reputations- und Motivationsverlusten oder politischer Intervention. Die damit einhergehende Verminderung der Kooperationschancen wirkt direkt auf das Niveau der erreichbaren Kooperationsrente.

III. Unternehmensethik ist Governanceethik

Die Differenzierung von Form- und Prozeßbestimmtheit der Unternehmung und die anschließende Differenzierung der Unternehmensform in Vertrags- und Organisationsbeziehungen eines Kooperationsprojekts hat es uns erlaubt, Unternehmensethik als Governanceethik aus den Formeigenschaften des Unternehmens selbst zu entwickeln. Sie ist dann systematisch gesehen weder externes Korrektiv negativer externer Effekte, noch externer Aufklärer ökonomischer Verbissenheit und Blindheit. Sie ist vielmehr, vermittelt über Regeln und Werte, konstitutives Element des Unternehmens selbst und damit in jeder Hinsicht Bestandteil eines ökonomischen Problems, nämlich die Kooperation eigeninteressierter Akteure in und mittels von Unternehmen zu ermöglichen. In „jeder Hinsicht" bedeutet: Der ökonomischen und organisationalen Relevanz des moralischen Faktors entspricht seine Einbindung in den ökonomischen und organisationalen Kontext. Auf diesen Punkt werde ich noch ausführlicher eingehen. Zunächst möchte ich aus der hier entfalteten theoretischen Disposition die Konsequenzen für die Aufgabenbestimmung einer institutionenökonomischen Unternehmensethik als Governanceethik ziehen.

1. Der Gegenstandsbereich der Unternehmensethik sind die Handlungsbeschränkungen aus organisationalen Regeln und Werten und deren Kommunikation in und mittels von Kooperationsprojekten. Entsprechend bildet nicht der Handlungs-, sondern der Institutionenbegriff ihren Reflexionspunkt.

9 Vgl. hierzu SEARLE (1971, Kap. 8) und SEARLE (1982, S. 21ff.).

Institutionen sind kommunizierte Regeln und Werte, die als Constraints den kooperativen Akteur konstituieren und ihn mit expliziten und impliziten Spielregeln für Vertrags- und Organisationsbeziehungen ausstatten.

2. Analytisch untersucht Unternehmensethik diejenigen formalen und informalen Governancestrukturen eines Unternehmens, die das moralische Handeln der individuellen und kollektiven Akteure in einer Organisation (intrafirm-Beziehung), zwischen Organisationen (interfirm-Beziehung) und zwischen Organisationen und der Gesellschaft (extrafirm-Beziehung) konstituieren und steuern. Dabei ist die Grundeinheit der Analyse eine spezifische Transaktion im Kontext einer umfassenden Governancestruktur.

3. Methodisch vergleicht Unternehmensethik differente Governancestrukturen zur Steuerung distinkter wirtschaftlicher Transaktionen unter dem Gesichtspunkt, ob und welche moralischen oder unmoralischen Regeln und Werte sie avisieren und damit entsprechendes Handeln ökonomisch prämieren. Sie erklärt die Präsenz, Relevanz und den Wandel von moralischen oder unmoralischen Präferenzen, also die Tugenden und deren Mißachtung im Kontext einer separierbaren Transaktion, aus dieser Anreizstruktur der formalen und informalen Arrangements einer gegebenen Organisation und ihrer gesellschaftlichen Umwelt. Unternehmensethik ist daher ein komparatives Forschungsprogramm.

4. Normativ schlägt die Unternehmensethik als Governanceethik die Entwicklung und Implementierung solcher ethischer Systeme (z.B. EthikManagementSystem, EthikAuditSystem)[10] in und mittels Organisationen vor, die als Steuerungsstrukturen für Transaktionen die Kooperationsbereitschaft, die Kooperationsfähigkeit und die Kooperationschancen der Wirtschaftsakteure durch ökonomische Prämierung und performative Kommunikation fördern und mit moralischer Erwartungssicherheit durch Selbstbindung ausstatten. Ökonomische Prämierung wird dabei nicht als Gewinnmaximierung definiert, sondern als Renten aus der Ökonomisierung von Kooperation.

5. Zusammengefaßt: Unternehmensethik als Governanceethik ist die Lehre von der komparativen Analyse der moralsensitiven Gestaltung und Kommunikation der Governancestrukturen spezifischer wirtschaftlicher Transaktionen mittels Kooperationen.

10 Vgl. zu diesem Werteprogramm BAUER (1998).

IV. Die Ethik der Governanceethik

In diesem Abschnitt werde ich aus der bisherigen Diskussion einige mögliche Konsequenzen für die Ethik der Governanceethik erörtern. Dabei wird es i) um das Verhältnis von Tugend- und Governanceethik, ii) um das Verhältnis von Wertemanagement und Ethik und schließlich iii) um das Verhältnis des Besseren zum Guten gehen. Zum Status dieses Vorhabens scheinen mir zwei Bemerkungen vorab angebracht. Erstens: Es handelt sich um die Überlegungen eines Ökonomen, der keinerlei philosophische Ansprüche hegt. Zweitens: Es geht mehr um Exploration als um Explanation.

ad i) Wir haben bereits festgehalten, daß die Tugendethik im Organisationsprozeß des Unternehmens ihre Bedeutung gewinnt. Sie muß dies unter den Bedingungen einer spezifischen Form tun, wobei wir hier Form differenztheoretisch als Governancestruktur für distinkte Transaktionen in und mittels Kooperationsprojekten definiert haben. Es sind demnach nicht die Unternehmensziele oder der Markt als solche, die die Tugendethik irgendwie restringieren, sondern die Steuerungsbedingungen einer separierbaren ökonomischen Transaktion. Mit dieser Präzisierung der unternehmensethischen Fragestellung verbindet sich auch die Absicht, eher metaphysische Vermutungen über vermeintliche anti-ethische Markt-, Sach- und Kapitalverwertungszwänge in mikropolitische Problemstellungen zu überführen, in denen Ökonomie und Ethik immanent, entweder als Problem oder als Lösung, vorkommen. Hier scheint mir auch der Zusammenhang von Tugend- und Governanceethik zu liegen.

Die Tugenden der Akteure, so sie welche haben, starten und kontinuieren einen Prozeß, der im Erfolgsfall zur Entwicklung und Gestaltung moralsensitiver Governancestrukturen führt. Aber auf Dauer gestellte Sensibilität für Moral in Transaktionen können wir nur von adaptiven Governancestrukturen und den darin eingebauten Anreizen erwarten. Das Verhältnis von Tugend- und Governanceethik wäre demnach als rekursive Schleife zu verstehen: Die moralsensitive Gestaltung von Governance setzt wirksame moralische Präferenzen von Akteuren voraus, moralsensitive Governance ihrerseits ist die systematische Voraussetzung für die Wirksamkeit moralischer Präferenzen.

Unternehmensethik als komparatives Forschungsprogramm kann sich weder auf die Bildung moralischer Präferenzen kaprizieren noch sich mit den wahren oder nur vorgetäuschten moralischen Motiven von Akteuren beschäftigen. Unternehmensethik als Governanceethik geht vielmehr davon aus, daß Akteure sowohl moralische als auch unmoralische Präferenzen haben und daß deren Aktivierung oder Deaktiviierung von den Anreizen der jeweiligen Transaktion und der dafür gewählten Governancestruktur abhängt. Selbstverständlich gibt es Akteure, die trotz negativer Anreize ihren moralischen Standards treu bleiben, wie es bedauerlicherweise auch Akteure gibt, die gegen alle positiven Anreize unmoralische Ambitionen verfolgen. Aber systematisch kann man weder vom dem einen oder dem anderen Fall ausgehen. Im ersten Fall würde man sich Illusionen hingeben über die verfügbaren moralischen Ressourcen in einem Unternehmen, im zweiten Fall würde man leicht die darin liegende organisatorische Gestaltungsaufgabe übersehen.

ad ii) Unternehmensethik als Governanceethik thematisiert, wie bereits erwähnt, ihre Problemstellung im Hinblick auf separierbare Transaktionen. Sie koppelt sich damit methodisch an die Transaktionskostenökonomik an, deren „basic unit" ebenfalls die Transaktion ist.[11] Sie wird sich daher nur auf das Unternehmen als solches beziehen, wenn dies die relevante Analyseeinheit ist. Aber in der Regel wird sie mikropolitische Problemformulierungen anstreben und analysieren, für die es dann auch eine anwendbare normative Antwort gibt.

Wenn wir diese Orientierung auf die Ethik der Unternehmensethik anwenden, dann muß diese sich mit der Anwendung moralischer Überzeugungen und Werte in lokalen Situationen und kooperativen Projekten auseinandersetzen. Philosophisch sind wir dann im Anschluß an Rawls[12] mit Gerechtigkeitsfragen konfrontiert, die sich mit Bezug auf eine gesellschaftlich vorgegebene „background justice"[13] definieren, gleichwohl aber auch eine lokale Managementaufgabe darstellen. Governanceethik unterstellt daher gesellschaftliche Gerechtigkeitsvorstellungen und moralische Standards als gegeben und philosophisch begründbar.[14] Wenngleich sie damit auch an diese Vorstellungen und Standards angedockt bleibt, ist ihr Gegenstandsbereich nicht deren Begründung, sondern deren Anwendung im lokalen Kontext. Ich habe an anderer Stelle ausführlich dafür argumentiert, Unternehmensethik als Problem lokaler Gerechtigkeit bei der Allokation moralischer

---

11 Vgl. WILLIAMSON (1985, S. 1).

12 Vgl. RAWLS (1979 und 1993).

13 So in RAWLS (1993, S. 266ff.).

14 Für die darin steckende Unterscheidung der Begründungs-, Anwendungs- und Gültigkeitsebene moralischer Sätze vgl. WIELAND (1999).

Güter in intra-, inter- und extrafirm-Kooperationen zu konzipieren.[15] Ich möchte mich daher hier auf einen weiterführenden Aspekt beschränken. Moralische Güter sind Werte wie Gerechtigkeit, Fairneß, Integrität, Ehrlichkeit und so weiter, die zwischen Akteuren in Organisationen oder zwischen Organisationen mittels Organisationen zugewiesen werden. Unternehmensethik als Governanceethik interessiert sich daher für die Prinzipien und Regeln der simultanen Verteilungsgerechtigkeit wirtschaftlicher und moralischer Werte. Diese institutionalisierten Regeln und Prinzipien kooperativer Projekte lassen sich selbst verstehen als Ausdruck eines Sets von Werten, die den Leitwerten Kooperationsbereitschaft und Kooperationsfähigkeit dienen. Genauer: Leistungswerten (wie Kompetenz, Leistungsbereitschaft, Flexibilität, Innovationsorientierung) plus Interaktionswerten (wie Loyalität, Konfliktfähigkeit, Teamgeist, Offenheit) plus moralischen Werten (wie Gerechtigkeit, Fairneß, Verantwortungsfähigkeit, Vertragstreue, Ehrlichkeit). Daraus ergibt sich für das Management von Kooperation die Aufgabe, die Zusammensetzung und Wirksamkeit von Werte-Sets für Transaktionen zu bestimmen, die über ihre Kodifizierung und Implementierung dem Unternehmen Identität, Transparenz und Verbindlichkeit geben. Diese Aufgabe bezeichnen wir als „Wertemanagement" oder „management of values", das in Kooperationsprojekten ein grundlegender Erfolgsfaktor ist. Es ist offensichtlich, daß Wertemanagement nicht nur die Bestätigung gesellschaftlich akzeptierter Werte vollzieht, sondern auch ein bedeutendes Element der Evolution neuer gesellschaftlicher Werte darstellt. Die Globalisierung der Wirtschaft wäre ohne diese Rückwirkung kaum vorstellbar.

Es scheint gegenwärtig weitgehend unklar, wie dieses „management of values" in eine philosophische Ethik eingebaut werden könnte, die einerseits nicht der ökonomischen Grundfärbung des Wertebegriffs erliegt, andererseits aber auch metaphysische Übersteigerungen ins Absolute vermeidet. Weitere Forschungsanstrengungen sind dabei möglich und dringend nötig.

ad iii) Es wurde bereits mehrfach auf das hier zugrunde gelegte Verständnis von Begriffen wie „ökonomisch" oder „effizient" hingewiesen, nämlich die Ermöglichung und Stabilisierung von Kooperationsbereitschaft, Kooperationsfähigkeit und Kooperationschancen mittels adaptiver Governancestrukturen. Wenn Unternehmensethik hier angeschlossen wird, dann wird sie zum Bestandteil eines kontinuierlichen Lernprozesses in einer von Ambiguität und Kontingenz charakterisierten Umwelt. Für die Ethik der Unter-

15 Vgl. dazu ausführlicher WIELAND (1997).

nehmensethik folgt aus dieser Disposition, daß sie nicht vom Guten, sondern nur vom Besseren handeln kann. So wie es in Situationen lokaler Gerechtigkeit keine nur guten Lösungen gibt, sondern um die Allokation von Benefiz und Bürde geht, so streben wir auch in der Unternehmensethik als Governanceethik nicht nur nicht nach dem Guten, sondern nach überhaupt keinen „guten" Lösungen im Sinne des Wortes. Vielmehr hat die Unternehmensethik es häufig mit „tragic choices" und moralischen Dilemmata zu tun. Diese zeichnen sich nicht nur durch Konflikte zwischen moralischen und nichtmoralischen Zielen aus, sondern vor allem durch Konflikte zwischen moralischen Zielen. Alles was wir daher in der Unternehmensethik hoffen können ist, einen Lernprozeß zu starten und durch angemessene institutitionelle Arrangements zu stützen, in dessen Verlauf sich, gemessen am vorfindlichen Zustand, moralisch bessere Antworten auf bestimmte Transaktionsprobleme finden werden. Wir behalten also auch hier unsere komparative Perspektive bei.

Damit stellt sich natürlich die Frage nach dem Referenzpunkt oder der Begründbarkeit des Besseren, wenn die Governanceethik nicht regelmäßig Opfer eines situativen Opportunismus werden soll. Mit anderen Worten: Kann man sich ein trennscharfes Kriterium vorstellen, das zwei moralische Zustände entlang der Differenz „Schlechter/Besser" bewertet?

Es scheint mir wichtig zu verstehen, daß die erwähnte opportunistische Gefahr für die Ethik systematisch weniger aus der moralischen Unzuverlässigkeit von Akteuren folgt als vielmehr aus situativer und informationaler Unsicherheit über die beteiligten Interessen und möglichen Handlungskonsequenzen. Darauf sollte es eine Antwort geben.

In einem ersten Schritt können wir Rawls folgen und mit ihm auf die moralischen Hintergrundannahmen der Gesellschaft als Bewertungskriterium hinweisen. In einem zweiten Schritt aber wird eine Unternehmensethik als Governanceethik auch die in den institutionellen Arrangements eines Kooperationsprojekts implementierten expliziten und impliziten Regeln und Werte, vor allem deren Leitwerte Kooperationsbereitschaft, Kooperationsfähigkeit und Kooperationschancen, als Kriterien heranziehen. Diese beziehen sich zwar auf und sind restringiert durch gesellschaftliche Gerechtigkeitsvorstellungen, selektieren und bewerten aber spezifischer, weil ihr Sinn ex ante ja gerade in Selbstbindung im Sinne von Identität, Transparenz und Verbindlichkeit bestand. Man kann nicht ausschließen, daß auch nach dieser Bewertung ein Rest an Unsicherheit über das Bessere bleibt, der nur ex post durch Entscheidungen und Entscheidungskonsequenzen geklärt werden kann.

In diesem zweistufigen Verfahren steckt eine gewisse Reduktion von Komplexität, die unvermeidlich ist, wenn das erforderliche Exaktheitsniveau anwendungsorientierter Governanceethiken in lokalen Situationen erreicht werden soll.

Literaturverzeichnis

BAUER, T.: „Faire Marktpreise. Preisbildungsmechanismen in der Baubranche und Einführung eines Ethikmanagementsystems", in: P. ULRICH u. J. WIELAND (Hrsg.): *Unternehmensethik in der Praxis*, (St. Galler Beiträge zur Wirtschaftsethik 19), Bern, Stuttgart, Wien (Haupt) 1998, S. 211-237.

DONALDSON, T. u. L. PRESTON: „The Stakeholder Theory of the Corporation: Concepts, Evidence; and Implications", *Academy of Management Review*, 20/1 (1995), S. 65-91.

GIFFORD, A: „A constitutional interpretation of the firm", *Public Choice*, 68 (1991), S. 91-106.

KLEINFELD, A.: *Persona Oeconomica. Personalität als Ansatz der Unternehmensethik*, Heidelberg (Physica) 1997.

PICOT, A., R. REICHWALD und R. T. WIGAND: *Die grenzenlose Unternehmung. Information. Organisation und Management*, Wiebaden (Gabler) 1996.

RAWLS, J.: *Eine Theorie der Gerechtigkeit*, Frankfurt a.M. (Suhrkamp) 1979.

RAWLS, J.: *Political Liberalism*, New York (Columbia University Press) 1993.

SCHMOLLER, G.: *Grundriß der Allgemeinen Volkswirtschaftslehre*, Bd. 1, Leipzig (Duncker & Humblodt) ^{4}1901.

SEARLE, R.: *Sprechakte*, Frankfurt a.M. (Suhrkamp) 1971.

SEARLE, R.: *Ausdruck und Bedeutung*, Frankfurt a.M. (Suhrkamp) 1982.

VANBERG, V.: „Organizations as Constitutional Systems", *Constitutional Political Economy*, 3/2 (1992), S. 223 253.

WIELAND, J.: *Ökonomische Organisation, Allokation und Status*, Tübingen (Mohr) 1996.

WIELAND, J.: „Unternehmensethik als Erfolgsfaktor in globalen Kooperationen", in: U. KRYSTEK und E. ZUR (Hrsg.): *Internationalisierung. Eine Herausforderung für die Unternehmensführung*, Berlin (Springer) 1997, S. 527-541.

WIELAND, J.: *Die Ethik der Governance*, Marburg (Metropolis) 1999.

WILLIAMSON, O. E.: *Markets and Hierarchies. Analysis and Antitrust Implications*, New York (Free Press) 1975.

WILLIAMSON, O. E.: *The Economic Institutions of Capitalism. Firms, Markets, Relational Contracting*, New York (Free Press) 1985.

WILLIAMSON, O. E. (Hrsg.): *Organisation Theory. From Chester Barnard to the Present and Beyond*, Oxford (Oxford University Press) 1990.

WILLIAMSON, O. E.: „The Evolving Science of Organization", *Journal of Institutional and Theoretical Economics*, 149/1 (1993), S. 99-118.

WILLIAMSON, O. E.: „Revisiting Legal Realism: The Law, Economics, and Organization Perspective", in: S. G. MEDEMA (Hrsg.): *Coasean Economics: Law Economics and the New Institutional Economics*, Boston, Dordrecht, London (Kluwer Academic Publishers) 1998, S. 119-159.

7. Kapitel

Sachzwang
Über einen kritischen Grundbegriff der Wirtschaftsethik

Matthias Kettner

I. Einleitung
II. Die normativistische Analyse ökonomischer Sachzwänge
III. Schwierigkeiten mit Sachzwang als Norm der Gewinnmaximierung
IV. Was macht die diskursive Rolle von Sachzwangbehauptungen ideologisch?
V. Sachzwang und Anreizkompatibilität
VI. Sachzwangmuster aus öffentlichen Debatten
VII. Schluß

I. Einleitung

In doppeltem Sinne ist Sachzwang für wirtschaftsethische Belange eine kritische Kategorie. Wo tatsächlich Sachzwang herrscht und nicht bloß fälschlich angenommen oder unaufrichtig behauptet wird, Sachzwang herrsche, dort sind im Handeln („Praxis“) und in handlungsorientierenden Überlegungen („praktische Vernunft“) Bereiche angesprochen, die für moralische Beurteilungen tendenziell unempfänglich sind. Moralurteile beziehen sich auf Aktivitäten, Handlungsweisen und Verhalten von Instanzen, denen zugeschrieben wird, daß sie sich selbst als moralisch verantwortlich für ihre Aktivitäten, Handlungsweisen und Verhalten betrachten. Aber daß sie (aus der Eigenperspektive der betreffenden Instanz betrachtet) Sachzwängen geschuldet sind, heißt für Aktivitäten, Handlungsweisen und Verhalten, von denen dies behauptet wird, gerade dies, daß an ihnen nichts Bestimmtes geändert werden kann, selbst wenn dies (aus irgendwelchen Gründen) gewollt oder (etwa aus moralischen Gründen) gesollt würde. Insofern begrenzen Sachzwangbehauptungen die moralische Zurechenbarkeit. Was moralischerweise verdienstvoll, untadelig, geboten oder verboten sein soll, davon muß gelten, daß es einem freisteht, so oder nicht so zu handeln. Ein bestimmtes Sollen impliziert ein entsprechendes Können. Eine bestimmte Moralverantwortung impliziert eine entsprechende Handlungsfreiheit. Sachzwänge erscheinen als rational respektierliche Begrenzungen von Können und Handlungsfreiheit und insofern auch als Begrenzungen von Sollen und Moralverantwortung. Wo Sachzwang herrscht, wäre es irrational, so zu tun, als herrsche keiner.

Ökonomischer Sachzwang ist eine für Wirtschaftsethik kritische Kategorie, weil sich am Verhältnis eines wirtschaftsethischen Ansatzes zum ökonomischen Sachzwang der Platz bestimmt, den Ansprüche auf praktische Veränderungen in dem betreffenden Ansatz einnehmen können. Herrscht kein Sachzwang, dürfen diese Ansprüche grandios, herrscht nur Sachzwang, müssen sie resignativ ausfallen. Ökonomischer Sachzwang kann eine kritische Kategorie von wirtschaftsethischen Ansätzen sein, wo Sachzwangbehauptungen umstritten sind: wo umstritten ist, ob tatsächlich ein bestimmter Sachzwang in bestimmten Aktivitäten regiert oder fälschlich angenommen oder nur unaufrichtig behauptet wird.

Was heißt es für eine handlungsfähige Instanz,[1] sich darauf zu berufen, daß ihr Handeln Sachzwängen unterliegt? Und was heißt es für die Dinge, die getan werden, Sachzwängen zu unterliegen? Wie würde ich einen Sachzwang definieren? Alltagsphänomenologisch läßt sich an folgendes anknüpfen: Soweit man sich unter einem Sachzwang handelnd sieht, betrachtet man sich als zu etwas bestimmtem genötigt. Ein *sachlicher Zwang* ist eine Nötigung im Handeln: wie angesichts einer unmittelbar hinzunehmenden Gegebenheit gehandelt werden muß. Die Handlung, die so ausgeführt werden muß, ist gleichgültig gegen die Differenz, ob der willentlich Handelnde sie eher für erwünscht oder eher für unerwünscht hält. Und daß die Gegebenheit unmittelbar hinzunehmen ist, befiehlt nicht ein fremder Wille, sondern überhaupt kein Wille. So nötigt mich z.B. ein Hindernis auf meinem Weg dazu, es zu umgehen, wenn der Gedanke falsch ist, daß ich es auch wegräumen könnte.

---

1 Eine ‚handlungsfähige Instanz', nicht einfach ein ‚Handelnder', weil natürliche Personen zwar die paradigmatischen, aber, wie die Theorie der kollektiven Verantwortung zeigt, nicht die einzigen als handlungsfähig anzunehmenden Instanzen sind.

Auch ein *Sachzwang* ist eine Nötigung, von bestimmten Dingen zu denken, daß nichts anderes getan werden kann (Alternativenlosigkeit) und daß sie eigentlich nicht nicht getan werden können (Nichtablehnbarkeit), und zwar eine Nötigung, die einem Sachverhalt so geschuldet ist, daß ein (fremder) Wille für diese Nötigung meines Willens unnötig ist.[2]

Für wirtschaftsethische Belange interessiert besonders, wann die Marktförmigkeit einer Praxis die Quelle eines Genötigtseins, das wir Sachzwang nennen können, wird. Eine dafür notwendige (hinreichende?) Bedingung, daß Märkte zu Quellen von so etwas wie Sachzwängen aus der Sicht der Teilnehmer werden, ist offenbar die systemare Durchbildung der Märkte.[3] Des

---

2 Wenn dieser phänomenologische Umriß triftig ist, empfiehlt es sich, Sachzwangbehauptungen strukturell relativ zu Handlungsfreiheiten, die man hat, zu Rationalitätsstandards, mit denen man sich identifiziert, und zu anankastischen Abhängigkeiten, in denen man lebt, zu analysieren.

3 Sehr überzeugend hat ULRICH THIELEMANN (*Das Prinzip Markt. Kritik der ökonomischen Tauschlogik*, Bern [Haupt] 1996) das Systemare marktförmiger Interaktionen herausgearbeitet, der als Fazit festhält: „Das Entscheidende und Besondere des Marktes als eines Systems aber ist, daß sich keine personale Instanz finden läßt, die man für den Wettbewerbszwang ursächlich zur Verantwortung ziehen könnte, obwohl der Markt nur aus menschlichen Handlungen besteht" (*ebenda*, S. 295). Vgl. auch THIELEMANN (*ebenda*, S. 293) über Max Webers Unterscheidung von Beziehungen, die sozusagen Hand-in-Hand erfolgen, versus Beziehungen einer, wie es seit Adam Smith heißt, „unsichtbaren" Hand. – Thielemanns Urteil, daß das Systemare des Markts moralisch fragwürdig ist, hat m.E. folgenden Rechtfertigungsgrund: Die Differenz von *Die-Marktgesetzlichkeit-befolgen-Wollen* versus *Mit-Ausselegiertwerden-rechnen-Müssen* konfrontiert jeden, der (auf der Anbieterseite) Marktteilnehmer sein will. Aber sie bedeutet, konkret betrachtet, für unterschiedlich situierte Akteure unterschiedliches. Denn weder steht mit der Möglichkeit, ausselegiert zu werden, für jeden (auf der Anbieterseite) dasselbe auf dem Spiel, noch ist die Bilanz von Vor- und Nachteilen, die in der Möglichkeit des Eintritts in Märkte oder Fernbleibens von Märkten jeweils liegt, für jeden dieselbe. Und schließlich – das ist Thielemanns Haupteinwand – geht die Konfrontation mit jener Differenz „von keiner verantwortungs- und einsichtsfähigen Instanz aus" (*ebenda*, S. 295). Die moralisch relevante Pointe ist dabei, daß die Konfrontation anonym, aber nicht unparteiisch ist, also ungerecht sein kann, und wenn, dann gegenüber niemandem einklagbar (weil ursprünglich anonym) ist. Dieses Argument findet sich übrigens auch bei PETER ULRICH (*Integrative Wirtschaftsethik*, Bern [Haupt] 1997), der in vielfältigen Zusammenhängen hervorhebt (vgl. *ebenda*, S. 148ff.), daß die Existenz von

weiteren ist wirtschaftsethisch zu bedenken, daß mit dem Auftreten einer Sachzwangbehauptung in der Rolle von Rechtfertigungsgründen noch nichts darüber entschieden ist, ob der betreffende Sachzwang aus moralischen oder sonstigen Bewertungsgründen als positiv oder negativ bewertet werden muß. Manche Sachzwänge (angenommen, daß die Rede von Sachzwängen einen klaren Sinn hat) könnten z.B. wünschenswert, manche könnten nicht wünschenswert sein. Sachzwang ist keine Unrechtskategorie. Sicher moralisch negativ zu werten (weil sichtlich ungerecht) ist zunächst nur das Vorschützen von Sachzwängen, um ein Feld möglicher Zuschreibungen moralischer Verantwortung auf diese Weise ungerechtfertigt zum Nachteil von anderen zu verändern.

II. Die normativistische Analyse ökonomischer Sachzwänge

Peter Ulrich hat die Einstellung, das „Gewinnprinzip" sei ein für das Wirtschaftssystem konstitutiver Sachzwang, der die Moralisierbarkeit der Systemoperationen begrenzt, als den Nerv ideologie*un*kritischer Wirtschaftsethik offengelegt. Ulrich will die – gewiß oft nur defensiv oder grundlos vorgebrachte, insofern zu Recht zu kritisierende – Behauptung von der „Unmöglichkeit moralischen Handelns unter den Sachzwängen des Wettbewerbs" ideologiekritisch entziffern als „ein *durchgängig normatives* Problem, nämlich als der *Konflikt verschiedener normativer Geltungsansprüche*".[4] Ich verstehe dies zunächst einmal als einen Vorschlag, wie die Verwendung von Sachzwangbehauptungen als ein Grund, aus dem Zuschreibungen moralischer Verantwortung abgewiesen werden können, zu analysieren sei. Ulrich schlägt vor, eine moraldefensive Sachzwangbehauptung als einen Normenkonflikt zu analysieren.

Welche Normen konfligieren? Die eine Norm (N1) ist eine Norm, die allen *Wirtschafts*subjekten vorschreibt, Einkommen bzw. Gewinn zu maximieren. Die andere Norm (N2) ist eine Norm, die allen *Moral*subjekten vor-

---

Systemen marktförmiger Interaktion bestimmte Lebensweisen und Lebensstile bevorzugt und andere, nicht affine, benachteiligt.

4 PETER ULRICH: *Integrative Wirtschaftsethik. Grundlagen einer lebensdienlichen Ökonomie*, Bern (Haupt) 1997, S. 148, meine Hervorhebung, M.K.; im folgenden immer als *IWE* abgekürzt.

schreibt, die Folgen ihres Handelns im Prinzip gegenüber jedem, der davon betroffen ist, zu verantworten. Konfligieren können N1 und N2, weil die Menge der Akteure, an die N2 adressiert ist, die Menge der Wirtschaftssubjekte als Teilmenge enthält (so daß die in N2 liegenden Verbindlichkeiten moralischer Art auch nicht für Wirtschaftssubjekte unzulässige Zumutungen darstellen dürfen), und weil Konformität mit N1 nicht unter allen Umständen vereinbar ist mit Konformität mit N2 (so daß die in N2 liegenden Verbindlichkeiten moralischer Art für Wirtschaftssubjekte unzulässige Zumutungen darstellen können).

Unter welchen Umständen ist Konformität mit N1 nicht vereinbar mit Konformität mit N2? Ganz allgemein immer dann, wenn Konformität mit N2 die Berücksichtigung von Gesichtspunkten verlangt, die in der Eigenperspektive von Wirtschaftssubjekten als außerökonomische („betriebsfremde" u.ä.) Gesichtspunkte zählen.

Wann zählt ein Gesichtspunkt als außerökonomisch? Aus der Eigenperspektive von Wirtschaftssubjekten, die mit N1 identifiziert sind, immer dann, wenn er mit N1 unvereinbar ist. Denn für sie definiert N1 geradezu, was es heißt, eine innerökonomische Perspektive zu haben. Immer dann also, wenn eine aus N2 stammende Interpretation moralischer Verantwortung für Wirtschaftssubjekte darauf hinausliefe, ihrer Norm der Gewinnmaximierung nur eingeschränkt zu folgen, würden Wirtschaftssubjekte in dieser Einschränkung eine Zumutung, die mit Bezug auf sie eine unzulässige Zumutung ist, sehen. Im Munde von Wirtschaftssubjekten wird mit der Rede vom „Sachzwang" eben diese wahrgenommene Unzulässigkeit (von solchen Zumutungen moralischer Art, die überschreiten, was im innerökonomischen Gesichtspunkt selber bereits an Zumutungen moralischer Art mitenthalten sein mag) dingfest gemacht. Sie reden von Sachzwängen und meinen die Undenkbarkeit für sie, an Konformität mit N1 nachzulassen.

Eine wirtschaftsethische Pointe hat Ulrichs Analysevorschlag durch den Hinweis, daß eine Sachzwangbehauptung mit der Implikation, eine bestimmte Moralfordorung sci unzulässig zumutungsvoll, und die behauptete Moralforderung mit der Implikation, sie sei zulässig zuzumuten, zunächst einmal *gegeneinanderstehen*, sich also in argumentativer Konfrontation aneinander abarbeiten können sollten. Eine Sachzwangbehauptung ist nicht eo ipso eine Trumpfkarte. Zum Zweck dieser Konfrontation postuliert Ulrich sogenannte *Zumutbarkeitsdiskurse*:

> In Zumutbarkeitsdiskursen gilt es (...) jeweils die normativen Bedingungen zu klären, unter denen den Wirtschaftssubjekten der moralische Anspruch zuge-

> mutet werden kann, Marktchancen auszulassen (...) und (Mit-)Verantwortung für die von ihnen nicht intendierten systemischen Folgen ihres Tuns zu übernehmen.[5]

Man kann dann Ulrichs normativistischen Analysevorschlag als eine methodologische Devise lesen, die besagt: Alles, was an Sachzwängen und Sachzwangbehauptungen in normativ wirtschaftsethischer Betrachtung problematisierenswert ist, ist ohne Rest als ein normatives Zumutbarkeitsproblem zu begreifen. Ich bin nicht sicher, ob Ulrich dieser Lesart zustimmen würde.[6] Jedenfalls ist weiter klärungsbedürftig, ob Ulrichs Analysevorschlag normativ mehr beansprucht, als daß eben auch Sachzwangbehauptungen nicht von Rechtfertigungspflichten dispensieren, wenn es um Moral geht.

Aber was ist der deskriptive Gehalt in Sachzwangbehauptungen? Ulrichs Vorschlag zufolge ist eine Sachzwangbehauptung, wenn sie wahr ist, daß es eine Norm gibt, und jemanden, der Gründe hat, aus denen er sich gezwungen sieht, zu konformieren. Aber was sind die besonderen Tatsachen, die durch solche Gründe interpretiert werden? Ich verstehe Ulrichs Vorschlag diesbezüglich so: Zu einer *Sachzwangbehauptung* wird die Norm N1, daß Gewinne maximiert werden sollen, eigentlich erst durch die hinzukommende Bedingung, daß jeder mit jedem, der Gewinne maximieren will, in Konkurrenz steht. Damit Gewinne maximiert werden können (wie sie vorausgesetztermaßen sollen), ist es dann für alle, die wollen, daß Gewinne maximiert werden können, ein Sachzwang, daß alle, die Gewinne maximieren wollen, untereinander im Wettbewerb (Marktkonkurrenz) stehen. Die Sache also, die zu berücksichtigen man gezwungen ist, ist die Allseitigkeit von Konkurrenz.

Aber diese Bedingung (daß jeder mit jedem, der Gewinne maximieren will, in Konkurrenz steht) ist nicht selbst eine Norm, sondern eine Normalität, ein systemares Resultat von Geschichte, das die Subjekte, die sich als Wirtschaftssubjekte betätigen, als ihre Betätigung bedingend bereits vorfinden. Ulrichs Vorschlag betrifft zunächst einmal Sachzwangbehauptungen

---

5 *IWE*, S. 159.

6 Ich habe in einer früheren Veröffentlichung gegen Ulrichs normativistischen Sachzwangbegriff den Einwand gemacht, aus der richtigen Beobachtung, daß „weniger ein Zwang *zur* Gewinnmaximierung als vielmehr der wechselseitige Zwang *durch* die systemisch vernetzte Einkommens- bzw. Gewinnorientierung der Wirtschaftssubjekte" (*IWE*, S. 157f.) herrscht, schließe er, also herrsche nicht wirklich ein Sachzwang. Dieser Einwand war unzutreffend – wie mir Ulrich dankenswerterweise noch einmal erläutert hat (unter Hinweis auf *IWE*, S. 137ff).

(„Sachzwangdenken") und erst mittelbar die solcherart behaupteten Sachzwänge selber; die Sachzwänge selber wiegen dadurch weder schwerer noch leichter, wenn man sie im Format normativer Zumutbarkeitsprobleme für einzelne Akteure in bestimmten Situationen rekonzeptualisiert. Die Sachzwanganalyse muß an dieser Stelle in Betracht ziehen, wie sich jene Bedingung als Normalität geschichtlich gebildet hat. Hierzu macht Ulrich de taillierte Ausführungen.[7] Ich versuche im nächsten Abschnitt, einige verbleibende Schwierigkeiten zu formulieren.

III. Schwierigkeiten mit Sachzwang als Norm der Gewinnmaximierung

(1) Ulrichs Analysevorschlag spielt den Begriff eines durchgängig normativen Sachzwangproblems gegen etwas aus, was man sich dann kontrastiv wohl als einen *nicht normativen* Sachzwang zu denken hat. Leistet dieser Kontrast etwas?

Gewiß, wir können auch von naturgesetzlich bestimmten Zusammenhängen bei bestimmten Gelegenheiten sinnvoll als von „Sachzwängen" sprechen. Daß Insekten nur bis zu einer bestimmten Größe wachsen können, erklärt sich aus Sachzwängen ihres Metabolismus. Solche Sachzwänge sind überhaupt nicht normativ. Sie sind aber auch kein Problem, jedenfalls nicht für uns. Daß man Tiefseetauchboote kugelförmig baut, erklärt sich aus physikalischen Sachzwängen, aus Druckbeständigkeit und sonstiger Beschaffenheit der Baumaterialien, die wir für diesen Zweck verwenden können. Der Ingenieur mag gegenüber dem Geldgeber auf den „Sachzwang" verweisen, daß man Titan verwenden muß, obwohl dieses Metall äußerst kostspielig ist. Dieser Verweis bringt in Erinnerung, daß man bereit sein muß, den Preis für die Mittel zu zahlen, ohne die man einen Zweck nicht erreichen kann, den man erreichen will. Wer den Zweck will, muß auch die dafür nötigen Mittel wollen, so heißt es. Dieser Zusammenhang, oft ein Prinzip praktischer Rationalität genannt, ist elliptisch. Gemeint ist, daß man zwar auch anders wollen *kann* – niemand und nichts zwingt einen, gegen das Prinzip nicht zu versto-

7 Siehe *IWE*, S. 132-143 zur Bildungsgeschichte der modernen Marktwirtschaft. Ulrich greift hier substantiell auf Webers Theorie der Motivierung des Kapitalismus aus protestantischem Ethos zurück.

ßen –, aber nur um den Preis der Inkonsistenz, einer Einbuße an praktischer Rationalität.

Dasjenige, was in diesem Beispiel *nicht* normativ bestimmt ist, ist der Sachverhalt, der dem Ingenieur Grund gibt, gegenüber dem Geldgeber von einem Sachzwang zu sprechen. Die Materialeigenschaften sind nicht normativ bestimmt – auch nicht dadurch, daß wir sie im Licht ihrer Verwendbarkeit für mögliche Verwendungszwecke betrachten. Denn sie haben die Zweckdienlichkeit, die sie für uns haben können oder haben sollen, nur dadurch, daß sie gewisse (physikalisch, also ohne Rekurs auf interne Normativität, beschreibbare[8]) Eigenschaften haben, *kraft deren* sie erst die Zweckdienlichkeit haben, die sie für uns haben können oder haben sollen. Die Bemerkung des Ingenieurs weist auf einen Anteil der Entscheidungssituation hin, der in ihr nicht zur Disposition stehen kann, sondern als eine Tatsache berücksichtigt werden muß, sofern der Zweck bestimmend bleiben soll, zu dem diese Entscheidung gehört. (Den Zweck aufzugeben wäre ein anderes Problem und eine andere Entscheidung.) Dieser nichtnormative Anteil des Problems, das in der Entscheidungssituation liegt, ist aber gerade kein *problematischer* Zwang. Denn diesen Anteil ändern zu wollen, wäre töricht. Problematisch ist nicht, daß man gezwungen wäre, diesem Anteil gerecht zu werden; problematisch ist nur dies, *wie* man ihm gerecht werden kann in Anbetracht aller anderen in der Entscheidung zu berücksichtigenden Rechtfertigungs- und Bewertungsgründe (z.B. Kosten und Kosteneffizienz).

Man kann das Beispiel um weitere normative Gesichtspunkte komplizieren, die mit eng ökonomisch verstandenen konkurrieren: Titan sei in den benötigten Mengen nur von einer zum politischen Feind erklärten Großmacht zu kaufen, das aber wäre politisch unklug, etc. Aber das einfache Fazit bleibt: Was in diesem Beispiel mit Sachzwang gemeint ist, ist kein normatives Problem, und was daran normativ problematisch ist, ist kein Sachzwang.

Ulrichs Analysevorschlag für Sachzwangbehauptungen als Denkfiguren der Entlastung von moralischen Zumutungen sollte man daher besser gar nicht im Kontrast zwischen Naturgesetzlichkeit und normativer Ordnung verstehen. Wer über Sachzwangbehauptungen behauptet, daß sich ihre Be-

8 Zu den hier nötigen Differenzierungen siehe KARL-OTTO APEL: „Die hermeneutische Dimension von Sozialwissenschaft und ihre normative Grundlage", in: K.-O. APEL und M. KETTNER (Hrsg.): *Mythos Wertfreiheit? Neue Beiträge zur Objektivität in den Human- und Kulturwissenschaften*, Frankfurt a.M. (Campus) 1994, S. 17-48.

deutung nicht in naturwissenschaftliche Rede übersetzen läßt, rennt offene Türen ein. Die naturalistische Auffassung der Bedeutung der Behauptung von Sachzwängen ist so absurd, daß sie niemand ernsthaft vertritt. Ulrichs Pointe ist von vornherein *innerhalb* des Feldes des Normativen zu formulieren: Sachzwangdenken liegt dann vor, wenn konfligierende normative Orientierungen so dargestellt werden, als sei die eine Seite ein solcher Anteil der Überlegungs- oder Diskurssituation, der in ihr nicht zur Disposition stehen kann, sondern als eine unveränderliche Tatsache berücksichtigt werden muß; *und* daß der Zweck bestimmend bleiben soll, zu dem diese Entscheidung gehört.

Sachzwangdenken (sensu Ulrich) ist also eine Weise, mit konfligierenden normativen Orientierungen umzugehen, die zwei Umdeutungsschritte enthält: Erstens wird eine bestimmte normative Orientierung als eine *nicht veränderbare* Tatsache dargestellt (wobei die normenfreien Tatsachen natürlicher Sachverhalte, wie bei den physikalischen Materialeigenschaften im vorigen Beispiel, ein Extrem von Nichtveränderbarkeit darstellen); zweitens wird aus einer Zwecksetzung, von der prinzipiell offen ist, *ob* dieser Zweck so gesetzt sein soll, eine Zwecksetzung, hinsichtlich deren vorausgesetzt ist, *daß* sie so gesetzt sein soll.

(2) Ich sehe in Ulrichs Thematisierung von Sachzwang*denken* insofern eine gewisse Problemabspannung, als es uns mit Bezug auf etwas, das eine Denkweise ist, (tendenziell immer) freisteht, diese zu wechseln bzw. zu verändern. Es käme dann alles aufs rechte *Umdenken* an.

Mir scheint, es kommt vielmehr darauf an, zu sehen, was im Licht eines normativen Sachzwangkonzepts *an Sachzwängen selber* daran ist. Entweder ist das (normative) Konzept leer. Dann wäre der Begriff eines Sachzwangs *bloß* eine rhetorische Figur, um bestimmte Prämissen in praktischen Überlegungen der Diskussion zu entziehen – eine politische Verwendungsweise, die der Begriff ohne Zweifel oft auch hat. Die Frage ist aber, ob nicht der Stoff, aus dem die nicht bloß vorgemachten Sachzwänge gemacht sind – nämlich geschichtlich gebildete normative Texturen (Normengefüge, Dispositive normativer Orientierungen) –, unter bestimmten Bedingungen *wirklich* zu etwas Zwanghaftem, Unentrinnbarem, Alternativenlosem, Hartnäckigem zusammenschießen kann, das die (unbestritten merkwürdige) Bezeichnung ‚Sachzwang' verdient.[9]

---

9 Vgl. KARL-OTTO APEL:*Die Erklären: Verstehen-Kontroverse in transzendentalpragmatischer Sicht*, Frankfurt a.M. (Suhrkamp) 1979, S. 253f. und 292f.

Sachzwang wäre dann kein leerer, sondern ein mißverständlicher Begriff. Weniger mißverständlich, doch unbehilflicher wäre das Gemeinte zu umschreiben etwa als eine „unentrinnbare normative Umwelt", oder als eine „kollektiv stark habitualisierte Lage normativer Orientierungen".[10] Die Unterscheidung des Zwingenden/Nötigenden versus Zur-Veränderung-Offenstehenden ist eine, die Unterscheidung von normativen Tatsachen und nichtnormativen Tatsachen eine andere. Beide Unterscheidungen muß man auseinanderhalten. Die erste Unterscheidung kann sich *innerhalb* eines Feldes von normativen Tatsachen auftun.[11] Zwang und Norm bilden sowenig einen Gegensatz, wie Zwang und Kultur. Zwänge können kultiviert werden, und daß eine wirksame Verhaltensregulierung über argumentativ begründbare Normen wirkt, schließt nicht aus, daß sie zwanghaft wirkt.

Ich meine nun nicht, daß in Ulrichs Ansatz beide Unterscheidungen nicht auseinandergehalten werden *könnten.* Ulrich spricht ja gelegentlich von „institutionalisierten Normzwängen".[12] Ich meine aber, daß er seinen eigenen, analytisch vielversprechenden Begriff der institutionalisierten Normzwänge theoretisch nicht weit genug ausbaut. Von der Theorie der Sachzwänge eines Praxisbereichs wird schließlich auch abhängen, wie das Praxisverhältnis von in diesem Bereich angewandter Ethik aussehen kann. Gewiß sollte die für angewandte Ethik reklamierte „praktische Relevanz" nicht als eine durchsetzungsorientierte Sozialtechnik für gute Zwecke begriffen werden.[13] Für sein

---

10 Man denke an Max Webers Metapher für die normative Lage der Moderne: ein „stählernes Gehäuse der Hörigkeit".

11 Ein klares Beispiel ist das „Inzesttabu" bzw. die Exogamienorm der Bildung von Familienallianzen – eine Norm, die den Willen so ähnlich nötigt, wie man an einer unverrückbaren Tatsache in der praktischen Überlegung nicht vorbeikommt. Hingegen ist z.B. die normative Textur von Anstandsregeln oder der Kleidermode dieses Sommers zwar normativ, aber vergleichsweise flüchtig und wenig nötigend.

12 Vgl. *IWE*, S. 147 und öfter.

13 Für kritische Bemerkungen Ulrichs zum Begriff einer „angewandten" Ethik, von der er seine Konzeption „integrativer Ethik" glaubt absetzen zu müssen, siehe *IWE*, S. 97f., 118, 126. Die von Ulrich kritisierte, gleichsam ingenieurshafte Vorstellung von „Anwendung" scheint mir allerdings ein Strohmann zu sein. Die strukturellen Probleme angewandter oder praktischer Ethik liegen woanders (vgl. MATTHIAS KETTNER: „Drei Dilemmata angewandter Ethik", in: K.-O. APEL und M. KETTNER [Hrsg.]: *Zur Anwendung der Diskursethik in Recht, Politik und Wissenschaft*, Frankfurt a.M. [Suhrkamp] 1992, S. 9-28, sowie MATTHIAS KETTNER:

Modell „integrativer" Ethik reklamiert Ulrich Praxisrelevanz als eine „vorbehaltlos kritische Grundlagenreflexion des impliziten normativen Gehalts der technischen bzw. ökonomischen Sachlogik als solcher".[14] Aber genausowenig wie in Sozialtechnik sollte m.E. die praktische Relevanz angewandter Ethik *nur* in der Veränderung des Grundlagenverständnisses einer Wissenschaft (nämlich der Ökonomik) gesucht werden. Andernfalls droht der integrative Ansatz, in einer eigentümlich fundamentalistischen Auffassung vernünftiger Lernprozesse steckenzubleiben. Wenn es (so Ulrich) auf dem Niveau moderner philosophischer Ethik um die „Neufundierung" des „normativen Fundaments" von „vermeintlich ethikfreien Sachlogiken" geht, dann setzt er vor allem voraus, daß solche Sachlogiken ein normatives *Fundament* haben, das man dann (vermeintlich folgenreich) umbauen könnte. Ich halte diese Auffassung der praktischen Relevanz angewandter Ethik (als Umbauarbeit an vermeintlichen Fundamenten von irgendwie praktischen Wissenschaften) für idealistisch, so als verhielte sich angewandte Ethik zur Ökonomik und zur Realität der Ökonomie wie Rechtsphilosophie zur Jurisprudenz und zur Realität des Rechts.

(2) Ich finde Ulrichs allgemeine Behauptung unklar, „daß alle wirksamen Sachzwänge letztlich als Moment einer politisch von irgend jemand gewollten und durchgesetzten Wirtschafts- und Gesellschaftsordnung zu verstehen" und von uns „kritisch zu hinterfragen" sind, da Sachzwänge „institutionalisierte Normenzwänge sind."[15] Gewiß, ob waltende Sachzwänge von „irgend jemandem gewollt" sind, dies ist die – kaum je sinnlose – *cui bono* Frage: als die Frage, für wen bestimmte Lagen normativer Orientierungen gut sind, wem mit ihnen bestens gedient ist und wem nicht, wem sie erwünscht sind, wem nicht. Diese Frage kann mit Blick auf institutionelle Arrangements jeder Art immer gestellt werden – und sie muß auch immer gestellt werden, wenn ein bestimmtes institutionelles Arrangement (z.B. das *Multilaterale Abkommen über Investitionen, MAI*[16]) nach sozialmoralischen Standards oder nach Standards einer moralisch legitimierten Ideologiekritik beurteilt werden soll.

„Welchen normativen Rahmen braucht die angewandte Ethik?", in: M. KETTNER [Hrsg.]: *Angewandte Ethik als Politikum*, Frankfurt a.M. [Suhrkamp] 1999).

14 PETER ULRICH: „Integrative Wirtschaftsethik – eine Heuristik auch für die Technikethik?": in: H. LENK und M. MARING (Hrsg.): *Technikethik und Wirtschaftsethik*, Opladen (Leske & Budrich) 1998, S. 53-74, hier S. 56.

15 *IWE*, S. 147.

16 MARIA MIES und CLAUDIA VON WERLHOF: *Lizenz zum Plündern*, Hamburg (Rotbuch Verlag) 1998.

Aber von der *cui bono* Frage sind m.E. die folgenden zwei Fragen noch einmal abzuheben. Nennen wir sie die Ursprungsfrage und die Transformationsfrage. Mit der *Ursprungsfrage* wird gefragt, von was (von wem?) bestimmte Bedingungen bzw. Tatsachen, die als sachzwanghafte Gründe in der Orientierung des Handelns auftreten, ins Leben gerufen worden sind? Mit einer Analogie gesagt: Der religiöse Glaube ist nicht das Ergebnis einer Verschwörung der Priester, obschon mit dem religiösen Glauben den Priestern aufs beste gedient ist. Dito für die kapitalistische Marktwirtschaft und die Eigner produktiven Kapitals. Antworten auf die *cui bono* Frage und die Ursprungsfrage können vollkommen auseinanderfallen. Wichtiger als die Ursprungsfrage scheint deshalb die *Transformationsfrage:* Welche Akteurinstanzen können die Bedingungen bzw. Tatsachen, die als bestimmte ökonomische Sachzwangbehauptungen bzw. sachzwanghafte Gründe in der Orientierung des Handelns auftreten, umgestalten (angenommen man wollte das), so daß sich die sachzwanghafte Form dieser Gründe (oder zumindest die rationale Bewertung, die Gründe in dieser Form erfahren) verändern würde? Man könnte denken: diejenigen Akteure, denen mit den gegenwärtig herrschenden normativen Orientierungen des Wirtschaftshandelns am wenigsten gedient ist. Aber die relative Benachteiligung oder Beeinträchtigung spezifiziert nicht eo ipso die Instanzen einer möglicher Transformation der kapitalistischen Marktwirtschaft. Auf der anderen Seite ist es empirisch möglich, daß auch diejenigen Akteurinstanzen, die innerhalb der Kreisläufe ökonomischer Macht in der globalisierten kapitalistischen Marktwirtschaft vergleichsweise vorteilhaft und einflußstark positioniert sind (vor allem: transnationale Unternehmen, Großbanken und Fonds) *nicht* eo ipso auch die transformationsmächtigsten Instanzen der kapitalistischen Marktwirtschaft sind. Und dies nicht etwa deshalb nicht, weil sie von der Wirtschaftsordnung, wie sie ist, am meisten profitieren und daher an irgendwelchen Transformationen gar nicht interessiert wären. (Das wäre die zu einfache Antwort im Licht der *cui bono* Frage.) Sondern weil sie gerade wegen ihrer ökonomiekonform sehr guten Positionierung innerhalb der Sachzwänge aus der allseitigen Konkurrenz diesen in besonderem Maße unterliegen. Unter Umständen beherrschen ökonomisch starke Akteure nicht einmal diejenigen Transformationen, die nötig wären und deshalb aus ihrer Eigenperspektive erwünscht sein müßten, um lang- statt nur kurzfristig die eigene Position aufrechtzuerhalten.

Ulrichs Charakterisierung aller wirksamen Sachzwänge als Momente einer „politisch von irgend jemand gewollten und durchgesetzten Wirtschafts- und Gesellschaftsordnung“ scheint die Transformationsfrage an die Politik zu adressieren. Sind die transformationsmächtigen Akteurinstanzen in den Kreisläufen politischer (im Unterschied zu wirtschaftlicher) Macht zu suchen? Das scheint mir die eigentlich interessante Frage im Rahmen einer Wirtschaftsethik, die vor dem Begriff eines ökonomischen Sachzwangs nicht abdankt, sondern einen Spielraum der politischen Autonomie gegenüber dieser Art von Sachzwang voraussetzt. Sie liefe auf eine Analyse von Institutionen hinaus, die primär als Vermittlungsinstanzen politischer und wirtschaftlicher Autonomie funktionieren sollen (z.B. die Institution WTO). Einmal angenommen, dies sei die wirtschaftsethisch sehr interessante Frage, für die ich sie halte. Dann ist im kritischen Hinterfragen von Sachzwangbehauptungen die Erkenntnis, daß es sich um Normenzwänge handelt, der Anfang aller Weisheit – aber auch nur erst der Anfang. Womöglich können wir gewisse Sachzwangbehauptungen zwar „kritisch hinterfragen", aber *trotzdem* auf diese Weise nichts ändern – z.B. weil das, was beim kritischen Hinterfragen zutage kommt, ohnehin allseits bekannt und wahr ist. Von Herbert Marcuse wird erzählt, daß er gerne eine Trivialiät an die Tafel zu schreiben pflegte, deren Wahrheit kein kritischer Hinterfrager versucht sein sollte, scheinbar erst zu entdecken: „Wir leben im Kapitalismus!"

Obwohl alle wirtschaftsethisch interessanten Sachzwangbehauptungen Behauptungen über normativ strukturierte Aktivitäten, nicht über normfreie Naturprozesse sind, können sie wahr sein. Was solchen Behauptungen zu Wahrheitsbedingungen verhilft, ist die Möglichkeit einer autopoietischen, systemar gewordenen, sich selbst produzierenden und stabilisierenden Aktivität in den normativen Texturen eines Praxisbereichs. Diese Möglichkeit bezieht sich auf die Entstehung und Aufrechterhaltung eines systemaren (= in den einzelnen Operationen durch die Wechselwirkungen aller einzelnen Operationen vermittelten) Zusammenhangs von Akteuren, die sich in ihn existentiell verstricken und der ihnen darum in der Form von Sachzwängen begegnet. Wie autopoietisch (= kontinuierlich selbsterzeugend) eine solche Aktivität wirklich ist, und wie widerständig ihre Sachzwänge gegen Veränderungsabsichten wirklich sind, das zeigt sich erst dann, wenn versucht wird, sie *entgegen* ihren eigensinnigen Selbsttransformationen *wirklich* zu transformieren.[17]

---

17 THIELEMANN (siehe oben Anmerkung 3) fragt: „Wollen wir oder müssen wir uns dem Markt fügen?" (S. 336). Sinn gewinnt diese Frage aber einzig aus den Bewertungen der (vorgestellten oder realen) Konsequenzen von bestimmten Entscheidungen, sich *nicht* dem Markt zu fügen.

Im Fall der Ökonomie liegt der maßgebliche normative Hintergrund von (zu Recht oder zu Unrecht behaupteten) ökonomischen Sachzwängen offenbar in der Geschichte der Norm der Gewinnsteigerung ihrer kollateralen praktischen Folgen und der systemaren, mit der Interaktionsform des Wertetauschs in Märkten einhergehenden Tatsache, daß dieser Norm unter der Bedingung gegenseitiger Konkurrenz, unter globalisierten Bedingungen sogar: allseitiger Konkurrenz gefolgt wird. Dieser normative und geschichtliche Hintergrund hat eine Tiefe, nämlich eine kumulative, kollektive und institutionell strukturbildende Geschichte – nicht nur eine Wissenschaftsgeschichte des Sachzwang*denkens* in der Wirtschaftswissenschaft. Durch die kumulative, kollektive und institutionell strukturbildende Geschichte vermag eine Norm (wie die der Gewinnsteigerung) ein starkes, u.U. überragendes Gewicht zu gewinnen in den praktischen Überlegungen, in welche diese Geschichte als innerer Kontext mit eingeht, von Akteuren, die in dieser Geschichte auf bestimmte Weise (z.B. als mittelständische Unternehmer) situiert sind. Und dieses starke, u.U. überragende Gewicht in praktischen Überlegungen kann eine Norm mit kumulativer, kollektiver und institutionell strukturbildender Geschichte unbeschadet dessen gewinnen, daß es sich bei diesem Hintergrund um eine Geschichte *normativer* Texturen handelt, nicht um natürliche d.h. normfreie Verlaufsgesetzlichkeiten.

Diese Geschichte ist eine Geschichte von Praktiken und ihrer bestimmenden, in ihnen vorherrschenden normativen Texturen. Normative Texturen sind mehr oder minder *kohärente* (d.h. zusammenpassende), mehr oder minder *komponierte* (d.h. absichtsvoll zusammengepaßte) Mengen normativer Orientierungen; und sie sind *konkret* (d.h. zusammengewachsen): verzweigt, mit anderen normativen Texturen mehr oder minder stark sowie mehr oder minder offensichtlich zusammenhängend und kommunizierend.[18] Es wäre daher ein abstraktiver Fehlschluß, die Tatsache, daß wir von der „Geschichte des Gewinnprinzips“ sprechen und das Prinzip explizit angeben können, so zu verstehen, als verhielte sich die gemeinte komplexe Tatsache zu dem Prin-

---

wertungen der (vorgestellten oder realen) Konsequenzen von bestimmten Entscheidungen, sich *nicht* dem Markt zu fügen.

18 Diese Bemerkung ist Teil einer realistischen Normativitätstheorie. Sie ist der philosophischen Tradition des Pragmatismus zu entnehmen. Siehe den ersten Teil und die betreffenden Literaturangaben in MATTHIAS KETTNER: „Changing Normative Textures. How Discourse-Ethics Meets the Challenge of Historism“, in: P. KOSLOWSKI (Hrsg.): *Contemporary Economic Ethics and Business Ethics,* Berlin, Heidelberg, New York (Springer) 2000, S. 55-79.

zip wie eine Rechenregel zu den Fällen ihrer Anwendung. Mit dem Gewinnprinzip verschlingen sich geschichtlich viele weitere normative Orientierungs- und Motivationslagen; jede Phase einer „Geschichte des Gewinnprinzips" ist das überdeterminierte Produkt einer gesamtgesellschaftlichen, mit zunehmender Globalisierung ökonomischer und anderer Prozesse weltgesellschaftlichen Entwicklung, in dem sich so etwas wie ein „ökononomisches System" mit klaren System/Umwelt-Unterscheidungen erst allmählich ausdifferenziert.[19]

Für eine Theorie des Sachzwangs in der Ökonomie ist eine Thematisierung spezifisch des Gewinnprinzips daher zwar notwendig, aber zu eng, nicht hinreichend. Denn auch wenn sich Behauptungen ökonomischer Sachzwänge mit Vorliebe auf so etwas wie das Gewinnprinzip berufen, reduziert sich das, was im Ernst mit der Rede von ökonomischen Sachzwängen gemeint sein kann, nicht auf das, was im Ernst mit der Rede vom Gewinnprinzip gemeint sein kann. Das sogenannte Gewinnprinzip ist der summarische Titel für gewisse Bewertungsgründe,[20] die aus der *Eigenperspektive* wirtschaftender Unternehmungen solchen Unternehmungen ihren besonderen Sinn geben.[21] Eine Geschichte des Gewinnprinzips müßte im Rahmen einer Theorie ökonomischer Sachzwänge aber auch zur Sprache bringen, wie sich die Vor-, Aus- und Nebenwirkungen der Aktivitäten wirtschaftender Unternehmungen

---

19 Siehe die mehrdimensionale und geschichtlich argumentierende Globalsierungstheorie von DAVID HELD, ANTHONY MCGREW, DAVID GOLDBLATT und JONATHAN PERRATON: *Global Transformations. Politics, Economics and Culture*, London (Polity Press) 1999.

20 Bewertungsgründe nenne ich Gründe, die zur rationalen Bewertung von Gründen, mit denen Handlungsweisen und -entscheidungen gerechtfertigt werden, herangezogen werden; sie repräsentieren, was dem rationalen Bewerter, der sie so heranzieht, als wahr, richtig und wichtig zählt.

21 Dieser besondere Sinn erscheint unterschiedlich (z.B. „langfristig im Geschäft zu bleiben", „*shareholder value* zu steigern", oder auch „*stakeholder value* zu steigern"), wobei den unterschiedlichen Auslegungen nur gemeinsam ist, daß sie allesamt die Rationalisierung der Selbstbehauptungsansprüche von operativen Einheiten der Wirtschaft (vorspringend: von Betrieben) leisten müssen. Auch ein Unternehmen, das als seine *raison d'être* Bewertungsgründe utilitaristisch moralischen Zuschnitts angibt („unser Geschäft ist es, Menschen zu verbinden"), gibt ja mit solchen Gründen dem Anspruch des Unternehmens Sinn, *als Unternehmen* fortzufahren, d.h. seine Fortexistenz als operative Einheit der Wirtschaft zu sichern.

– eben jener kollektiven Aktivitäten, denen aus der Eigenperspektive wirtschaftender Unternehmungen mit Bewertungsgründen von der Art des Gewinnprinzips manifest Sinn gegeben wird –, im Licht von Bewertungsgründen aus (möglichst vielen und diversen) *anderen* Perspektiven von anderen Aktivitäten, Praktiken und Praxisbereichen ausnehmen, deren je besonderer (und manifest nicht-ökonomischer) Sinn jeweils auch eine (latente) ökonomische Komponente hat, eine Komponente also, durch die er von Aktivitäten mitbestimmt ist, denen mit Bewertungsgründen von der Art des Gewinnprinzips Sinn gegeben wird. Erst dann reichte die analytische Kraft einer Theorie ökonomischer Sachzwänge an den Bedeutungsgehalt von gängigen Äußerungen heran, die sich des Sachzwangjargons bedienen, um Zumutungen, die mit den Aktivitäten wirtschaftender Unternehmungen direkt zusammenhängen, entweder zu rechtfertigen („erhöhte Arbeitslosigkeit ist die unerwünschte, aber phasisch unvermeidbare Begleiterscheinung struktureller Anpassungen, die aber langfristig allen zugute kommen") oder zu problematisieren („in den öffentlichen Kassen vorhandenes Geld wird zur Unterstützung der Kapitalakkumulation verwendet, dafür wird Geld bei sozial Schwachen einkassiert").[22]

---

22 In einem Flugblatt mit dem Titel „Der einzige Sachzwang ist der Kapitalismus", das während der letzten landesweiten Studentenproteste (1997) an der Technischen Universität Darmstadt real und im Internet virtuell verteilt wurde, denkt ein *Arbeitskreis Denkverbote wegdenken (TU Darmstadt)* folgendermaßen über Sachzwänge nach: „Die Sachzwanglogik der „Konkurrenzfähigkeit der nationalen Standorte" wird für Interessenpolitik benutzt. Die Interessen Weniger werden zu den scheinbaren Interessen der Mehrheit. In den öffentlichen Kassen vorhandenes Geld wird zur Unterstützung der Kapitalakkumulation verwendet, dafür wird Geld bei sozial Schwachen einkassiert. Über die Erfüllung unserer Bedürfnisse entscheiden abstrakte Erfordernisse des Weltmarktes. (...) Fazit: Eine Veränderung wird nur möglich sein, wenn wir die *Sachzwänge grundlegend in Frage stellen.* Wir dürfen uns *nicht* durch Standortargumente *erpressen lassen:* Wettbewerbsfähigkeit ist *kein Selbstzweck.* Neben vielem anderen brauchen wir gerecht bezahlte Arbeit, ein menschliches Gesundheitswesen, eine sichere Altersversorgung und natürlich Bildung für alle. Wir brauchen eine Diskussion über das System, das nicht einmal solche grundlegenden Forderungen befriedigen kann. – Der Kapitalismus braucht einen Großteil der Menschen nicht. Braucht der Großteil der Menschen den Kapitalismus?" (Kursivierungen im Zitat von mir, M.K.). Behauptungen ökonomischer Sachzwänge werden hier, gewiß pauschal, ideologiekritisch expliziert (reduziert?) als im Namen eines Gemeinwohls verkappte, erpresserische Forderungen einer Minderheit an eine Mehrheit. Auch ist der Gedanke nicht verboten, womöglich brauche tatsächlich der Großteil der

IV. Was macht die diskursive Rolle von Sachzwangbehauptungen ideologisch?

Ulrich hat die diskursive Rolle, die Behauptungen, daß ökonomische Sachzwänge bestehen, in Kontexten der Problematisierung oder Begründung wirtschaftlich relevanter Entscheidungen spielen, als einen Abbruch der Reflexion charakterisiert. In der gezielten, bestimmten Interessen dienlichen Verknappung von Diskursivierungschancen ist wohl auch das eigentlich Ideologische des Sachzwangdenkens zu sehen. Ulrich interessiert sich in erster Linie für Äußerungen von der Art:

(A) „Der Wettbewerb zwingt mich/uns dazu, y zu tun"[23] oder „Als wirtschaftlich handelnder Mensch bin ich gezwungen, y zu tun".

Ulrich schreibt solchen Äußerungen einen bestimmten Sinneffekt zu: typischerweise werde mit ihnen ein „Reflexionsabbruch vor (vermeintlich) empirischen Bedingungen bzw. vor den hinter ihnen als gegeben gesetzten Interessen"[24] beabsichtigt. Um diese nicht ganz einfache Deutung besser zu verstehen, mache ich nun einen Explikationsvorschlag. Was jemand mit Äußerungen wie A eigentlich meint, läßt sich folgendermaßen fassen:

(A*) Weil es falsch wäre, die Bedingungen der Aufrechterhaltung des vorherrschenden Wirtschaftssystems zu verletzen, ist es richtig, y zu tun; denn zu jenen Bedingungen gehört auch, y zu tun.

Oder wenn man die Rede vom Wirtschafts*system* durch die m.E. sachlich triftigere Rede von den normativen Texturen von Praktiken[25] ersetzt:

Menschen den Kapitalismus (wenn auch nicht in seiner schlechtesten Form, und wenn auch „nur" darum, weil niemand es hat verhindern können, daß kapitalistische Wirtschaftsformen ubiqitär geworden sind). Das Textende legt aber die interessante Reflexion nahe, über die *gesamte* kapitalistische Ökonomie einmal mit Hilfe der Analogie einer ihrer illegitimen *Teil*ökonomien nachzudenken, nämlich der Drogenwirtschaft.

23 Vgl. *IWE*, S. 150.

24 *IWE*, S. 151.

25 Diese Begrifflichkeit wird erläutert in: MATTHIAS KETTNER: „Neue Perspektiven der Diskursethik", in: A. GRUNWALD und C. F. GETHMANN (Hrsg.): *Ethik technischen Handelns. Praktische Relevanz und Legitimation,* Heidelberg (Springer) 1999.

(A**) Weil es falsch wäre, die im Wirtschaftshandeln bei uns vorherrschenden normativen Texturen nicht zu bekräftigen, ist es richtig, y zu tun; denn y zu tun bekräftigt diese Texturen.

Doch offensichtlich ist noch mehr und weiteres mitgemeint, wo uns jemand erklärt (oder mit Bezug auf einen Aktor, auch einen kollektiven, etwa die Bundesbank oder die Regierung, erklärt), der Standortwettbewerb zwinge dazu, y zu tun, z.B. die Filiale zu schließen, den Braunkohletagebau doch nicht zu genehmigen, oder den Leitzinssatz zu erhöhen. Mitgemeint ist nämlich gewiß noch,

(B) daß die Bekräftigung ausgezeichneter normativer Texturen (hier: der im Wirtschaftshandeln bei uns vorherrschenden) ein guter Grund ist, aus dem es richtig ist, in der praktischen Überlegung (ob y zu tun das rechte sei?) etwaige andersartige Gründe nicht zum Zuge kommen zu lassen, egal wie relevant sie andernfalls (= wenn es dabei nicht um die Bekräftigung jener ausgezeichneten normativen Texturen ginge) auch erscheinen möchten für die Überlegung (ob y zu tun das rechte sei?).

Wer überzeugt ist, daß aus Gründen der von Stakeholdern geforderten Performancesteigerung des Gesamtunternehmens die Filiale geschlossen gehört, wird gegenüber sozialethischen Gründen, die gegen die Erzeugung von Arbeitslosigkeit sprechen, verschlossen bleiben, egal wie überzeugend diese in einem anderen Zusammenhang auch sein mögen. – In der Formulierung A** ist noch eine Voraussetzung offengeblieben. Die Unterstellung, sie sei erfüllt, gehört ebenfalls zu dem, was jemand, der A äußert, typischerweise eigentlich meint, nämlich,

(C) daß es bestimmte Gründe *gibt*, aus denen es falsch wäre, gewisse ausgezeichnete normative Texturen (hier: die im Wirtschaftshandeln bei uns vorherrschenden) nicht bekräftigen zu wollen; und daß diese Gründe *zweifellos gute* Gründe sind, so daß ihre Problematisierung nicht sinnvoll und auch nicht nötig ist.

Was Ulrich als „Reflexionsabbruch“ diagnostiziert, liegt wohl in B oder C oder in beiden zusammen.[26] Denn wer die mit A** & B & C explizierte Bedeutung von A schluckt, will einiges nicht genauer wissen: erstens, ob y zu tun die spezifischen vorherrschenden normativen Texturen auch wirklich wie

---

26 Mit C habe ich meine eigene Explikation dessen gegeben, was Ulrich, Katterle zitierend, kurz und prägnant als den „Dogmatismus des Vorgegebenen“ bezeichnet hat, vgl. *IWE*, S. 151.

angenommen bekräftigt; zweitens, ob die Bekräftigung der spezifischen vorherrschenden normativen Texturen die Berücksichtigung andersartiger Gründe (Gesichtspunkte) auch wirklich wie angenommen ausschließt; drittens, ob die Gründe, aus denen eine Schwächung der spezifischen vorherrschenden normativen Texturen für falsch gehalten wird, auch wirklich wie angenommen über jeden Zweifel erhaben („zweifellos gut") sind. In jeder der gerade genannten Unbestimmtheiten, die zu übertünchen den rhetorischen Erfolg einer Sachzwangbehauptung ausmacht, ist Irrtum möglich. Besonders beliebt und irrtumsanfällig ist erfahrungsgemäß die Annahme, etwas bestimmtes (y) gehöre zuinnerst zur Bekräftigung gewisser normativer Texturen, sei geradezu mitkonstitutiv für dieselben. Wenn auf die Bekräftigung dieser Texturen tatsächlich allgemein sehr viel Wert gelegt wird, dann wird etwas dadurch, daß erklärt wird, es gehöre notwendig dazu, gleichsam geadelt und der Kontingenz, ob es überhaupt sein muß, entrückt.[27]

Ulrich nennt den soeben explizierten Gedanken – A & B & C – die Position des „ökonomischen Determinismus". Diese Position, das Sachzwangdenken in der Ökonomik, besagt zwar nicht, daß Wirtschaftsethik unmöglich oder unerwünscht ist. Sie besagt aber, daß moralisch-normative Urteile wirtschaftsethischer Art dort ihr Recht verlieren sollen, wo das Sachzwangdenken im Recht ist, und nur dort ein Recht haben dürfen, wo der ökonomische Sachzwanggedanke sein Recht verliert oder nicht haben soll. Die Position gibt aber nicht an, unter welchen Bedingungen ökonomisches Sachzwangdenken sein Recht verlieren könnte oder sollte. Insofern ist diese Position immerhin noch moralisierbar. Strukturell amoralisch wird sie aber dort, wo sie sich dazu versteigt, das Recht des ökonomischen Sachzwangdenkens absolut (= unter allen Bedingungen gültig) zu setzen.

V. Sachzwang und Anreizkompatibilität

Läßt sich eine Tendenz zur Verabsolutierung des ökonomischen Sachzwangdenkens belegen? An Beispielen, die aus der politischen Öffentlichkeit

27 Zum Beispiel: Wenn der Standortwettbewerb zur globalisierten Marktwirtschaft gehört, und die Verkürzung der Studienzeiten von 10 auf 6 Semester im Standortwettbewerb wichtig ist, dann muß die Regelstudienzeit eben auf 6 Semester eingestellt werden.

genommen werden können, mangelt es nicht (s.u. Abschnitt VI). Als ein exquisit theorieinternes Beispiel für die Tendenz zur Verabsolutierung ökonomischen Sachzwangdenkens betrachte ich Karl Homanns ökonomische Deutung eines der Grundprinzipien praktischer Rationalität. Homann deutet das Prinzip, daß Sollen Können voraussetzt (bzw. *ultra posse nemo obligatur*) dahingehend, daß Moralnormen „anreizkompatibel" sein *müssen*. Diese Deutung läßt zwei Lesarten zu. Nur die zweite verabsolutiert ökonomisches Sachzwangdenken. Diese zweite Lesart trifft m.E. besser als die erste den von Homann wirklich gemeinten Sinn des ökonomisch gedeuteten Prinzips.

Homanns Deutung kann besagen – erste Lesart –, daß innerhalb von Aktivitäten, die normalerweise ökonomisch durchstrukturiert sind (weil sie direkter Ausdruck von Operationen des Wirtschaftssystems sind, das normalerweise ökonomisch durchstrukturiert ist oder jedenfalls theoretisch so gesehen wird) nur diejenigen moralischen Orientierungen zu normalerweise beachteten normativen Orientierungen werden können, die nicht widerwirtschaftlich sind, während widerwirtschaftliche nach und nach ausselegiert werden.

In dieser Lesart ist Anreizkompatibilität als Filtereigenschaft für die systemeigenen Operationen eines Systems (im Sinne der Luhmannschen Systemtheorie) gedacht. Der systemische Eigensinn drückt sich in Form dieser Filtereigenschaft wie ein Sachzwang insofern aus, als jedes sachliche Interesse daran, etwas Bestimmtes in die Systemoperationen einbauen oder die Programmierung des Systemcodes modifizieren zu wollen, dazu *gezwungen* ist, dieser Filtereigenschaft auf intelligente Weise Rechnung zu tragen. Mißachtung dieses Sachzwangs – eigentlich: des Zwangs, der spezifischen Sachlichkeit des betreffenden Systemzusammenhangs Rechnung zu tragen – führt zur Frustration entsprechender Interessen bzw. zu garantiert erfolglosem und somit irrationalem Handeln.

Das infragestehende System ist im Licht dieser ersten Lesart aber keineswegs normativ ausgezeichnet. Die erste Lesart setzt einfach nur voraus, daß das fragliche System als solches und normalerweise keiner radikalen Kritik im Zeichen einer ernstzunehmenden normativen Instanz (z.B. Moral oder Rationalität) ausgesetzt ist. Zöge es aber solche Kritik auf sich, so präjudiziert die Lesart jedenfalls nichts Parteiliches darüber, wie die Kritik aufzunehmen sei. Insofern ist die erste Lesart von Sachzwang als Anreizkompatibilität moralisch noch neutral.

In einer zweiten Lesart kann man Homanns Deutung in den Kontext praktischen Überlegens und diskursiver Argumentation rücken. Die Deutung impliziert in diesem Kontext, daß Bewertungsgründe moralischer Rationalität *grundsätzlich* geringer gewichtet werden *sollten* als Bewertungsgründe ökonomischer Rationalität immer dann, wenn beide Rationalitätsdispositive divergieren und auch im fraglichen Problembezug einen Widerstreit von Bewertungsgründen erzeugen, wegen dem das Argumentationsergebnis differieren kann. Die ökonomische Betrachtungsweise führt also einen eigenen Bewertungsgrund in die Überlegung ein, der einen *Widerstreit* im rationalen Bewerten von Rechtfertigungsgründen in eine *Hierarchie* umwandelt, in der die Bewertungsgründe ökonomischer Rationalität dann den Vorrang haben.[28]

Nicht an dem zusätzlichen ökonomischen Bewertungsgrund, wohl aber am Anspruch seiner Grundsätzlichkeit kann man moraltheoretisch Anstoß nehmen. Denn der Anspruch, daß Moralnormen *grundsätzlich* anreizkompatibel sein müssen, will sagen, daß es *unvernünftig sein muß* (d.h. nicht vernünftig als vernünftig gerechtfertigt werden kann), wenn sich eine Instanz für die Beachtung einer Moralnorm N starkmachen wollte, deren Beachtung unter dem status quo nicht anreizkompatibel ist. Wenn Anreizkompatibilität vom status quo (= den im Wirtschaftshandeln bei uns vorherrschenden normativen Texturen) abhängig gemacht wird, dann wird der status quo, ein Relatives, historisch Jeweiliges, zum absoluten Maß des Vernünftigen gemacht. Diese normative Auszeichnung des status quo zu billigen scheint aber nicht wirklich vernünftig.

Für dieses negative Urteil (über die Auszeichnung des status quo als Maß des Vernünftigen) muß man nicht einmal auf emphatische Vernunftbegriffe der Tradition oder auf die posthegelsche Kritik an Hegels rationaler Deutung der geschichtlichen Gegenwart zurückgreifen (die ihrerseits dann flugs als „alteuropäisch" relativiert werden können). Es genügt schon der zeitphänomenologische Hinweis, daß im marktwirtschaftlichen Handeln starke Anreize immer auch aus der Zukunft kommen: was im Kapitalismus als status quo gilt, enthält allemal einen utopischen Zug, einen Zukunftsentwurf, und ist daher alles andere als statisch. Daher wäre es schon nach dem eigenen Maß ökonomischer Gesichtspunkte bloß suboptimal rational, über der Anreizkom-

---

28 Das Verhältnis von Bewertungsgründen im rationalen Bewerten kann eines der unbestimmten Verschiedenheit sein oder des bestimmten Unterschieds oder der Gegensätzlichkeit oder des Widerstreits. Zur Unterscheidung von Bewertungsgründen und Rechtfertigungsgründen siehe MATTHIAS KETTNER: „Gute Gründe. Thesen zur diskursiven Vernunft", in: K.-O. APEL und M. KETTNER (Hrsg.): *Die eine Vernunft und die vielen Rationalitäten,* Frankfurt a.M. (Suhrkamp) 1996, S. 424-464, sowie die Einleitung (S. 1-28) in: GARRETT CULLITY und BERYS GAUT (Hrsg.): *Ethics and Practical Reason,* Oxford (Clarendon Press) 1997.

patibilität, wie sie heute bestimmt ist, zu vergessen, wie sie morgen und in Zukunft wohl bestimmt sein möchte, oder anzunehmen, alles bleibe auch in Zukunft so, wie es heute ist.

VI. Sachzwangmuster aus öffentlichen Debatten

Will man die Diskussion von Sachzwang als einer kritischen Kategorie der Wirtschaftsethik von dem engen Bezug auf die Norm der Gewinnmaximierung lösen und thematisch erweitern, dann liegt es nahe, Beispiele für möglichst verschiedenartige Verwendungen dieser Kategorie im außerwissenschaftlichen Kontext zu sammeln. Der Sachzwangdiskurs[29] ist kein primär wissenschaftsinterner. Ich stelle im Rest dieses Abschnitts einige Beispiele vor, die Medienbeiträgen zu öffentlichen Debatten entnommen sind. In einem zweiten Schritt (den ich hier allerdings nicht mehr darstellen kann) kann ein Sample von Sachzwangbehauptungen und Behauptungen über Sachzwangbehauptungen systematischer untersucht werden mit dem Ziel, die diskursiven Muster im Sachzwangdiskurs vollständig zu beschreiben und ihre Rationalitätspotentiale zu beurteilen.

Beispiel 1: In einem kritischen Kommentar zur Abschiebung von armenischen Flüchtlingen in Niedersachen wird die Rechtfertigung einer Amtsperson dafür, auch im Fall der Erkrankung von Mitgliedern einer abzuschiebenden Familie keinen Grund für Aufschiebung der Maßnahme anzuerkennen, so wiedergegeben: „Die Vertreterin des Ausländeramtes signalisierte (...) Sachzwang: die Rückflugticktes seien gebucht, man könne diese nicht

29 ‚Diskurs' hier in einem weiteren Sinn als dem einer diskursiven Argumentation, vgl. den Begriff eines symbolischen Diskurses bei JOHN S. DRYZEK: *The Politics of the Earth. Environmental Discourses*, Oxford (Oxford University Press) 1997, S. 8: "A particular symbolic discourse is a shared way of apprehending certain arenas, sites or regions of reality that emerge as deeply interesting, i.e. as attracting socially significant awareness and concern. For those who develop and subscribe to a particular symbolic discourse that discourse enables them to frame within a common vocabulary recognizably coherent narratives, accounts, explanations (or other determinate forms of making sense) of the particular arena, site or region of their world which their symbolic discourse discloses. Any symbolic discourse rests on assumptions, judgments, and contentions that provide the basic terms for analysis, debates, agreement, and disagreements."

verfallen lassen."[30] Mit Sachzwang ist hier kein systemischer Sachzwang, sondern ein besonderer Umstand einer mittel-zweckrationalen Teilhandlung (Rückflug) innerhalb einer politisch legitimierten Handlung (Abschiebung nach Aufhebung des Abschiebungsstops für armenische Flüchtlinge). Der besondere Umstand ist, daß der Ausfall der schon begonnenen Teilhandlung teuer wäre, und deshalb weder die Teilhandlung abgebrochen noch der Oberzweck, zu dem die Teilhandlung beiträgt, verändert werden sollte. Die Sachzwangrhetorik drückt die Überzeugung aus, daß der Ausfall der schon begonnenen Teilhandlung so teuer wäre, daß weder die Teilhandlung abgebrochen noch der Oberzweck verändert werden darf. Daß diese Überzeugung (von der Imperativität der Unkostenvermeidung) nicht kritisierbar sei, wird freilich nicht behauptet.

Beispiel 2: Das nächste Beispiel führt vor, wie diese Überzeugung strategisch rationalisiert wird, um innerhalb einer politischer Planung gegen bestimmte absehbare Gründe für einen Dissens über ein bestimmtes festgelegtes Planungsziel Gegengründe zu schaffen. Das Beispiel zeigt die Versklavung eines eigentlich mittel-zweckrationalen Handlungsplans durch eine Teilhandlung, die so positioniert ist (oder wird), daß ihre Negation unzumutbar ist:

Zu einem langezeit geheimgehaltenen Gutachten zum Verkehrswegeplan des Bundesverkehrsministeriums, das belegt, daß geplante Staustufen in Saale und Elbe unwirtschaftlich sind, merkt Ernst Dörfler kritisch folgendes an:

> Weil also Staustufen in der Elbe ein Milliardengrab darstellen, soll jetzt erst einmal an der Saale eine Staustufe bei Klein Rosenburg gebaut werden. Diese kostet voraussichtlich „nur" rund 200 Millionen Mark. Ist diese Staustufe dann einmal gebaut, können Schiffe mit 2,50 Meter Tiefgang die Saale hoch und runter fahren. Doch wozu? Bis Magdeburg kommen die vollbeladenen Euro-Kähne nur an rund 100 Tagen im Jahr. In der übrigen Zeit fehlt den Großschiffen in der Elbe das nötige Wasser unter dem Kiel. Da es unwirtschaftlich ist, ein Euroschiff nur an 100 Tagen im Jahr auszulasten, wird der Ruf nach weiteren Staustufen in der Elbe nicht ausbleiben. Der Saale-Ausbau würde dann als „objektiver Sachzwang" angeführt – schließlich sollen die 200 Millionen Mark ja nicht umsonst verbaut worden sein. Dann spätestens wäre die Elbe fällig. Die Industrie-und Handelskammer Halle-Dessau forderte den

30 REINHARD KAHL: „Abschiebung um jeden Preis", *Tageszeitung*, Nr. 4302 (30. April 1994), S. 19.

Ausbau der Elbe zwischen Saalemündung und Magdeburg bereits im Juli 1992.[31]

Beispiel 3: Von Professor Jost Krippendorf stammt die folgende Beschreibung eines Sachzwangmusters.[32] Er hat dafür den Namen „Engpassüberwindungsautomatismus" vorgeschlagen, die Musterbildung als einen „fortwährend selbst verstärkenden Wachstumskreisel" charakterisiert und als einen „Teufelskreis des quantitativen Wachstums" bewertet:

> Am Anfang steht vielleicht ein behauptetes Bedürfnis der Nachfrage nach mehr Leistung und Komfort auf dem Belpmoos [– einem Flugplatz bei Bern –], daraus wird abgeleitet, dass die Flugpiste zu kurz ist und die Flughafengebäude und Abfertigungsanlage veraltet und zu klein sind und dringend saniert werden müssen (die Forderung nach einer Verlängerung der behaupteten zu kurzen Piste wird vorerst abgelehnt), die entsprechenden Anlagen werden erweitert und, in weiser Voraussicht, wird eine genügende Reserve eingebaut – zur besseren Auslastung der Anlagen und der Fluggeräte werden nun verkaufsfördernde Massnahmen ergriffen, der Flughafen wird professionell vermarktet – der Flughafendirektor kann es als Erfolg verbuchen: Die Nachfrage nimmt zu, dynamische junge Fluggesellschaften zeigen sich immer interessierter mit dem Flughafen Belpmoos zusammenzuarbeiten – sie orten gestiegene Bedürfnisse und stellen Gesuche, weitere Destinationen anfliegen zu können um ihr Angebot abzurunden – sie erhalten die Bewilligung und verstärken ihr Marketing – es erfolgt ein neuer Entwicklungsschub. (...) Der nächste Engpass und sogenannter Sachzwang wird auch schon aufs Tapet gebracht: Nun ist die Flugpiste endgültig zu kurz! Wenn Bern den Anschluss an Europa nicht verlieren will, muss die Flugpiste nach europäischen Normen ausgebaut sein, das heisst muss verlängert werden usw. usw. So etwa verlief die Entwicklung des Belpmoos vom Flugplatz zum Flughafen und so wird sie weiter verlaufen, wenn wir nichts ändern. Allen anderslautenden Beteuerungen zum Trotz ist weiteres Wachstum des Flugverkehrs auf dem Belpmoos vorprogrammiert. Wie gezeigt, spielt es sich Schritt für Schritt, von einem sogenannten „Sachzwang" zum andern, gewissermassen automatisch ab. Die Prognosen über die weitere Entwicklung des Flughafens in Europa (Verdoppelung bis Verdreifachung in den nächsten 20 Jahren) werden diesen Prozess weiter begünstigen. – Am Schluss wird niemand, ausser vielleicht einigen wenigen unbelehrbaren Hardlinern, diese Entwicklung so gewollt haben. Aber wir werden das Rad

---

31 Ernst Dörfler: „Milliardengrab an Saale und Elbe", *Tageszeitung*, Nr. 3955 (10. März 1993), S. 7.

32 Fundstelle war die *Neue Zürcher Zeitung*, die genaue Angabe ist mir nicht mehr möglich.

> nicht mehr zurückdrehen können. Ein weiteres wichtiges Stück Lebensqualität in Bern und seiner Umgebung wird irreversibel beeinträchtigt sein.

Sachzwang heißt in Beispiel 3, daß eine Sequenz von Handlungsschritten, deren positive Rückkopplungsschleife man nicht sehen will oder nicht sehen kann, zwangsläufig (= quasi unweigerlich) zu einem negativen (= so nicht gewollten und gewünschten) Endergebnis führt.

Beispiel 4: Unter dem Motto: „Aus der Zuschauerdemokratie heraustreten! Mut für eine andere Politik!" appellierten im Januar Erfurter GewerkschafterInnen, Intellektuelle, Theologinnen und Theologen und Politikerinnen an die Bürgerinnen und Bürger der Bundesrepublik Deutschland. In diesem *Erfurter Appell* wurde u.a. proklamiert:

> Wir brauchen eine außerparlamentarische Bewegung. Eine Bewegung, die deutlich macht: Soziale Gerechtigkeit und Verantwortung für die Bewahrung der natürlichen Lebensgrundlagen sind keine Utopien. Aber sie müssen gewollt und erkämpft werden und zwar gegen die regierende Politik, die uns vorgaukelt, es gäbe keine Alternativen, weil überall der „Sachzwang" herrsche.

Sachzwang benennt im Beispiel 4 einen Grund zur Entmutigung von moralisierten Politikzielen. Die Absicht des Appells ist es, die Bewertung dieses Grundes zu korrigieren: Der Grund wird als vorgeschoben dargestellt.

Beispiel 5: Adolf Muschg beschreibt die praktischen Überlegungen chinesischer Stadtplaner. Ein Konflikt zwischen zwei unterschiedlich moralisch relevanten Zwecksetzungen (Konservierung von Biotopen; Befriedigung von Wohnraumbedarf) tritt durch die Teilhandlungen, deren Negation jeweils mittel-zweck-irrational wäre, ein:

> Gespräche mit dem örtlichen Planungsbevollmächtigten, dem wir unsere Sorge um chinesische Lebensqualität nahezubringen suchen: sie sei durch nackten Lebensstandard niemals zu ersetzen. Das westliche Anliegen wird „sehr interessant" gefunden, der äußerste Ausdruck von Ablehnung, den die chinesische Höflichkeit gestattet. Darauf die Versicherung, man werde „da und dort" ein altes Haus stehen lassen, zu Museums- und Demonstrationszwecken: so arm hat man damals gelebt. Es hilft nicht, gegen etwas, was man bei uns als reine Umweltzerstörung betrachtet, Gesichtspunkte des Heimatschutzes anzurufen; nicht nur, weil wir hier nicht zu Hause sind. Die Gegenrechnung ist einfach und auch durch den Hinweis auf Fremdenverkehrsinteressen nicht zu erschüttern. Selbst wenn sich der Geburtenüberschuß im Rahmen der strengen staatlichen Familienplanung halten sollte, verbietet sich eine idyllische Ausnützung des Bodens, wie eine alte Stadt sie darstellt. Wenn die Stadtbewohner hier

> morgen noch essen wollen, *müssen* sie nicht auf zwei, sondern auf vier Stockwerken wohnen, das heißt: in den neuen Blocks. Für Touristen mag das einfach schrecklich sein; für Chinesen ist es schrecklich einfach.[33]

Sehr interessant ist auch ein Muster von Behauptungen, das man „hoffnungsträchtige Sachzwänge" nennen kann. Dieses Muster kommt im Ökologiediskurs oft vor: ökosystemare Zusammenhänge, an deren Beschaffenheit wir nichts ändern können, zwingen uns, weil ihnen anders nicht begegnet werden kann, zu bestimmten moralisch erwünschten, aber normalerweise unwahrscheinlichen Reaktionen (z.B. zu globaler Zusammenarbeit).

VII. Schluß

Manager müssen bedingt durch ihr Selbstverständnis in Richtung des Eröffnens von Entscheidungsmöglichkeiten denken. Die Kategorie Sachzwang hingegen engt den Spielraum, in dem ein Ermessen, Abwägen oder Entscheiden rational genannt werden kann, tendenziell ein. Daher erklärt sich wohl die Tatsache, daß die diskursive Rolle, in der Sachzwangbehauptungen vorwiegend vorkommen, die der Rechtfertigung sozusagen nach außen ist: Geschlossen oder eingeengt wird hier der rationale Raum von Bewertungsgründen, welche die Kritiker eines Handlungsplans, den die Befürworter aus bestimmten Gründen für gerechtfertigt halten, aufbieten können. Daß die Planer, Entscheider und Manager selber sich allzusehr unter Sachzwängen sehen, wird man zumindest im Bereich wirtschaftlichen Handelns, wo an freie Märkte und kreatives Entscheiden geglaubt wird, jedenfalls im Management nicht annehmen. Vermutlich herrscht hier eher eine Tendenz zur Verdrängung von Sachzwängen bei gleichzeitiger Pflege von Sachzwangrhetorik in der Public Relations Abteilung. Eine wirklich kreative Denkweise im rationalen Management hätte aber jedes Entscheidungsproblem von beiden Seiten anzusehen, im Bewußtsein dessen, daß nur unter bestimmten Bedingungen das, was als Sachzwang imponiert, so zwingend ist, daß keine rationale alternative Option möglich ist. Gegen die Tendenz, Sachzwänge nicht wahrhaben zu wollen, weil jede einzelne Entscheidungssituation für

---

33 ADOLF MUSCHG: *Empörung durch Landschaften*, Frankfurt a.M. (Suhrkamp) 1988, S. 12f.

sich genommen frei erscheint, können Sachzwänge in Managemententscheidungen constraint-analytisch entdeckt werden, indem man nach Redundanzen von Restriktionen sucht, die über Sequenzen von Entscheidungen hinweg robust sind; Sachzwänge erscheinen dann als Optionen ohne Substitutionsmöglichkeit im fortgesetzten Entscheiden, als eine systematische Selektivität von Optionen ohne Substitutionsmöglichkeit.

Die kleine Theorie des Sachzwangs, die sich hier vorläufig und gewiß unvollständig ergeben hat, zeigt drei grundsätzlich verschiedene Modellierungen für Behauptungen, daß wir nach Lage der Dinge genötigt sind, uns so und so zu verhalten. Im *deterministischen Modell* wird Sachzwang als eine analogische Ausdehnung normfreier Verlaufs- oder Zustandsgesetze verstanden. Dieser naturalistische Sachzwangbegriff ist vergleichsweise uninteressant (vgl. Abschnitt III), obschon eine Variante dieses Modells in Argumenten, die die Hoffnung auf die Moralisierung holistischer (z.B. ökologischer) Problemherausforderungen ausdrücken, eine Rolle spielen kann. Das zweite Modell könnte man etwas karikierend als *Modell der superguten Gründe* (oder je nach dem: Modell der superschlechten Gründe) bezeichnen. Dieses Modell liegt den meisten Sachzwangbehauptungen zugrunde, deren diskursive Rolle die Abwehr von Kritik ist. Ob diese Abwehr ideologisch erklärt werden kann, also latente Gründe hat (Abschnitt IV), oder auf anderen, womöglich auch bei offener Betrachtung sehr guten Gründen beruht, ist eine zweite und für das Modell selber nicht wesentliche Frage (Abschnitt VI). Daß eine anankastische Notwendigkeit auftritt, hat in Behauptungen nach diesem Modell immer den Grund, daß eine bestimmte Überlegung, ein bestimmter Gesichtspunkt, kurz: ein bestimmter Grund in einer praktischen Überlegung, in der verschiedenartige Gründe für relevant gehalten und miteinander abgeglichen werden könnten, als ein Trumpf behandelt wird. Daß jeweils ein bestimmter Gesichtspunkt rational ausgezeichnet wird (z.B. die Anreizkompatibilität, Abschnitt V), ist nicht automatisch unangemessen, sondern könnte sich in einer offenlegenden Betrachtung sogar als relativ berechtigt erweisen. Zum Modell gehört aber, daß entsprechende Behauptungen die jeweilige Auszeichnung selber gegen das Risiko von Dissens abpuffern. Das dritte, und wie ich finde (Abschnitt III) realistischste Sachzwangmodell könnte man als *(Fehl-)Habitualisierungsmodell* bezeichnen. Eine gewisse Analogie für normative Texturen von Praxisbereichen, die sich systemisch stabilisieren oder auf andere Art geschichtlich so prägend und ausufernd geworden sind, daß ihre Veränderung die vielfältigsten Gegengründe mobilisieren würde, sind individualpsychologische Zwangs- und Abhängigkeitsstörungen. Diese Analogie verdeckt freilich, daß Habitualisierungen nicht per se Fehlhabitualisierungen (= Habitualisierungen mit Einbuße an rationalen oder moralischen, oder für Rationalität oder Moral relevanten Kompetenzen) sind. Unter bestimmten Bedingungen und mit Bezug auf bestimmte Zielfunktionen können Habitualisierungen, selbst rigide, die rationale oder moralische Orientierung gewisser Verhaltensweisen allererst möglich machen. Sachzwänge können gewollt und erwünscht sein, z.B. als intelligente Stratageme, strategisch gewollte Zwänge, Extremformen der Selbstbindung. Da strategisches Handeln nicht unter allen Bedingungen moralisch verboten ist (jedenfalls nicht unter diskursethischen Prämissen) ist es *möglich*, daß ein Sachzwang nicht nur gewollt und erwünscht, sondern auch moralisch einwandfrei gewollt und gewünscht ist. Eine Theorie des Sachzwangs, die es vermeiden kann, in ihren Grundbegriff bereits die normativen Prämissen einzubauen, daß Sachzwänge immer rationalitätsmindernd oder moralisch beanstandenswert sind, hat mehr Auflösekraft als eine Theorie, in der Sachzwang von vornherein zum Gegensatz von Rationalität oder Moral oder beidem gemacht wird.

Und so kann endlich das Schema einer Frage angegeben werden, die die Sachzwangproblematik auf ein Problem der Universalisierung moralischer Urteile engführt: Ein Akteur (A1) sei moralisch und ein Wirtschaftssubjekt, ein anderer Akteur (A2) sei moralisch und kein Wirtschaftssubjekt. Kann es nun sein, daß A1 und A2 qua Moral ein bestimmtes Verhalten y als moralisch richtig (schätzenswert, erlaubt, geboten) beurteilen, daß y aber für A1 unzumutbar, für A2 zumutbar ist, und zwar für A1 unzumutbar in dem Sinne, daß A1 sich A2 gegenüber zu Recht auf Sachzwänge spezifisch von Wirtschaftssubjekten beruft, die selber moralisch relevant sind, so daß A1 wie A2 mit Bezug auf diese Sachzwänge nicht wollen können, daß A1 sie auszuhebeln oder zu ignorieren versucht? Die Untersuchung dieser Frage führt aus einer Theorie von Sachzwängen und Sachzwangbehauptungen heraus in eine (diskursethische) Theorie der Diskursivierung von Sachzwängen.

8. Kapitel

Wirtschaftsethik als Anstrengung zur Überwindung von Philosophievergessenheit

ULRICH THIELEMANN

Einleitung
I. Die Einsicht in den moral point of view aus philosophischer Reflexion
II. Die Philosophievergessenheit angewandter (Wirtschafts-)Ethik
III. Die Philosophievergessenheit funktionalistischer Wirtschaftsethik
IV. Das Programm integrativer Wirtschaftsethik

Einleitung

Philosophievergessenheit – man könnte auch von Reflexionsvergessenheit reden – ist gewiß ein unüblicher Begriff. Ich habe ihn in Hinblick auf das Tagungsthema, „Wirtschaftsethik - Wo ist die Philosophie?", gewählt und knüpfe mit ihm an den Apelschen Begriff der „Logosvergessenheit" an, den dieser gegen den Historismus-Relativismus der hermeneutischen Wende, wie sie insbesondere von Heidegger und Gadamer repräsentiert wird, in Stellung bringt.[1]

Was den gegenwärtigen Zustand der Wirtschaftsethik anbelangt, so ist Historismus-Relativismus gewiß nicht das Problem. Es ist weniger eine verfehlte philosophisch-ethische Position, um die man mit genuin ethischen Argumenten stritte, die zu beklagen wäre; vielmehr scheinen mir große Teile der gegenwärtigen Wirtschaftsethik das Niveau philosophischer Reflexion,

1 K.-O. APEL: *Diskurs und Verantwortung. Das Problem des Übergangs zur postkonventionellen Moral*, Frankfurt a.M. (Suhrkamp) 1988, S. 48 u. 90.

die uns der ethischen Vernunft teilhaftig werden läßt, von vornherein zu verfehlen. Meines Erachtens wäre jedoch genau dies Aufgabe der Wirtschaftsethik: die Wirtschaft und das Wirtschaften *selbst* ethisch zu reflektieren, und nicht: vorgängig bestimmte Normen auf die Wirtschaft ‚anzuwenden' oder gar die ökonomische Erfolgs- und Durchsetzungsrationalität für die ethische Vernunft auszugeben. Es sind diese beiden Positionen, die die gegenwärtige wirtschaftsethische Landschaft nahezu ausschließlich – in mehr oder minder reiner Form – bestimmen. Ich möchte demgegenüber im folgenden den spezifischen Charakter der philosophischen Reflexion und ihren Zusammenhang zur ethischen Vernunft zu erhellen versuchen, d.h. zeigen, wie aus ihr die sichere Grundlage des moral point of view gewonnen werden kann (I). Darauf aufbauend möchte ich für die Wirtschaftsethik die beiden idealtypischen Formen der Verfehlung oder gar Verletzung des damit gewonnenen moral point of view in ihren Grundzügen herausarbeiten. Diese sehe ich in der angewandten Wirtschaftsethik einerseits (II) in der funktionalistischen Wirtschaftsethik bzw. im reinen Ökonomismus andererseits (III). Das Programm integrativer Wirtschaftsethik (IV) kann ich hier nur andeuten.[2]

I. Die Einsicht in den moral point of view aus philosophischer Reflexion

Philosophie, wie ich sie verstehe, hebt an mit der Frage nach den *Bedingungen der Möglichkeit der Gültigkeit* von Aussagen, also Hypothesen und normativen Urteilen. Für die Ethik bedeutet dies: sie fragt weniger danach, was hier und jetzt, also bezogen auf eine spezifische, z.B. geschichtlich gegebene Handlungssituation legitim oder illegitim ist, als vielmehr nach der Logik, die uns erlaubt, Handlungsweisen als legitim bzw. als richtig auszuzeichnen oder als illegitim bzw. falsch zu verwerfen. Bereits hier zeigt sich

2 Vgl. grundlegend P. ULRICH: *Integrative Wirtschaftsethik. Grundlagen einer lebensdienlichen Ökonomie*, Bern, Stuttgart, Wien (Haupt) ²1998. Vgl. auch U. THIELEMANN: „Die Entfaltung integrativer Wirtschaftsethik in der Kritik", in: BERLINER FORUM WIRTSCHAFTSETHIK u. H. G. NUTZINGER (Hrsg.): *Wirtschafts- und Unternehmensethik einer neuen Generation. Zwischen Grundlagenreflexion und ökonomischer Indienstnahme*, München, Mering (Hampp) 1999, S. 117-152.

sozusagen die ‚Lebensnähe' – wenn man will: die ‚Praxistauglichkeit' – der philosophischen Grundfrage und der von ihr ausgehenden Reflexion. Denn selbstverständlich operieren wirtschaftsethische Konzeptionen mit ethisch-normativen Begriffen, die zwar, im Gegensatz zur Mainstream-Ökonomik, auch als solche bezeichnet werden, jedoch m.E. oftmals unklar definiert sind. So wird immer wieder mit nicht eigens ausgewiesenen normativen Urteilsbegriffen operiert, wie etwa mit dem Begriff des „Markt-" und „Staatsversagens", gegen das „Ethik ein Mittel" sein soll[3] – wo doch Ethik als Reflexion unserer letzten und höchsten, buchstäblich entscheidenden Beurteilungsmaßstäbe begriffen werden sollte, die keinen über ihr stehenden, der ethischen Reflexion dann entzogenen Standpunkt duldet. Zu fragen wäre beispielsweise auch, nach welcher Maßgabe „ordnungsbedingte Regeldefizite"[4] bzw. „institutionelle Defekte"[5] als solche zu identifizieren sind, von denen ja im ausdrücklich wirtschaftsethischen Ansatz Karl Homanns immer wieder die Rede ist. Wer legt fest, ob und in welcher Hinsicht die sogenannte Rahmenordnung ‚defizitär' ist? Schließlich ist Ethik kontrovers. Oder: Wodurch sind „optimale Moralmengen" bestimmt, von denen Josef Wieland spricht,[6] wobei auch hier mit dem Begriff der ‚Optimalität' offenbar ein irgendwie *über* der ethischen Vernunft stehendes Kriterium in Anschlag gebracht wird? Dies alles sind für die Argumentation der hier angedeuteten wirtschaftsethischen Konzeptionen buchstäblich entscheidende, für sie wegweisende Kriterien. Doch die dahinterstehende normative Logik, die es allererst erlaubt, hier ‚Ethik' bzw. ‚Moral' ins Spiel zu bringen, bleibt eher im Dunkeln.

Daß in der nicht-akademischen Praxis normative Begriffe ad hoc verwendet werden, geht wohl an. Dies aber schickt sich m.E. nicht für eine wissenschaftliche Disziplin Wirtschaftsethik. Deren Aufgabe besteht ja gerade

---

3 P. KOSLOWSKI: „Wirtschaftsethik und Ökologie", in: R. GIEL u. R. BREUNINGER (Hrsg.): *Grundfragen der Wirtschaftsethik*, Ulm (Humboldt-Studienzentrum) 1991, S. 73-85, hier S. 77.

4 K. HOMANN u. I. PIES: „Wirtschaftsethik in der Moderne. Zur ökonomischen Theorie der Moral", *Ethik und Sozialwissenschaften*, 5 (1994), Heft 1, S. 3-12, hier S. 8.

5 K. HOMANN u. F. BLOME-DREES: *Wirtschafts- und Unternehmensethik*, Göttingen (Vandenhoeck und Ruprecht) 1992, S. 71.

6 Vgl. J. WIELAND: „Die Ethik der Wirtschaft als Problem lokaler und konstitutioneller Gerechtigkeit", in: J. WIELAND (Hrsg.): *Wirtschaftsethik und Theorie der Gesellschaft*, Frankfurt a.M. (Suhrkamp) 1993, S. 7-31, hier S. 16.

darin, sich selbst und anderen Rechenschaft darüber zu geben, *warum* die Auszeichnung einer Handlungsweise, Institution oder eines sozialen Gefüges als legitim (oder illegitim) erfolgt. Solche Begründungen, die ausdrücklich an das Niveau der Praktischen Philosophie und die dort geführten Diskussionen anschließen sollten, sind allerdings in der gegenwärtigen Wirtschaftsethik eher selten. Ohne eine solche Begründungsleistung läßt sich jedoch die Unterscheidung von Legitimität (oder, wie es oftmals heißt: ‚Ethik') und Illegitimität bzw. dem – per definitionem ideologischen – *Schein* von ethischer Vernunft nicht treffen. Denn nun kann man zwar, mir nichts, dir nichts, alles Mögliche mit dem Zusatz ‚Ethik' oder ‚Moral' versehen und so z.B. von „Moralcontrolling"[7] oder „Anreizethik"[8] sprechen. Doch auch und gerade für die Ethik gilt: Nicht überall da, wo ‚Ethik' draufsteht, ist auch wirklich Ethik drinnen.[9]

In der Philosophie, insbesondere in der Diskurstheorie der Gültigkeit, wird der Unterschied zwischen Ethik und verfehlter Ethik bzw. Scheinethik traditionellerweise als Unterschied zwischen „Faktizität und Geltung" (Habermas), idealem und faktischem Konsens, oder – wie ich vorziehe – Legitimität und Akzeptanz gefaßt.[10] Ich möchte diese Unterscheidung – mit und gegen die Diskurstheorie der Wahrheit, wie sie derzeit ausgearbeitet ist – im folgenden in ihren Gründzügen explizieren, um darauf aufbauend den moral point of view sinnhaft fassen zu können.

Wenn ich soeben auf die Diskurstheorie der Wahrheit – oder allgemeiner: der Gültigkeit, also einschließlich unserer normativen Geltungsansprüche – gesprochen habe, so stelle ich damit auf ihren ursprünglichen, strikt reflexiven Kern ab, weniger auf die gegenwärtige Ausarbeitung dieser gültigkeitstheoretischen Grundidee durch ihre beiden Hauptvertreter, Karl-Otto

7 J. WIELAND: „Organisatorische Formen der Institutionalisierung von Moral in der Unternehmung", in: H. G. NUTZINGER (Hrsg.): *Wirtschaftsethische Perspektiven* II, Berlin 1994 (Duncker und Humblot), S. 11-31, hier S. 24.

8 K. HOMANN (1997a): „Sinn und Grenze der ökonomischen Methode in der Wirtschaftsethik", in: D. AUFDERHEIDE u. M. DABROWSKI (Hrsg.): *Wirtschaftsethik und Moralökonomik*, Berlin (Duncker und Humblot) 1997, S. 11-42, hier S. 27.

9 Ein solcher „Etikettenschwindel" (H. STEINMANN u. A. LÖHR: *Grundlagen der Unternehmensethik*, Stuttgart (Poeschel) 1991, S. 85) ist eine äußerst präzise Definition dessen, was früher einmal Ideologie hieß.

10 Vgl. ULRICH (1998), S. 31, 65, 196, 306, 445ff.; U. THIELEMANN: *Das Prinzip Markt. Kritik der ökonomischen Tauschlogik*, Bern, Stuttgart, Wien (Haupt) 1996, S. 238-257.

Apel und Jürgen Habermas. Entgegen der ursprünglichen Einsicht, daß wir „Wahrheit nicht definieren",[11] sondern nur reflexiv ‚einholen' können,[12] ist diese nämlich daran gegangen, ein zwar formales, jedoch *operationales* Wahrheitskriterium aufzustellen. Selbstverständlich gilt auch ihr nicht der gerade vorherrschende ‚faktische Konsens' als derjenige, der Wahrheit bzw. Richtigkeit definiert.[13] Aber es ist ein (faktischer) Konsens *unter idealen Bedingungen*, der Wahrheit und Legitimität „verbürgen"[14] bzw. „garantieren"[15] und damit *für uns als verbindlich definieren* können soll. Diese ‚Bedingungen' von Gültigkeit sind die „ideale Sprechsituation" (Habermas) bzw. die „ideale Kommunikationsgemeinschaft" (Apel).[16]

In der Habermasschen Version ist Wahrheit bzw. Gültigkeit folgendermaßen bestimmt: „Wahrheit (würde) ... durch den Konsensus verbürgt sein ..., der unter den idealisierten Bedingungen unbeschränkter und herrschaftsfreier Kommunikation erzielt worden wäre und auf Dauer behauptet werden könnte."[17] Diese „idealisierten Bedingungen" scheinen hier die gleiche Funktion zu haben wie der Wettbewerb in der (impliziten) Wahrheitstheorie Hayeks, den eines „Entdeckungsverfahrens" nämlich.[18] Dieser Eindruck – wenn man will: einer Offenbarungstheorie der Wahrheit – entsteht auch,

---

11 J. HABERMAS: *Zur Logik der Sozialwissenschaften*, Frankfurt a.M. (Suhrkamp) ^{5}1982, S. 67.

12 Vgl. zum „Selbsteinholungsprinzip" APEL (1988), passim.

13 Vgl. ausdrücklich K.-O. APEL: „Fallibilismus, Konsenstheorie der Wahrheit und Letztbegründung", in: FORUM FÜR PHILOSOPHIE BAD HOMBURG (Hrsg.): *Philosophie und Begründung*, Frankfurt a.M. (Suhrkamp) 1987, S. 116-211, hier S. 201; K.-O. APEL: „Läßt sich ethische Vernunft von strategischer Zweckrationalität unterscheiden?", in: W. von REIJEN u. K.-O. APEL (Hrsg.): *Rationales Handeln und Gesellschaftstheorie*, Bochum (Germinal) 1984, S. 23-79.

14 HABERMAS (1982), S. 362, sowie J. HABERMAS: *Vorstudien und Ergänzungen zur Theorie des kommunikativen Handelns*, Frankfurt a.M. (Suhrkamp) 1984, S. 180.

15 J. HABERMAS: *Erläuterungen zur Diskursethik*, Frankfurt a.M. (Suhrkamp) 1991, S. 14.

16 In dieser Konzeption der Bestimmung von Wahrheit als ‚Konsens unter idealen Bedingungen' sind sich Habermas und Apel, trotz der Differenz in der Letztbegründungsfrage, prinzipiell einig. Vgl. auch J. HABERMAS: „Richtigkeit vs. Wahrheit", *Deutsche Zeitschrift für Philosophie*, 46 (1998), S. 179-208, hier S. 190.

17 HABERMAS (1982), S. 362.

18 Vgl. F. A. VON HAYEK: „Wettbewerb als Entdeckungsverfahren", in: F. A. VON HAYEK: *Freiburger Studien*, Tübingen (Mohr) 1969, S. 249-265.

wenn Apel Gültigkeit durch „Bewährung" bzw. „Erweis der Konsensfähigkeit durch Argumente" unter den inklusiven und insofern universalistischen Bedingungen der „idealen Kommunikationsgemeinschaft" bestimmt.[19] Wahrheit bzw. hier Legitimität ist zwar also nicht zu verwechseln mit „Akzeptanz durch ein *konkretes* Publikum",[20] wohl aber ist sie offenbar zu bestimmen durch ‚Akzeptanz durch ein denkbar *allgemeines* Publikum', eben durch „das Prinzip der notwendigen Konsensfähigkeit der absehbaren Folgen der zu begründenden Normen für alle Betroffenen",[21] auf Akzeptanz nicht in der „realen", sondern in der „idealen Kommunikationsgemeinschaft". (Es handelt sich also – natürlich unter der Annahme der Verständigungsorientierung der da zustimmenden Individuen – um eine letztlich quantitative Bestimmung von Wahrheit. Das Apelsche Gültigkeitskriterium – „Konsensfähigkeit" unter den Bedingungen der „idealen Kommunikationsgemeinschaft" – scheint nur darum eine „regulative Idee" im Sinne Kants zu sein, weil es „wegen der erfahrungsbezogenen Struktur der Zeit ... unmöglich (ist), einen letzten, unüberbietbaren argumentativen Konsens ... als Faktum denken zu wollen," bzw. weil die „zahlenmäßige Begrenzung der Argumentationsgemeinschaft," d.h. jeder „realen", faktisch erreichbaren Argumentationsgemeinschaft, „stets noch überschreitbar" ist.[22]

Um die Pointe meiner Kritik an diesem Konzept der Bestimmung von Gültigkeit durch ‚ideale Bedingungen' möglichst knapp zu benennen, scheint mir ein Zitat aus einer jüngeren Veröffentlichung von Habermas gut geeignet: „In Hinblick sowohl auf deskriptive wie auf moralische Fragen muß *uns* die *rationale Akzeptabilität* von Aussagen genügen, um kontroverse Geltungsfragen zu entscheiden."[23] Die Frage stellt sich: Wer ist „uns", und wer ist es, der da ‚rational akzeptiert'? Offenbar werden hier zwei logische Subjekte unterstellt, die unterschiedlichen Orientierungen folgen: Einmal sind da *wir*, d.h. die Subjekte und Ko-Subjekte, die Autoren und Adressaten der Theorie, und wir sind an der Frage interessiert, wie sich Gültigkeit überhaupt verbindlich bestimmen läßt. Aber wir sind nicht diejenigen, die kontroversen

19 Vgl. APEL (1987), S. 141f.

20 K.-O. APEL: „Erste Philosophie heute?", in: K.-O. APEL, V. HÖSLE, R. SIMON-SCHÄFER (Hrsg.): *Globalisierung. Herausforderung für die Philosophie*, Bamberg (Universitätsverlag Bamberg) 1998, S. 21-47, hier S. 44, Hvh. U.T.

21 APEL (1984), S. 62.

22 Vgl. APEL (1987), S. 143 u. 145.

23 HABERMAS (1998), S. 195, Hvh. U.T.

Geltungsansprüchen gegenüber Akzeptanz üben oder diese verweigern, und wenn wir es sind, dann folgen wir in beiden Fällen einer jeweils anderen Orientierung. Der Gegenstand der Aussage – also diejenigen, die Akzeptanz üben oder auch verweigern – und das Subjekt-Kosubjekt der Theorie können nicht die Plätze tauschen. Innerhalb des Diskurses geben wir nämlich unsere Zustimmung nicht darum, weil der Diskurs den idealen Verfahrensbedingungen genügt, sondern weil wir von der Gültigkeit der erhobenen Geltungsansprüche überzeugt sind. Und wir sollten unsere Zustimmung auch nur darum geben, weil die fragliche Hypothese oder Norm unsere Zustimmung *verdient*, also aus keinem anderen Grund, als sie eben wahr bzw. legitim ist.

Genau diese *Gespaltenheit* zwischen dem Gegenstand der Theorie, der an der sachlichen Qualität des Urteils interessiert ist, und dem Subjekt-Kosubjekt der Theorie, das an den allgemeinen Bedingungen der Möglichkeit von Gültigkeit, *aber nicht zugleich an der Sachlichkeit des Urteils* interessiert ist, ist konstitutiv für die Habermassche Theorie der Wahrheit: Nicht „inhaltliche Konzeptionen der Gerechtigkeit (sind) der Maßstab für die Anerkennungswürdigkeit von Normen", vielmehr bemißt sich, „was gerecht ist, umgekehrt an den Bedingungen für eine unparteiliche Urteilsbildung."[24] Es sind nicht „Gerechtigkeitsvorstellungen" selbst, auch nicht gute Gründe für bestimmte normative Urteile, sondern es ist das ‚Verfahren' „unparteilicher Urteilsbildung", das „Gerechtigkeit definiert",[25] d.h. *für uns* definiert – aber *nicht* für diejenigen, die da Gerechtigkeitsvorstellungen verteidigen oder zurückweisen.[26]

---

24 HABERMAS (1998), S. 199.

25 HABERMAS (1998), S. 199, vgl. auch J. HABERMAS: *Zur Rekonstruktion des historischen Materialismus*, Frankfurt a.M. (Suhrkamp) 1976, S. 277f.

26 Diese Spaltung zwischen Subjekt-Kosubjekt und Subjekt-Objekt, Theorie und Gegenstand, kommt auch in der Definition von Unparteilichkeit (und insofern von ethischer Vernünftigkeit) zum Ausdruck. „Unparteilich ist allein der Standpunkt, von dem aus genau diejenigen Normen verallgemeinerungsfähig sind, die, weil sie erkennbar ein allen Betroffenen gemeinsames Interesse verkörpern, auf allgemeine Zustimmung rechnen dürfen – und insofern (dann unsere, U.T.) intersubjektive Anerkennung verdienen." J. HABERMAS: *Moralbewußtsein und kommunikatives Handeln*, Frankfurt a.M. (Suhrkamp) 1983, S. 75, Hvh. U.T. Delikat ist dieses Auseinanderklaffen der Orientierungen insbesondere, weil offenbar allein die Theorie verständigungsorientiert ist, allein sie möchte wissen, was denn

Habermas (und, wenn auch in geringerem Maße, auch Apel) expliziert Gültigkeit in der selbstvergessenen Einstellung der intentio recta. Er fragt nach idealen, *vorstellbaren* Zusammenhängen, aus denen, wenn sie der Fall sind, für uns Gültigkeit sozusagen ablesbar ist: „Der praktische Diskurs gilt als eine anspruchsvolle Form der argumentativen Willensbildung, die (wie der Rawls'sche Urzustand) allein aufgrund allgemeiner Kommunikations*voraussetzungen* die Richtigkeit (oder Fairneß) jedes unter diesen Bedingungen möglichen normativen Einverständnisses *garantieren* soll."[27] Wenn diese Bestimmung von Gültigkeit bzw. Legitimität zuträfe, so ließe sich allerdings mit dem selbstkritischen Peirce formulieren: Eine Überzeugung ist gültig genau dann, wenn sie unter den idealen Verfahrensbedingungen des praktischen Diskurses auf allgemeine Akzeptanz stoßen würde – *„ob diese Überzeugung nun wahr oder falsch ist."*[28]

Mit dieser Formulierung erweist sich Peirce als Spielverderber einer Verfahrenstheorie der Gültigkeit – und er verdirbt das Spiel ganz zu Recht. Relativ zu diesen letztlich objektivistischen und *nicht* universalisierbaren bzw. *nicht* reversiblen Versuchen bringt er mit diesem sozusagen naiven, lebenspraktischen Einwand den *Perspektivenwechsel* zur Geltung, ohne den sich Gültigkeit überhaupt nicht explizieren läßt. Es ist der Wechsel von der intentio recta, der „selbstvergessenen, gegenstandsbezogenen, nach dem Modell des Sehens von Dingen gedachten Einstellung,"[29] wie sie unser Alltagsurteilen bestimmt (ohne daß es darum ein technisches wäre), zur intentio obliqua, zur spezifisch philosophischen Reflexion eben dieser Einstellung. Damit ist nicht gemeint, daß wir die intentio recta, in der wir immer schon sozusagen naiv Geltungsansprüche erheben, aufgeben sollten. Vielmehr ist sie eben selbstkritisch bewußt zu machen und zu explizieren, und dies kann nur in der intentio obliqua gelingen.

---

das Richtige ist. ‚Die Betroffenen' hingegen verfolgen ihre eigenen Interessen, agieren also erfolgsorientiert – und stimmen dann natürlich aus Vorteil zu.

27 HABERMAS (1991), S. 14, Hvh. U.T.

28 CH. S. PEIRCE: *Collected Papers*, Bd. V, Cambridge 1965, S. 232, Hvh. U.T., zit. nach K.-O. APEL: *Der Denkweg von Charles S. Peirce*, Frankfurt a.M. (Suhrkamp) 1975, S. 118.

29 D. BÖHLER: „Philosophischer Diskurs im Spannungsfeld von Theorie und Praxis", in: K.-O. APEL, D. BÖHLER u. K. REBEL (Hrsg.): *Funk-Kolleg Praktische Philosophie/Ethik. Studientexte*, Bd. 2, Weinheim, Basel (Beltz) 1984, S. 313-355, hier S. 323.

Dieser Perspektivenwechsel hat in der Philosophie eine lange Tradition. Er findet sich nicht nur in Platons Höhlengleichnis,[30] ihm entspricht auch die „Kopernikanische Wende“ der Kantischen Philosophie.[31] Doch wurde dieser Wechsel, bis in die gegenwärtige Diskurstheorie der Gültigkeit hinein, nur unvollständig vollzogen. Weniger wurde die Einstellung gewechselt als vielmehr bloß der Gegenstand, auf den man blickt.[32] Vor allem wurde der (reifizierende) Blick auf spezifisch philosophische ‚Gegenstände‘ bzw. Fragestellungen erweitert, sei es auf die Welt als Idee (ontologisches Paradigma), auf das erkennende Subjekt (Subjektparadigma) oder eben auf „Prozeduren und Voraussetzungen vernünftiger Einigung“ bzw. „formale Bedingungen möglicher Konsensbildung“ (Intersubjektivitätsparadigma) – und zwar ausdrücklich *unter Ausschluß* der Orientierung an „inhaltlichen Prinzipien“ bzw. Gründen.[33] Dann aber, wenn die Frage nach den Bedingungen der Möglichkeit von Gültigkeit ebenfalls in der intentio recta angegangen wird, wird die Perspektive der Vernunft, die doch gerade kritisch expliziert bzw. eingeholt und als verbindlich ausgewiesen werden soll, verfehlt. Denn in der Reflexion auf die Bedingungen der Möglichkeit dafür, daß unsere Urteile Gültigkeit beanspruchen können, können wir ja gerade einsehen, daß wir die Spaltung zwischen Theorie und Gegenstand aufgeben müssen – natürlich nur insoweit es kein natürlicher ist. Wir haben nämlich mit jedem theoretischen und normativen Geltungsanspruch, den wir erheben – auch im äußerlich gesehen einsamen Denken – alle denkbaren sprach- und handlungsfähigen Subjekte *als Adressaten und Ko-Subjekte* der Prüfung dieser Geltungsansprüche *anerkannt.* In der rationalen Unhintergehbarkeit dieser Anerkennung liegt ja das Schlüsselargument der (nicht als Verfahrensethik mißzuverstehenden) Diskursethik Apels. Wir haben anerkannt, daß ein mit Gültigkeitsanspruch auftretendes Reden und Argumentieren *über andere* stets zugleich als Reden und Argumentieren *mit* diesen anderen gedacht werden muß. Wir haben mithin den kategorischen Imperativ mit jedem Satz, den wir aussprechen und damit ja an eine (unbegrenztes) Publikum adressieren, anerkannt: „Handle so, daß

30 Vgl. PLATON: *Der Staat,* München (Deutscher Taschenbuchverlag) 1991, S. 299-303 (514a-517c).

31 Vgl. I. KANT: *Kritik der reinen Vernunft,* Akademie-Ausg. Bd. III, Berlin (Georg Reimer) 1911, S. 11ff.

32 Vgl. BÖHLER (1984), S. 323f. In diese Kritik bezieht Böhler allerdings die gegenwärtig ausgearbeitete Diskurstheorie der Gültigkeit nicht ein.

33 Vgl. HABERMAS (1976), S. 277f.

du die Menschheit sowohl in deiner Person, als in der Person eines jeden andern jederzeit zugleich als Zweck, niemals bloß als Mittel brauchst."[34]

Es ist die rationale Unhintergehbarkeit dieses reflexiv aufweisbaren Prinzips – eben des Moralprinzips als einer Perspektive, nicht einer (Ober-) Norm –, die die diskursethische Grundidee als eine „Ethik der Logik" erweist.[35] Bezogen auf die Sozialwissenschaften, überhaupt auf mit Gültigkeitsanspruch auftretende Aussagen über die soziale Welt, bedeutet dies: Das „Objekt der Erkenntnis", *über* das man spricht, ist „zugleich (als) ein *Ko-Subjekt* derer" zu begreifen, „die sprechen – ein Ko-Subjekt, das möglicherweise in die Diskurs- oder Forschergemeinschaft eintreten könnte."[36] Dieses argumentative Band, in dem praktische Vernunft besteht, ist jedoch in der Habermasschen Bestimmung von Gültigkeit gekappt: „Weil unter der Voraussetzung annähernd idealer Bedingungen alle vernünftigen Argumente berücksichtigt und alle relevanten Einwände ausgeschöpft werden, berechtigt *uns* ein diskursiv erzieltes Einverständnis, eine Aussage für wahr zu halten."[37] Diejenigen, über die Habermas hier spricht, nämlich diejenigen, die unter diesen „Bedingungen" argumentieren, teilen jedoch nicht mit „uns", die wir wissen wollen, wann eine Aussage wahr ist, die Perspektive. Jene halten eine Auffassung für gültig, weil sie aus substantiellen, sachlichen Gründen davon überzeugt sind; wir hingegen, folgen wir Habermas, weil die Diskurs-

---

34 I. KANT: *Grundlegung zur Metaphysik der Sitten*, Akademie-Ausg. Bd. IV, Berlin (Georg Reimer) 1903, S. 385-463, hier S. 429.

35 K.-O. APEL: *Transformation der Philosophie*, Bd. 2, Frankfurt a.M. (Suhrkamp) 1973, S. 397ff. Mit Logik wird dabei natürlich nicht, jedenfalls nicht nur, auf Widerspruchsfreiheit im Sinne formaler Logik abgestellt, sondern auf die mit dem Anspruch auf Wahrheit und Richtigkeit verbundene Rede.

36 K.-O. APEL: „Die hermeneutische Dimension von Sozialwissenschaft und ihre normative Grundlage", in: K.-O. APEL u. M. KETTNER (Hrsg.): *Mythos Wertfreiheit? Neue Beiträge zur Objektivität in den Human- und Kulturwissenschaften*, Frankfurt a.M. (Campus) 1994, S. 17-47, hier S. 33. Vgl. auch APEL (1987), S. 164: Die Prüfung der Gültigkeit sozialwissenschaftlicher Aussagen ist nicht möglich „ohne die Voraussetzung, daß die Wissenschaftler auch zwischen sich und den Subjekten der zu verstehenden symbolischen Äußerungen, Handlungen, Werke und Institutionen eine übergreifende Kommunikationsgemeinschaft herstellen." Entsprechend charakterisiert Apel (1973, S. 228) die „kritische Gesellschaftswissenschaft" dadurch, daß sie „ihr Objekt zugleich als virtuelles Subjekt der Wissenschaft denkt."

37 HABERMAS (1998), S. 195, Hvh. U.T.

teilnehmer zu irgendeiner Überzeugung unter ‚idealen Verfahrensbedingungen' gelangt sind. Hier wird also nicht die Orientierung an Geltungsansprüchen und Argumenten als verbindlich ausgewiesen, sondern die Orientierung an ‚Voraussetzungen' und ‚Verfahrensbedingungen'.

Wenn wir wissen wollen, ob eine Meinung oder Hypothese gültig ist, müssen wir die Beurteilungsperspektive einnehmen. Und diese Perspektive ist eine *Mit*perspektive, eine Perspektive, in der wir *mit* anderen argumentieren, Fragen stellen, sie kritisieren usw., nicht eine Perspektive, in der wir *über* andere argumentieren. Und dabei ist hervorzuheben, daß eine Perspektive nichts *in* der Welt ist, sondern unsere Art und Weise benennt, wie wir der Welt gegenübertreten. Gültigkeit läßt sich also nicht bestimmen durch die Vorstellung eines Konsensus, der sich unter idealen Bedingungen einstellen würde. Vielmehr sind gültig genau diejenigen Aussagen, die Konsens, also allgemeine Zustimmung *verdienen*, eben *weil* sie wahr sind (wenn sie denn wahr sind). Nicht Konsens*fähigkeit*, sondern Konsens*würdigkeit* ist der gesuchte Begriff. Zwischen beiden besteht eine kategoriale Differenz, es ist die Differenz zwischen der intentio recta und der intentio obliqua. *Wir* müssen uns an dem Diskurs, der zu einem Konsens führen mag, beteiligen – und nicht: bloß um die idealen ‚Bedingungen' besorgt sein, den sachlichen Argumenten aber gleichgültig gegenüberstehen.[38]

Es ist genau diese Differenz, die Akzeptanz und Legitimität unterscheidbar machen. Wenn eine Norm, Handlungsweise oder ein institutionelles Gefüge auf allgemeine Zustimmung trifft und selbst wenn alle Beteiligten nicht etwa aus Vorteilserwägungen, sondern darum zustimmen, weil sie von der ethisch-normativen Richtigkeit dieser Norm überzeugt sind, so ist diese Norm doch *darum* nicht richtig bzw. legitim. Sie als legitim auszuzeichnen, dazu sind wir erst berechtigt, wenn wir selbst die Beurteilungsperspektive gegenüber den Akteuren und Diskutanten der fraglichen Norm einnehmen. Wir selbst sind es, die einen faktisch erzielten Konsensus in Frage stellen oder einen Scheinkonsensus als solchen entlarven; dies ergibt sich nicht, wie

---

38 Dieser wahrhaft transzendentalpragmatische Gedanke, der die Aufspaltung der Perspektiven überwindet, findet sich bei Apel darin wieder, daß er gegen die Behauptung von Peirce, daß „das einzige Ziel der Forschung ... die Festlegung einer Meinung (ist), ... ob diese nun wahr oder falsch ist," einwendet, daß Peirce „vergißt, den Menschen die von ihm selbst geleistete Unterscheidung zwischen dem, was man faktisch erreichen kann (eine feste Überzeugung), und dem, was die absolute Wahrheit wäre (die ideale letzte Überzeugung aller Forscher), ebenfalls zuzutrauen." APEL (1975), S. 120f.

die gegenwärtige Fassung der Diskurstheorie der Wahrheit zumindest nahelegt, aus den idealen Bedingungen eines Diskurses, in dem nicht wir, sondern vorgestellte Teilnehmer Argumente austauschen.

Die damit gewonnene Perspektive ist kategorial gesehen keine andere als die sozusagen ‚natürliche' Einstellung der Lebenswelt, eben die Einstellung, die wir *immer schon*, wie (wenig) reflektiert auch immer, eingenommen haben, sobald wir mit Gültigkeitsanspruch denken und argumentieren. Zur Bestimmung der Bedingung der Möglichkeit von Wahrheit und Legitimität (und mithin von Vernünftigkeit) können wir diese Perspektive jedoch nicht verlassen. Aber wir können sie kritisch-reflexiv einholen, und wir sollten uns bemühen, sie reiner und klarer zur Geltung zu bringen, zumindest aber gegen sie nicht zu verstoßen. Diese Reflexion kann uns die „zirkuläre Bewegung der Argumente" zu Bewußtsein bringen; weder sollen wir aus ihr auszubrechen versuchen, noch können wir diese Bewegung durchbrechen, wenn wir denn noch irgendeinen Geltungsanspruch aufrechterhalten wollen.[39]

Meine These ist nun, daß dieses reflexiv einsehbare und m.E. unbestreitbare *Diskursprinzip des universalen (argumentativen) Perspektivenwechsels*, das einen gültigkeitstheoretischen und zugleich ethisch-normativen Gehalt hat, in den beiden Hauptströmungen der gegenwärtigen Wirtschaftsethik, der angewandten Ethik und dem ethischen Funktionalismus, verfehlt wird. Dabei geht es nicht darum, daß dieser oder jener Ansatz bestimmte Urteile fällt bzw. bestimmte Normen vorschlägt, gegenüber denen man anderer Meinung sein kann. Vielmehr ist die *Logik* der Argumentation dieser Ansätze philosophievergessen, in dem diese – *vor* aller spezifischen normativen Auseinandersetzung – nicht mit den formalen Bedingungen der Möglichkeit ethisch-normativer Gültigkeit übereinstimmt.

---

39 Einen solchen Ausbruch scheint HABERMAS (1984, S. 119) hingegen für zumindest wünschenswert und mit der Konsenstheorie der Wahrheit auch für möglich zu halten, und dies, obwohl er zuvor (S. 118) treffend festgehalten hat, daß das Ziel, den argumentativen Zirkel zu durchbrechen, „gar nicht erreicht werden (kann), weil wir Diskurse nicht hinterfragen, d.h. ‚Metadiskurse' nicht führen können." Es gibt nicht den „externen Standort eines Diskursbeobachters." Ein Standort ist immer ein innerdiskursiver Standort bzw. Standpunkt.

II. Die Philosophievergessenheit angewandter (Wirtschafts-)Ethik

Vermutlich die meisten Fachvertreter der Wirtschafts- und Unternehmensethik verstehen ihren eigenen Ansatz oder ihre eigenen situationsspezifischen Aussagen als Aussagen einer ‚angewandten Ethik'. Und wenn heute Ethik im Trend liegt, dann vor allem als angewandte Ethik. Man verbindet mit ihr wohl ein Plus an ‚Praxistauglichkeit' gegenüber der doch allzu abgehobenen und im Elfenbeinturm verharrenden ‚rein philosophischen' Ethik, der die Kompetenz zur Lösung ganz praktischer ethischer Probleme – wie diese auch immer zu bestimmen sind – abgehe.

Auch die philosophische Ethik, einschließlich der Diskursethik, drängt es zunehmend hin zur ‚Anwendung'. Karl-Otto Apel spricht ohne weitere Problematisierung von der „*Anwendung* der postkonventionellen Diskursethik auf die bestehenden Verhältnisse",[40] aus deren (angeblicher) Problematik sich ja der sogenannte „Teil B" der Diskursethik im Sinne eines „strategischen Ergänzungsprinzips" zur „Herstellung der Anwendungsbedingungen der Diskursethik" ergeben soll.[41] Und auch im Ansatz von Jürgen Habermas gibt es nicht nur „Begründungsdiskurse", sondern auch „Anwendungsdiskurse".[42] Denn weil die am Begründungsdiskurs Beteiligten nicht über ein „ab-

40 APEL (1988), S. 295.

41 Vgl. APEL (1988), S. 299ff. Das Schlüsselargument gegen dieses Konzept möchte ich vorgängig und knapp benennen: Wenn der Diskurs Bedingung der Möglichkeit gültiger Urteile ist – was er ist –, dann könnten wir gar nicht feststellen, ob die „Anwendungsbedingungen der Diskursethik" gegeben sind oder nicht, und somit wüßten wir strenggenommen auch nicht, ob wir gemäß dem „strategischen Ergänzungsprinzip" vom verständigungsorientierten zum strategischen Handeln übergehen sollten bzw. dürften. Daraus folgt: Die Konzeption eines als Realität vorstellbaren und zugleich geltungslogisch relevanten Diskurses ist ungereimt. Der Diskurs ist nichts in der Welt, sondern unsere Einstellung der Welt gegenüber. Es mögen Bedingungen vorherrschen, die aller ethischen Vernunft und aller Humanität Hohn sprechen. Doch schon um dies überhaupt festellen und als gültig erkennen, d.h. um die vorherrschenden Verhältnisse als ungerecht beurteilen zu können, müssen wir einen Diskurs führen, d.h. wir müssen den Diskurs als immer schon gegeben voraussetzen. Das Konzept des Diskurses als eines in der Welt realisierbaren institutionellen Gefüges führt auf die falsche Fährte.

42 Vgl. HABERMAS (1991), S. 84ff., 94ff., 138ff.

solutes Wissen" verfügen, „das ihnen eine sichere Prognose über alle möglicherweise eintretenden Situationen gestattet", sei mit der Begründungsfrage nicht schon geklärt, welche „Handlungsfolgen" sich aus der „Anwendung" einer an sich begründeten Norm ergeben werden,[43] wobei sich natürlich fragt, welche offenbar begründungs*externe* und legitimationsbefreite Kraft es ist, die diese „Handlungsfolgen" generiert.

Demgegenüber läßt sich m.E. die Pointe wohlverstandener, ihren reflexiven Kern nicht vergessender Diskursethik darin erblicken, daß sich ethische Vernunft nicht im Modus der ‚Anwendung', sondern allein und durchgängig im Modus der *Begründung*, also der Verständigung und Argumentation, zur Geltung bringen läßt. Unter der Hand tritt aber im Anwendungskonzept von Ethik *an die Stelle* der ethisch-normativen Begründung gegenüber einem unbegrenzten, jedenfalls nicht a priori begrenzbaren Adressatenkreis das ominöse Kriterium der ‚Anwendbarkeit' bzw. der ‚Nicht-Anwendbarkeit'.

Im wirtschafts- bzw. unternehmensethischen Diskurs findet sich dieses Kriterium wieder in der These der zumindest partiellen ‚*Unmöglichkeit* der Ethik unter den Bedingungen des Wettbewerbs' bzw. der ‚modernen Wirtschaft'. Bei Horst Steinmann und Albert Löhr, die Unternehmensethik ausdrücklich als „angewandte Ethik" verstanden wissen wollen, hört sich das so an: „Wer eine Unternehmensethik als Morallehre entwerfen will, muß sich zunächst über die historischen *Anwendungsbedingungen* für das ideale Prinzip der kommunikativen Verständigung klar werden ... In unserem Zusammenhang bedeutet dies konkret, daß die Unternehmung nicht als ein Ort verstanden werden darf, wo das Dialogprinzip umstandslos *umgesetzt werden kann.*"[44] In die gleiche Kerbe schlägt Gebhard Kirchgässner: „Besondere moralische Anstrengungen sind dann, wenn diese teuer sind und ein Unternehmen unter hartem Wettbewerbsdruck steht, gar nicht *möglich.*"[45] Daß dieses Denken, also das Ausspielen ethisch-normativer Richtigkeit gegen das seltsame Kriterium der ‚Unmöglichkeit' oder ‚Nicht-Anwendbarkeit' tief verwurzelt ist, zeigt sich in einem Kommentar der Neuen Zürcher Zeitung, in

43 Vgl. HABERMAS (1991), S. 85, 139.

44 STEINMANN U. LÖHR (1991), S. 85, Hvh. U.T.

45 G. KIRCHGÄSSNER: „Globalisierung: Herausforderung für das 21. Jahrhundert", *Aussenwirtschaft*, 53 (1998), S. 29-50, hier S. 47, Hvh. U.T.

dem gefragt wird: „Können Firmen im zunehmenden Konkurrenzdruck noch soziale Verantwortung übernehmen?“[46]

Was ist hiervon vom moral point of view aus zu halten? Die Antwort ist eine ziemlich schlichte: Selbstverständlich „können“ Firmen oder Individuen unter einem wie auch immer harten Wettbewerb allen möglichen moralischen Forderungen nachkommen und so z.B. auch „soziale Verantwortung übernehmen.“ Es ist nämlich mit Kant gesprochen „offenbare Ungereimtheit, nachdem man ... (dem) Pflichtenbegriff seine Autorität zugestanden hat (und das hat man, sobald man nur schon irgendeine ethische-normative Behauptung aufstellt, U.T.), noch sagen zu wollen, daß man es doch nicht *könne.*“[47] Was man nicht kann, das kann man lernen, und oftmals soll man es lernen. Darin liegt ja gerade der Sinn des Pflichtenbegriffs. Im Grenzfall muß man eben die Firma aufgeben – oder ins eigene Humankapital investieren, um seine Zahlungsfähigkeit aufzufrischen und sich so ‚Ethik‘ leisten zu können. (Ich komme hierauf zurück.)

Andererseits kann der Wettbewerbswind sehr rauh wehen, zu rauh. In klare und nicht-widersprüchliche Kategorien gefaßt bedeutet dies jedoch nicht, daß es ‚unmöglich‘ wäre, einer an und für sich betrachtet vielleicht ethisch gerechtfertigten Norm zu folgen, sondern daß dies *unzumutbar* ist, denn dies *ist* stets möglich (womit die Norm, so wie sie ist, natürlich nicht als moralisch geboten gelten kann). Der Begriff der Möglichkeit bzw. Unmöglichkeit hat in der Ethik keinen Platz. So oder so ist er unscharf. Aus der Perspektive strategischer Selbstbehauptungsrationalität (bzw. des Eigeninteresses) muß er in Kostenkategorien übersetzt werden. Eine Handlung ist niemals unmöglich, sondern ihre Ausführung allenfalls zu teuer (nichtmonetäre Kosten natürlich einbezogen). Doch ist die strategische Perspektive ethisch nicht maßgeblich. Maßgeblich sind allein Rechte und Pflichten bzw., wem dies zu altmodisch klingt, Ansprüche und Verantwortlichkeiten,[48] und

---

46 K. PELDA: „Wettbewerb als Gefahr für Sinn und Ethik? Kontroverse Ansichten an der VfU-Wintertagung“, *Neue Zürcher Zeitung*, 28. Januar 1997, S. 21.

47 I. KANT: *Zum ewigen Frieden*, Akademie-Ausg. Bd. VIII, Berlin, Leipzig (de Gruyter) 1923, S. 341-386, hier S. 370.

48 Damit soll nicht pauschal Verzicht gepredigt werden – d.h. systematisch gewendet: damit sollen nicht die Rechte des Pflichtensubjekts negiert werden. Interessen bzw. Vorteile sind Kandidaten für legitime Rechte, sie sind Gegenstand der ethischen Beurteilung, aber nicht die Maßgabe des Handelns bzw. der Interaktion. Vgl. auch ULRICH (1998), S. 415 u. 420, sowie APEL (1994a), S. 42: „Interes-

der Zumutbarkeitsbegriff ist ein solcher Rechten- bzw. Pflichtenbegriff. Unzumutbarkeiten repräsentieren Rechte, und zugleich spricht sich in ihnen eine Pflicht aus, sei es des Beistandes oder der Unterlassung der Erzeugung einer Unzumutbarkeit.

Wer aber ist der Erzeuger der Unzumutbarkeiten im Marktzusammenhang? Darüber schweigen sich die Vertreter des ethisch ungereimten Unmöglichkeitstheorems im allgemeinen aus. Und in diesem Ausschweigen liegt sozusagen Methode. Denn würden die Verantwortlichen benannt, dann würde es wohl schwer fallen, anstatt von einer Unzumutbarkeit, illegitimer Zwangsausübung oder Verantwortungslosigkeit den inadäquaten Begriff der ‚Unmöglichkeit' ins Spiel zu bringen. Selbstverständlich sind die Unzumutbarkeiten, die es dem einzelnen, z.B. einer einzelnen Unternehmung, schwer machen, vielleicht unzumutbar schwer, dem ethisch an und für sich Gebotenen zu folgen, im Falle des Marktes weniger auf die Handlungen einzelner Individuen zurückzuführen; sie *ergeben sich* vielmehr aus dem „mächtigen Kosmos der modernen ... Wirtschaftsordnung, ... der heute den Lebensstil aller Einzelnen ... mit überwältigendem Zwang bestimmt."[49] Doch ändert dies nichts daran, daß der Begriff der ‚Unmöglichkeit' ethisch keinen Sinn macht und die Problemzusammenhänge, um die es geht, eher verdunkelt als erhellt.

Was bedeutet nun die Ersetzung der Kategorie der Unmöglichkeit durch die der Unzumutbarkeit systematisch gesehen? Mit anderen Worten, worin besteht das philosophische Schlüsselargument gegen angewandte Ethik? Diesem möchte ich mich nun zuwenden, um auf geklärter Grundlage auf das unternehmensethische ‚Unmöglichkeitstheorem' und die damit implizierte Marktlogik zurückzukehren.

Das Anwendungsmodell von Ethik setzt voraus, daß das ethisch Richtige *vorgängig* bestimmt und begründet ist, und zwar vorgängig zur *Befolgung* der Norm. Erst *nachträglich*, nachdem bereits klar ist, was das ethisch Richtige ist, stellt sich ein zusätzliches Problem: das der sogenannten ‚Anwendung'.[50]

---

sen sind ... als Geltungsansprüche zu behandeln, die durch Argumente einzulösen und zu kritisieren sind."

49 M. WEBER: *Die protestantische Ethik I. Eine Aufsatzsammlung*, Gütersloh (Gütersloher Verlagshaus) ⁸1991, S. 188.

50 Diese Trennung von vorgängiger Begründung und nachträglicher Befolgung bzw. ‚Anwendung' ist bereits darin angelegt, den Universalisierungsgrundsatz operational bzw. gegenständlich (also in der intentio recta) zu verstehen. So möchte Habermas (1983, S. 121) „nur solche Normen ‚moralisch' ... nennen, die im strik-

Dem Ansatz liegt also eine *Spaltung* von Theorie und Praxis zugrunde. In der Theorie geht es um die Begründung, in der Praxis nicht mehr um eine Begründung, sondern bloß noch um die ‚Anwendung', und d.h. letztlich: um die *Durchsetzung* des vorgängig Begründeten.

Damit aber verletzt der Ansatz das Moralprinzip, das Prinzip der universellen Austauschbarkeit der Perspektiven und Standpunkte. Der Diskurs gegenüber den ‚Anwendungsbedingungen' wird abgebrochen bzw. gar nicht erst aufgenommen. Insofern entspricht angewandte Ethik einem *partikularistischen* Ethikkonzept.

Das damit zusammenhängende Defizit läßt sich in zweierlei Hinsicht spezifizieren: Zum einen maßt sich der ‚Anwender der Ethik' an, gegenüber dem buchstäblichen Gegenstand der Anwendung prinzipiell im Recht zu sein.[51] Der Widerstand gegenüber einer *angeblich* gerechtfertigten Norm kann aber ja berechtigt sein. Ob es sich um eine ungerechtfertigte Forderung handelt oder nicht, kann aber im Modus der Anwendung (z.B. der ‚Kontrolle') nicht mehr geprüft werden.

Zum anderen müssen sich auch die ‚Anwendungsbedingungen', hinter denen ja nun handelnde Individuen stehen, prinzipiell im Recht befinden. Da ihre Handlungen nicht begründet zurückgewiesen werden können, müssen sie als Faktum bzw. als Constraint akzeptiert und damit unter der Hand mit den Weihen des Legitimen ausgestattet werden. Zwischen beiden, dem ‚Anwender der Ethik' und dem ‚Anwendungsgegenstand', besteht also nicht das

---

ten Sinne universalisierbar sind, also nicht über soziale Räume und historische Zeiten variieren," bzw. variieren sollen. Die Notwendigkeit sogenannter „Anwendungsdiskurse" ergibt sich dann daraus, situative Angemessenheit nachträglich herzustellen, nachdem also der beschränkte Kreis der am „Begründungsdiskurs" Beteiligten herausgefunden hat, was denn ‚universal gültige Normen' sind.

Die Alternative zu dieser Konzeption besteht darin, Kontextsensitivität von vorn herein in die Begründungsfrage zu integrieren (insoweit der Begriff dann noch – in Abgrenzung wozu? – Sinn macht) und den Universalismus nicht auf der Ebene der zu befolgenden Normen, sondern in eben dem Prinzip der Begründung, also des universalen argumentativen Rollentausches, zu verorten, das nichts in der Welt ist, (wie eine Norm), sondern unsere Perspektive der (sozialen) Welt gegenüber in verbindlicher Weise zu benennen beansprucht.

51 Dies findet seinen Niederschlag dann in einer ‚Kontrollethik'. Vgl. K. HOMANN: „Ethik ohne Kontrolle ist nichts wert" (Interview), *Manager Magazin*, August 1996, S. 126-129.

Moralprinzip, sondern das Prinzip von Macht und Gegenmacht, das Prinzip wechselseitiger Verdinglichung.[52] Diese Verdinglichung auch noch mit dem Moralprinzip (‚der Ethik') in Verbindung zu bringen, darin besteht die Philosophievergessenheit angewandter Ethik. Sie hat ‚vergessen', daß normative Geltungsansprüche zumindest der Idee nach an ein unbegrenztes Publikum zu adressieren sind – *auch an die ‚Anwendungsbedingungen.'* Das bedeutet konkret gewendet: Wenn der Widerstand gegenüber einer tatsächlich legitimen Norm ‚zu groß' ist, dann mag man vielleicht zum Durchsetzungshandeln übergehen dürfen, *doch darf der Widerstand nicht als legitim gelten.*

Kommen wir nun zurück zu den spezifisch ökonomischen Quellen von Unzumutbarkeiten im Marktprozeß. Das Hochhalten der Legitimitätsfrage auch *gegenüber* den ‚Anwendungsbedingungen' ist selbst dann geboten, wenn der Widerstand sich aus dem instanzlosen Wettbewerbsprozeß ergibt, für dessen Wirken – auch wenn er „parteilich" ist[53] – kein einzelner verantwortlich ist, weil er sich aus dem Zusammenspiel unzähliger, ineinander verketteter (Tausch-)Handlungen ergibt. Damit läßt sich die übliche Lösung des Unmöglichkeitsproblems, wie wir sie etwa, wenn auch reichlich verschlüsselt, bei Steinmann und Mitarbeitern finden, als unzureichend reflektiert zurückweisen. Diese Lösung besteht ja in der nicht gerade aufsehenerregenden These, „daß der Wettbewerb durch das beständige Vorstoßen und Nachziehen einzelner Unternehmen gekennzeichnet ist und somit *systematisch* zu Handlungsspielräumen führt."[54] Dann aber ist auch die Einhaltung ethischer, etwa ökologischer Standards stets ‚möglich', und zwar dadurch, daß sie möglich *gemacht* wird. „Je mehr es ... gelingt, sich gegenüber der Konkurrenz durch eine geschickte Unternehmensstrategie immer wieder einen (dauerhaften) strategischen Wettbewerbsvorteil zu verschaffen, umso eher wird ... eine Unternehmensethik möglich."[55] Darum seien „erfolgsträchtige Unternehmensstrategien, die für die Zukunft immer wieder die Chance für eine hinreichende Rentabilität der Unternehmung bieten, ... die

52 Daraus ergibt sich die Paradoxie, daß beide Seiten, ‚Anwender' und ‚Anwendungsbedingung', sich prinzipiell im Recht befinden.

53 Vgl. zur „Parteilichkeit der Sachzwänge" ULRICH (1998), S. 148ff.

54 H. STEINMANN u. A. ZERFASS: „Privates Unternehmertum und öffentliches Interesse", in: G. R. WAGNER (Hrsg.): Betriebswirtschaftslehre und Umweltschutz, Stuttgart (Schäffer-Poeschel) 1993, S. 3-26, hier S. 21. Nicht aufsehenerregend ist diese These, weil der Wettbewerb ja nun aus nichts anderem als aus der Ausnutzung von „Handlungsspielräumen" besteht. Sonst passierte einfach nichts.

55 STEINMANN u. LÖHR (1991), S. 169.

empirische Voraussetzung für eine Unternehmensethik."[56] Also, ihr Unternehmer, behauptet euch ruhig im Wettbewerb, denn eine „hervorragende Wettbewerbsfähigkeit" ist „quasi funktional für ethische Bemühungen"![57]

Das oben angesprochene Defizit angewandter Ethik läßt sich nun als Reflexionsstop hinsichtlich der *internen Effekte* des Marktprozesses spezifizieren.[58] Nicht nur wird der Zwang zum Unternehmertum, zur ‚lebenslangen' Humankapitalinvestition und zur marktlichen Selbstbehauptung, mit Hilfe derer ‚Ethik' ja stets möglich *gemacht* werden kann, aus der ethischen Reflexion verbannt. Auch wird der Druck, den ganz besonders wettbewerbsstarke Wirtschaftssubjekte, die sich dann ja, nach erfolgreich geschlagener Wettbewerbsschlacht, ziemlich locker ‚Ethik' leisten können, auf andere, weniger wettbewerbsstarke Wirtschaftssubjekte ausüben, unter den Tisch gekehrt.

An diesem Ergebnis ändert sich auch nichts, wenn man auf Ordnungspolitik im Sinne einer (angeblich) ‚wettbewerbsneutralen Rahmenordnung' setzt.[59] Da nämlich nicht alle Marktteilnehmer gleich wettbewerbsfähig sind, sind solche für alle gleichen Regeln von den Starken gut und von den Schwachen nur schwer zu verkraften. Die besonders wettbewerbsfähigen Individuen, Firmen oder auch Nationen können sich ob solcher verschärften rechtlichen Rahmenbedingungen (etwa ökologischer Art) sozusagen die Hände reiben. Die Grenzanbieter werden ja aus dem Markt gedrängt – oder sehen sich zu weiteren Marktbehauptungsanstrengungen veranlaßt.

Unternehmensethik und auch ‚Rahmenordnungsethik' erweisen sich so, also ohne Reflexion der *internen Effekte* des Marktprozesses, als Schönwetterveranstaltung für Wohlhabende und Wettbewerbsfähige. Niemand soll sich mehr herausreden können, er könne nicht ‚der Ethik' folgen – er *kann* ja stets. Wer zu den Gewinnern zählt, der kann sich nicht nur des Gewinns, sondern soll sich auch unserer ethischen Hochschätzung erfreuen. Schwä-

---

56 STEINMANN u. LÖHR (1991), S. 98.

57 A. LÖHR: Unternehmensethik und Betriebswirtschaftslehre, Stuttgart (M & P) 1991, S. 286.

58 Vgl. zur Abgrenzung von externen und internen Effekten und ihrer wirtschaftsethischen Relevanz THIELEMANN (1996), S. 19f., 273ff.

59 Man bedenke die gegenwärtigen Konflikte zwischen Industrie- und Entwicklungsländern im Zusammenhang der Klimakonvention.

chere Marktteilnehmer hingegen haben nicht nur ökonomisch das Nachsehen, ihnen soll auch unsere ethische Mißbilligung zuteil werden.[60]

Im Ergebnis läßt sich festhalten: Angewandte Ethik ist eine implizite Rechtfertigungslehre der jeweils bestehenden Verhältnisse; angewandte Wirtschaftsethik ist eine implizite Rechtfertigungslehre der gegenwärtigen Entwicklungslogik der Wirtschaft. Angewandte Ethik ist nicht nur Ethik light, sondern auch ideologischer Natur, indem sie die Logik von Markt und Wettbewerb, die sich ja anschickt, sich auf alle Lebensbereiche auszudehnen, stillschweigend ethisch sanktioniert.

III. Die Philosophievergessenheit funktionalistischer Wirtschaftsethik

Angewandte Ethik ist die harmlose Version von Philosophievergessenheit, also des Vergessens darüber, daß wir ethische Begriffe an ein unbegrenztes Publikum adressieren müssen und daß Reflexionsstops bzw. Diskursabbrüche unzulässig sind, wenn wir denn mit unseren ethisch-normativen Urteilen einen Gültigkeitsanspruch verbinden (und ich sehe nicht, wie wir dies jemals vermeiden könnten).

Angewandte Ethik bricht den Diskurs gegenüber der Praxis ab – genauer: gegenüber Teilen der Praxis. Zwar ist die Diskursperspektive auf das Subjekt und das Ko-Subjekt der Theorie beschränkt,[61] doch sollen die Adressaten durchaus in die Praxis hineinwirken, und zwar aus genuin ethischen Gründen. Ein solches moralisches *Handlungs*subjekt, an das moralische Ansprüche adressiert würden, fehlt jedoch im rein funktionalistischen wirtschaftsethischen Konzept vollständig.

Funktionalistische Wirtschaftsethik oder Ökonomismus hebt an mit der Behauptung, daß sich das ethisch Richtige und Legitime ‚langfristig' auszahlt

---

60 Ich behaupte damit nicht, daß für Steinmann und seine Mitarbeiter diese Szenerie eine Wunschvorstellung darstellte. Jedoch liegt sie in der logischen Konsequenz ihrer Argumentation.

61 Eine solche verständigungsorientierte Einstellung zwischen Autor und Adressat ist ganz unvermeidlich, nämlich logisch-pragmatisch bzw. performativ unhintergehbar. Ansonsten sagt man eben nichts.

oder sonstwie von Vorteil ist.[62] Ethik wird begriffen als Funktion der Vorteilslogik des Marktsystems. Ihr Hauptvertreter im deutschsprachigen Raum ist Karl Homann. Es handelt sich um ein äußerst vielschichtiges und weitreichendes Programm, dem ich hier kaum gerecht werden kann.[63] Seine Quintessenz, auf die alle Argumente hinauslaufen, besteht im (wegen der ethischen Struktur der Rede paradoxen bzw. performativ widersprüchlichen) Unterfangen der Rechtfertigung „unbändigen Vorteilsstrebens"[64] bzw. der Selbstbehauptungsrationalität des Homo oeconomicus als dem Prinzip praktischer Vernunft. Dies folgt bereits aus der These der ‚langfristigen' Vorteilhaftigkeit ‚der Ethik'. Wenn sich nämlich ‚Ethik' für denjenigen, der da ‚-ethisch' handelt (wie er dies auch immer feststellen kann), langfristig auszahlt – ob in barer Münze oder in der Münze seiner sonstigen Präferenzen –, dann gälte es, die Logik des Vorteilsstrebens bzw. die Durchsetzungsrationalität zu fördern bzw. dieser freien Lauf zu lassen.

Ich möchte mich im folgenden auf einen Strang des funktionalistischen bzw. ökonomistischen Programms beschränken, sozusagen auf sein philosophisches Hauptstück: die gültigkeitstheoretisch relevante Behauptung des „Durchschlagens" der „Bedingungen der modernen Wirtschaft und Gesellschaft" – man könnte auch sagen: der ‚Anwendungsbedingungen der Ethik' – auf die ethisch-normative „Geltung", d.h. Gültigkeit. Der volle Wortlaut dieser mittlerweile berühmten Formulierung Homanns und seiner Mitarbeiter lautet: „Unter den Bedingungen der Moderne (d.h. des Homo oeconomicus oder auch des globalisierten Marktes, U.T.) schlägt die Implementierung einer Norm auf ihre Geltung durch."[65] Dies ist keine empirische Behauptung zur Charakterisierung eines bestimmten Ethikkonzepts, sondern eine Behauptung, die selbst die Bedingungen der Möglichkeit ethisch-normativer Geltung bzw. Gültigkeit geklärt zu haben beansprucht.

---

62 Vgl. WIELAND (1993), S. 23: „Ohne Zweifel: Moral erzeugt Kosten. Aber diese Kosten sind Investitionen in ein Vertrauenskapital, dessen Rendite in der Schaffung stabiler Handlungserwartungen, und das heißt sinkenden Transaktionskosten, besteht." Vgl. auch HOMANN u. BLOME-DREES (1992), S. 100.

63 Vgl. zu einem Versuch der umfassenden Kritik der transzendentalen Ökonomik James M. Buchanans, auf dessen Werk sich Homann ja stützt und das er fortführt, THIELEMANN (1996), Kap. III.

64 HOMANN (1997a), S. 37.

65 HOMANN u. PIES (1994), S. 5; vgl. auch HOMANN u. BLOME-DREES (1992), S. 107; HOMANN (1997a), S. 16.

Selbstverständlich läßt sich für „Implementierung" auch ‚Anwendung' einsetzen. Erstaunlicherweise will Homann seinen Ansatz jedoch ausdrücklich *nicht* als „angewandte Ethik", sondern als „Ethik mit ökonomischer Methode" verstanden wissen.[66] Demgegenüber wird die im folgenden zu prüfende These sein, daß Homann nicht dieses Konzept selbst ablehnt, sondern das Selbstmißverständnis seiner Vertreter. Er vertritt das formal verstandene Anwendungskonzept in reiner Form und denkt es in seinen inneren Konsequenzen zu Ende. Insofern ist es das ironische Verdienst Karl Homanns, den *Ökonomismus*, genauer: den seiner Auffassung nach nicht konsequent genug betriebenen Ökonomismus des Anwendungskonzepts von Ethik bzw. ‚Ethik' herausgearbeitet zu haben.

Karl Homann ist ein Meister darin, potentielle Kritiker seines Ansatzes ins eigene Boot der ökonomischen Selbstbehauptungs- bzw. Durchsetzungsrationalität zu ziehen.[67] Wie gelingt ihm dies? Die Antwort ist: Indem er am Anwendungskonzept von ‚Ethik' das Moment des Anwendens, Implementierens, Realisierens usw. konsequent hervorkehrt bzw. ‚Ethik' als ein mögliches ‚Argument' in die Nutzenfunktion des Homo oeconomicus aufnimmt, dessen Rationalität er dann zur Geltung bringt.

Wie wir gesehen haben, ist angewandte Ethik gegenüber ihrem Gegenstand bzw. gegenüber den ‚Anwendungsbedingungen' fertig.[68] Von diesen

---

66 Vgl. K. HOMANN: „Wirtschaftsethik: Angewandte Ethik oder Ethik mit ökonomischer Methode", *Zeitschrift für Politik*, 42 (1996), S. 178-183.

67 Daß er darin sehr erfolgreich ist, zeigt sich etwa darin, daß sich selbst Karl-Otto Apel nach der Lektüre der Schriften Homanns neuerdings zu einer „Totalrekonstruktion des eigenen Ansatzes" genötigt sieht. Vgl. K.-O. APEL: „Institutionsethik oder Diskursethik als Verantwortungsethik?", in: J.-P. HARPES u. W. KUHLMANN (Hrsg.): *Zur Relevanz der Diskursethik. Anwendungsprobleme der Diskursethik in Wirtschaft und Politik*, Münster (Lit) 1997, S. 167-209, hier S. 202. Mon dieu!

68 Ich spiele damit auf Hegel an: Wer sich „auf das Gefühl, sein inwendiges Orakel, beruft (bzw. wer vor der Interaktion bzw. der ‚Anwendung' zu wissen meint, was das Richtige ist, U.T.), ist ... gegen den, der nicht übereinstimmt, fertig; er muß erklären, daß er dem weiter nichts zu sagen habe, der nicht dasselbe in sich finde und fühle; – mit anderen Worten, er tritt die Wurzel der Humanität mit Füßen. Denn die Natur dieser ist, auf die Übereinkunft mit anderen zu dringen, und ihre Existenz nur in der zustande gebrachten Gemeinsamkeit der Bewußtsein(e)." G. W. F. HEGEL: *Phänomenologie des Geistes*, Frankfurt a.M. (Suhrkamp) 1986, S. 64f.

gehen keine guten (oder auch schlechte) Gründe mehr aus, sondern nur noch Widerstände bzw. Constraints. Es wird nicht kommunikativ, sondern strategisch gehandelt. ,Ethik' ist damit ein Ziel oder eine Präferenz wie jede andere auch, die nach *Durchsetzung* (oder eben Anwendung, Umsetzung, Realisierung, Implementation usw.) strebt. Zwischen Ethikanwender und Anwendungsbedingungen besteht nicht das Prinzip wechselseitigen argumentativen Perspektivenwechsels, sondern das Prinzip wechselseitiger Vorteilskalkulation. Der Ethikanwender will, daß die Welt ,ethischer' wird. Und wenn ,mehr Ethik' in die Welt kommt, dann ist das – gemessen an seinen eben ,ethischen' Präferenzen – für ihn von Vorteil.

Dann aber hat Homann ein leichtes Spiel. So kann er die „Unterscheidung von strategischer und kommunikativer Rationalität" als *„unzweckmäßig"* verwerfen, und zwar für „die Ziele ... der Moral bzw. Ethik"[69] – oder für welche Ziele auch immer. „Wer ... die Frage stellt, *wie* sich moralische Zielsetzungen, z.B. die Solidarität aller Menschen oder die Erhaltung der natürlichen Lebensgrundlagen, *unter den Bedingungen* der modernen Welt ... *realisieren* lassen, ... *der tut gut daran*, Lösungsideen mit Hilfe des Homo-oeconomicus-Konstrukts darauf hin zu untersuchen, ob sie sich anreizkompatibel *implementieren lassen.*"[70] Der Trick besteht also darin, ,angewandte Ethik' bei ihrem Ziel der ,Anwendung', ,Implementation', ,Verwirklichung' oder eben *Durchsetzung* ,der Ethik' abzuholen – es könnte auch ein beliebiges anderes Ziel sein –, und dann die *Logik des Durchsetzens (also die Vorteilsrationalität) überhaupt* zur Geltung zu bringen. Und zu dieser Logik gehört es eben, andere als Homines oeconomici zu begreifen, also wiederum als Selbstbehauptungssubjekte, die nur in ihrer Eigenschaft als Constraint (oder als Chance) von Interesse sind. *Darum* wird Homo oeconomicus als „methodische" (und nicht als empirische) Annahme eingeführt[71] – weil das Subjekt der Theorie (z.B. der ,Ethikanwender', der wissen will, wie sich ,Ethik' ,realisieren' läßt) selbst ein Homo oeconomicus ist, also nach

---

69 K. HOMANN: „Die Bedeutung von Anreizen in der Ethik", in: J.-P. HARPES u. W. KUHLMANN (Hrsg.): *Zur Relevanz der Diskursethik. Anwendungsprobleme der Diskursethik in Wirtschaft und Politik* S. 139-166, hier S. 140. Natürlich spricht sich hier ein eklatantes Mißverständnis gegenüber dem Sinn dieser kategorialen Unterscheidung aus.

70 HOMANN (1996b), S. 180, veränderte Hvh. U.T.

71 Vgl. HOMANN (1997a), S. 17ff., sowie K. HOMANN: „Homo oeconomicus und Dilemmastrukturen", in: H. SAUTTER (Hrsg.): *Wirtschaftspolitik in offenen Volkswirtschaften*, Göttingen (Vandenhoeck und Ruprecht) 1994, S. 397-411.

Durchsetzung strebt. Dies nennt Homann die „Problemabhängigkeit" der empirischen, ihren Gegenstand a priori als Homo oeconomicus konzipierenden Forschung,[72] wobei „Probleme" selbstverständlich stets Durchsetzungsprobleme sind und „Lösungen" Vorteile bzw. Kosteneinsparungen. Es ist Homo oeconomicus als Subjekt der Theorie und nur er, der alle anderen Individuen wiederum als Homines oeconomici wahrnehmen muß. Und nur für ihn ist diese Annahme so gewiß wie die „Fallgesetze Galileis".[73] Homo oeconomicus ist nämlich bereits in der *Fragestellung* (wie sich ‚Ethik' oder welches Ziel auch immer *durchsetzen* läßt) vorausgesetzt.

Nun betätigt sich Homann allerdings nicht nur als Berater, der diejenigen, die nach ‚mehr Ethik' streben (oder allgemein: nach Vorteilen gemäß ihren Präferenzen), darüber informiert, was für sie „zweckmäßig" ist bzw. wie die „Realisierungschancen moralischer Normen und Ideale in der Gesellschaft abgeschätzt"[74] werden können und wie sich „ethische Gewinne" (sic!) erzielen lassen.[75] Vielmehr argumentiert er durchaus in ethisch-normativer Hinsicht (was ja auch ganz unvermeidlich ist, wenn man einen Ansatz vertritt, der ‚Ethik' im Namen führt): die ‚Anwendungsbedingungen' schlagen auf die ethisch-normative *Gültigkeit* durch. „Eine moralische Norm hat keine Gültigkeit, solange ihre Durchsetzung nicht sichergestellt ist."[76]

Homann wendet sich gegen das Selbstverständnis angewandter Ethik, nach der „*Durchsetzung* der vorab als vernünftig begründet erkannten Prinzipien" (bzw. Normen) zu streben.[77] Dies könnte man als eine Kritik an der (stillschweigenden) Durchsetzungsrationalität des Anwendungskonzepts verstehen. (Wir erinnern uns: dieses Konzept schließt die ‚Anwendungsbedingungen' aus der ethischen Reflexion und Begründung aus, so daß die hinter diesen ‚Bedingungen' stehenden Individuen mit ihren möglichen Einwänden die normativen Überzeugungen und das Selbstverständnis des „Ethikanwenders" nicht mehr berühren können. Ebensowenig können deren

---

72 Vgl. HOMANN (1997a), S. 18, 28 und (1994), S. 392ff.

73 Vgl. HOMANN (1996b), S. 181.

74 HOMANN (1996b), S. 182.

75 K. HOMANN: „Ethik und Ökonomik", in: E. KAPPLER u. T. SCHEYTT (Hrsg.): *Unternehmensführung – Wirtschaftsethik – Gesellschaftliche Evolution*, Gütersloh (Bertelsmann-Stiftung) 1995, S. 177-200, hier S. 196, vgl. auch S. 190.

76 K. HOMANN: „Wirtschaftsethik. Die Funktion der Moral in der modernen Wirtschaft", in: J. WIELAND (Hrsg.): *Wirtschaftsethik und Theorie der Gesellschaft*, Frankfurt a.M. (Suhrkamp) 1993, S. 32-53, hier S. 37.

77 HOMANN (1996b), S. 179.

als ‚Constraints' verdinglichte Handlungsweisen begründet zurückgewiesen werden.) Doch bemängelt Homann nicht diese Anwendungs- bzw. Durchsetzungsorientierung, sondern im Gegenteil die Inkonsequenz, mit der sie betrieben wird. Er wendet sich nicht gegen den Mangel an Kritik gegenüber den stillschweigend abgesegneten „Bedingungen der modernen Wirtschaft", sondern im Gegenteil gegen alle „Appellitis" – dies ist der Begriff, mit dem Homann moralische Argumentation und Kritik zu desavouieren versucht –, gegen den als „hilflos" apostrophierten „normativen Diskurs".[78]

Tatsächlich wendet sowohl die (wohlverstandene) Diskursethik als auch die „Ethik mit ökonomischer Methode" Homanns (bzw. die allgemeine Ökonomik, die auch denjenigen, die „moralische Zielsetzungen"[79] verfolgen, nützliche Dienste erweisen kann) gegenüber angewandter Ethik ein, daß moralische Vorstellungen und Ansichten durch die Konfrontation mit der Praxis verändert werden. Doch finden diese Veränderungen im Ansatz Homanns nicht auf der Ebene der ‚Präferenzen' bzw. der das Selbstverständnis der Beteiligten berührenden Begründungen statt, sondern allein auf der Ebene der ‚Constraints': Was sich nicht oder nur unter allzu hohen Kostenaufwendungen durchsetzen läßt, liegt nicht im je meinigen Interesse.

Genau dies aber verkennt angewandte Ethik, die wir nun auch ‚Durchsetzungsethik' nennen können.[80] Das Konzept unterliegt daher einem Selbstmißverständnis, wenn es glaubt, Wirtschaftsethik sei „als bruchlose Verlängerung der allgemeinen Ethik in den ‚Bereich der Wirtschaft'"[81] zu begreifen. „Bruchlos" sind nämlich die ‚Anwendungs-', ‚Implementations-' oder eben Durchsetzungsversuche nicht. Vielmehr schlagen die argumentationsunzugänglichen „Bedingungen der modernen Wirtschaft" (Homann), es schlagen die Homines oeconomici zurück, falls der ‚Ethikanwender' Vorschläge unterbreitet, die nicht im wahren Interesse der ‚Anwendungsbedingungen' liegen (worin natürlich eingeschlossen ist, daß diese auch Macht haben, die Vorschläge zurückzuweisen). Wir kennen die Beispiele. Stichworte sind Steuerflucht, die „Kontraproduktivität" von Sozialstandards,[82] das

78 Vgl. HOMANN (1997a), S. 34.

79 HOMANN (1996b), S. 182.

80 Die Contradictio in adjecto im Begriff einer ‚Durchsetzungsethik' ist beabsichtigt. Auf sie soll gerade die Aufmerksamkeit gelegt werden.

81 HOMANN (1996b), S. 179.

82 Vgl. zu einer Auseinandersetzung mit dieser insbesondere von Ökonomen vertretenen These U. THIELEMANN: „Globale Konkurrenz, Sozialstandards und der (Sach-) Zwang zum Unternehmertum", in: TH. MAAK u. Y. LUNAU (Hrsg.):

„Ende" einer „Wirtschaftspolitik, die den Marktkräften entgegenwirken will," das Herbert Giersch triumphierend verkündet.[83]

Homann bringt hier also die Logik des Vorteilsstrebens zwischen wechselseitig desinteressierten Homines oeconomici zur Geltung, mithin das Prinzip von Macht und Gegenmacht, das definiert, was im jeweiligen wahren Interesse der Individuen liegt.[84] Er stellt ab auf die Pareto-ökonomische Einsicht, daß der Vorteil des einen nur um den Preis des Vorteils des anderen, letztlich aller anderen zu haben ist. Was aber ist hiervon aus *ethischer* Perspektive zu halten? Schließlich soll es sich ja nicht, jedenfalls nicht nur um irgendwelche, sondern um „moralische Zielsetzungen" handeln, die da nicht „bruchlos umgesetzt" werden „können".

Die Antwort, die Homann gibt, steckt bereits in seiner Definition von Wirtschaftsethik. „Wirtschaftsethik ... befaßt sich mit der Frage, welche moralischen Normen und Ideale unter den Bedingungen der modernen Wirtschaft und Gesellschaft ... zur Geltung gebracht werden *können.*"[85] Bereits hieraus folgt ja, daß einige „moralische Normen und Ideale" *nicht* „zur Geltung gebracht" und d.h.: nicht *durchgesetzt* werden „können". Sie bleiben „Illusion", wie Homann ausdrücklich betont,[86] und zwar weil sie nicht im Interesse der ‚Anwendungsbedingungen' liegen bzw. den „Homo-oeconomicus-Test"[87] nicht bestehen. Denn „nur paretosuperiore Regelverbesserungen", also nur solche, die tatsächlich im Interesse *aller* liegen – beispielsweise auch im Interesse des ‚Verbrechers' im Sinne Hegels – „können diskutiert werden", womit „z.B. alle Forderungen nach ‚Umverteilung', so gut sie normativ begründet *erscheinen* mögen, nicht auf dem Stand der ökonomischen Methodik (sind), weil die Gegenleistung für jene, die prima facie etwas abgeben müssen, also deren ‚Anreize', außerhalb der Betrachtung

---

Weltwirtschaftsethik. Globalisierung auf dem Prüfstand der Lebensdienlichkeit, Bern, Stuttgart, Wien (Haupt) 1998, S. 203-244, hier S. 209ff.

83 H. GIERSCH: „Das Jahrhundert der Globalisierung", *Frankfurter Allgemeine Zeitung*, 11. November 1997, S. 13.

84 Vgl. THIELEMANN (1996), S. 171ff.

85 HOMANN u. BLOME-DREES (1992), S. 14), Hvh. U.T.

86 Vgl. HOMANN u. BLOME-DREES (1992), S. 99. Vgl. auch HOMANN (1997a), S. 26, 27f., 34.

87 Vgl. HOMANN u. BLOME-DREES (1992), S. 95, HOMANN u. PIES (1994), S. 11, HOMANN (1997a), S. 21.

bleiben."[88] Und hieran zeigt sich dann, so Homann weiter, daß diese Widerstände bzw. die „Bedingungen der modernen Wirtschaft und Gesellschaft" nicht nur *zurückschlagen*, sondern überdies auf die „Geltung" bzw. die ethische „Gültigkeit" „*durchschlagen*", also darauf, was *wir* als das ethisch Richtige ansehen – und ansehen sollen! Homann wendet sich also nicht gegen das Moment der „Durchsetzung" im Konzept angewandter Ethik, sondern gegen das Moment der „vorab als vernünftig", d.h. vor der Kalkulation der Widerstände *als ethisch vernünftig* begründeten Normen.[89]

Das „Durchschlagen" ist somit in zweierlei Hinsicht zu verstehen. Zum einen wird „Ethik" als eine Präferenz wie jede andere auch begriffen.[90] Und das wahre Interesse des einzelnen ist eben durch beides, Präferenzen und Constraints, Werte und Machtkonstellationen, dem Erwünschten und dem Machbaren bestimmt. Hierin scheint mir der Sinn der „Interdependenz von Zielen und Mitteln" zu liegen, von der ja Homann bereits in seiner gleichnamigen Dissertationsschrift spricht.[91]

Zum anderen wird mit dem „Durchschlagen" jedoch auch auf die ethisch-normative Gültigkeit abgestellt. Wir *sollen* diejenigen Normen bzw.

---

88 HOMANN (1997a), S. 26, Hvh. U.T. Hieraus ergibt sich dann das Konzept einer kontraktualistischen Sozialpolitik als der einzig ‚möglichen'. Vgl. HOMANN u. BLOME-DREES (1992), S. 56ff. u. 77ff. Vgl. auch R. FEHN u. R. THODE: „Globalisierung der Märkte – Verarmen die gering qualifizierten Arbeitnehmer?", *Wirtschaftswissenschaftliches Studium*, 25 (1997), S. 397-404. Die Gegenleistung derjenigen, die „prima facie etwas abgeben müssen" (tatsächlich dafür jedoch überkompensiert werden, also hiermit eine Investition tätigen), besteht hierbei dann beispielsweise in einer verringerten Kriminalitätsrate, in der Existenz einer kaufkräftigen Nachfrage und eines leistungsbereiten Pools an Arbeitskräften oder auch in dem Umstand, keine sozialen Unruhen gewärtigen zu müssen. Selbstverständlich ist die Transferleistung an die Wettbewerbsverlierer umso niedriger, desto weniger diese, in der einen oder anderen Form, ‚aufzubegehren' drohen.

89 Vgl. nochmals HOMANN (1996b), S. 179.

90 Vgl. mit Bezug auf G. S. Becker auch HOMANN (1997b), S. 405. Mit der Konzeption von „moral tastes" (vgl. J. M. BUCHANAN: „Choosing What to Choose", *Journal of Institutional and Theoretical Economics*, 150 (1994), S. 123-135, hier S. 128) lassen sich zwei Fliegen mit einer Klappe schlagen. Zum einen müssen die moralischen Geltungsansprüche der Individuen nicht als solche ernst genommen werden, zum anderen kann man auch mit ‚Moral' und ‚Ethik' die Duchsetzungsrationalität des Homo oeconomicus zur Geltung bringen.

91 Vgl. K. HOMANN: *Die Interdependenz von Zielen und Mitteln*, Tübingen (Mohr) 1980.

Interessen und Werte, die sich nicht durchsetzen lassen bzw. die vom umfassend zu verstehenden, Wirtschaft und Gesellschaft einschließenden Wettbewerb ausgelesen werden, als illegitim betrachten. Eine Norm, die auf ‚zu großen' Widerstand stößt, so Homann und Pies, „gilt" damit „nicht nur faktisch nicht, sie büßt auch ihren moralischen Geltungsanspruch ein."[92] Mit anderen Worten: Die Norm wird nicht durch (ethisch-normativ) gute Argumente, sondern durch den *Widerstand*, der ihr entgegengebracht wird, *ethisch* widerlegt! Nicht etwa zahlt sich also das, was für das ethisch Richtige gehalten werden muß, zufälligerweise zugleich aus, sondern das, was für jeden einzelnen das Vorteilhafte ist, also das „relativ absolute" (Buchanan) gesamtgesellschaftliche *Machtgleichgewicht, definiert* für uns zugleich ethische Legitimität. Der Ansatz entspricht der denkbar reinsten Form einer *Ethik des Rechts des Stärkeren.*[93] Quod erat demonstrandum.

Worin liegt nun die Philosophievergessenheit des Ansatzes? Karl Homann möchte „unbändiges Vorteilsstreben", für das der Name Homo oeconomicus steht, als die *richtige, für uns verbindliche* Rationalität ausweisen. Um diese Rechtfertigung jedoch zu vollziehen, muß er performativ eine *andere*, dazu konträr stehende Rationalität *als maßgeblich* voraussetzen, die Diskursrationalität nämlich. Er muß voraussetzen, daß für die Gültigkeit seiner eigenen Argumente nicht das Prinzip von Macht und Gegenmacht den Ausschlag gibt, sondern eben deren argumentative Qualität. *Als Ethik* (und nicht als Beratertheorie, die ihren Adressaten nützliche Dienste leistet) oder auch als Ideologie kann der Ansatz nicht verkaufen wollen, sondern er muß überzeugen wollen. (Das eine setzt, wenn man sich der ökonomischen Terminologie bedienen will, an ‚Constraints' bzw. Macht an, das andere an ‚Prä-

---

92 HOMANN u. PIES (1994), S. 4f.

93 Natürlich ist nicht einer stark und alle anderen schwach. Vielmehr sind alle stark, wie die Ökonomik seit Hobbes weiß, wenn auch unterschiedlich stark bzw. selbstbehauptungsfähig und -willig. (Vgl. TH. HOBBES: *Leviathan*, Stuttgart (Reclam) 1970, S. 113). Die Macht, über die sie verfügen, kann dabei positiv oder negativ (Gewalt oder Entzug bisher gewährter Vergünstigungen), manifest oder latent (aktuell ausgeübt oder als Möglichkeit in Aussicht gestellt), explizit oder implizit (als solche intendiert und klug kalkuliert oder bloß durch die eigene Existenz in der objektiven Welt ‚ausgeübt') sein. Welche Form der Macht auch immer im Spiel ist, das Recht des Stärkeren wird als gültig vorausgesetzt, wenn das Verhältnis von Macht und Gegenmacht bzw., was dasselbe ist, das Vorteilsstreben der Individuen den Ausschlag gibt.

ferenzen' bzw. *guten Gründen.*[94] Darin liegt seine *Sinnintention* und seine *Gültigkeitsbedingung* und nicht, jedenfalls nicht nur, seine Erfolgsbedingung. Es handelt sich also um einen grandiosen performativen Widerspruch, und die Philosophievergessenheit besteht darin, daß der Ansatz diesen Widerspruch zwischen derjenigen Rationalität, die er performativ voraussetzen muß, indem er Geltungsansprüche an ein unbegrenztes Publikum adressiert einerseits, und derjenigen Rationalität, die er als die für uns verbindliche erweisen will andererseits, nicht erkennt. Wie sollte er auch, ist dieser Widerspruch doch für das Programm einer transzendentalen Ökonomik konstitutiv.

IV. Das Programm integrativer Wirtschaftsethik

Integrative Wirtschaftsethik, deren Pointe darin besteht, alle Reflexionsstops gegenüber den „Bedingungen der modernen Wirtschaft" einschließlich der ihr zugeschriebenen Vorteilslogik zu vermeiden, ist zunächst einmal transzendentale Kritik. Sie arbeitet alle Formen der Verdinglichung, also der Verletzung des Moralprinzips, als solche heraus, wie wir sie partiell im Konzept angewandter ‚Ethik' und in wohl unüberbietbar reiner Form im Programm einer „Ethik mit ökonomischer Methode" (Homann) wiederfinden. Solcherart ideologiekritisch verfahrend, liefert sie nicht Verfügungswissen für ‚gute' oder vermeintlich gute Zwecke, sondern Orientierungs- bzw. Reflexionswissen.[95] Insofern sind meine vorangegangenen Ausführungen nicht

---

94 Selbstverständlich beziehen sich gute Gründe im hier gebrauchten Sinne auf Rechte und Pflichten, nicht auf Machtpotentiale, die der Fall sein mögen oder nicht. Drohungen oder Verhandlungsargumente, also das, was man auf den bargaining table legen kann, sind als maßgebliche Argumente ausgeschlossen. Ansonsten könnte man ja beispielsweise formulieren: ‚Mit gutem Grund verlangte der Bankräuber die Herausgabe des Geldes, denn seine Pistole war tatsächlich geladen.' Vgl. zur Abgrenzung von „Diskussionen" im Sinne Buchanans und praktischen Diskursen THIELEMANN (1996), S. 173ff. u. 240ff. Vgl. zu diesem Problemkomplex neuerdings auch K.-O. APEL: „Das Problem des offenen strategischen Sprachgebrauchs in transzendentalpragmatischer Sicht", in: H. BURCKHART (Hrsg.): *Diskurs über Sprache*, Würzburg (Königshausen und Neumann) 1994, S. 31-52.

95 Vgl. zu dieser Unterscheidung verschiedener Wissenstypen mit jeweils leicht anderen Akzenten J. MITTELSTRASS: *Wissenschaft als Lebensform. Reden über*

Vorbereitungen für eine dann auszuarbeitende Wirtschaftsethik, sondern stellen selbst das dar, was (integrative) Wirtschaftsethik ist und leisten kann bzw. sollte.

Neben der transzendentalen Kritik, die mit der Begründungsfigur des performativen Widerspruchs arbeitet und dabei die ‚Vergessenheit' gegenüber dem „unhintergehbaren Primat der selbstreflexiven Diskursrationalität *der Philosophie*“[96] und damit der verständigungsorientierten „Subjekt-Kosubjekt Relation“[97] herauskehrt, entfaltet sich integrative Wirtschaftsethik in der „Werterhellung“, also in der Aufdeckung von in den üblichen wirtschaftsethischen oder auch wirtschaftspolitischen Diskussionen ‚vergessenen' oder übergangenen Wertdimensionen.[98] Sie selbst maßt sich also nicht an, auf der Ebene des Handelns normative Vorgaben zu machen bzw. zu sagen, was, auf der Ebene der Normen, legitim ist und was nicht. Dies ist vielmehr Sache des praktisch zu führenden Diskurses über das gute Leben und das gerechte Zusammenleben innerhalb, angesichts und jenseits der „modernen Wirtschaft“ (Homann). Diese wandelt sich somit vom Status einer ‚Bedingung' zu dem eines Gegenstandes – letztlich: eines Adressaten bzw. eines Subjekts-Kosubjekts. Doch gilt es nicht nur, in diesen Diskurs überhaupt erst hineinzukommen (diesem Ziel dient die transzendentale Kritik), sondern ihn auch möglichst aufgeklärt zu führen. Dazu hat Wirtschaftsethik – in ihrer derzeit vorherrschenden Form – m.E. jedoch bisher ziemlich wenig beigetragen. Vielmehr hat sie die Klärung der praktisch anstehenden Fragen eher verdunkelt, sei es indem sie die Eigenlogik der Wirtschaft stillschweigend zur ‚Bedingung' bzw. zur Vorgabe des praktischen Diskurses erklärt hat (was sie

---

philosophische Orientierungen in Wissenschaft und Universität, Frankfurt a.M. (Suhrkamp) 1982, sowie APEL (1973), S. 145 u. 234.

96 APEL (1994b), S. 50.

97 Vgl. APEL (1998), S. 34.

98 Der Begriff der „Werterhellung“ geht auf Jöhr zurück (W. A. JÖHR: „Ein Beitrag zur Werturteilsproblematik“, *Wirtschaft und Recht*, 32 (1981), S. 9-38, hier S. 31). Allerdings verwende ich den Begriff hier weniger im Sinne Jöhrs, der mit ihm vor allem auf technische Kritik, also die Analyse der Folgen bzw. der „Chancen der Realisierung eines bestimmten Wertes“ abstellt. Dem hier gemeinten Sinn kommt vielmehr Riklin sehr nahe, der unter „Werterhellung“ die „Klärung, das Bewußtmachen jener Werte“ versteht, „die durch ein bestimmtes ... Handeln oder Unterlassen erfüllt oder verletzt werden.“ A. RIKLIN: „Wissenschaft und Ethik“, *Aulavorträge der Hochschule St. Gallen*, Nr. 17, St. Gallen 1982, S. 13.

heute, in Zeiten der Alternativenlosigkeit, de facto ist), oder indem sie mit der These der angeblichen ‚Solidarität' des Wettbewerbs den Umstand vergessen zu machen versucht, daß der „Prozeß schöpferischer Zerstörung"[99] systematisch Verlierer erzeugt, die selbstverständlich zur „Allgemeinheit" zu zählen sind.[100] Die *offene Frage* der „Lebensdienlichkeit" (Ulrich) der marktlichen Entwicklung aufzuwerfen und in die praktischen Diskurse zu tragen – und nicht: sie über die Köpfe der Individuen als beantwortet zu unterstellen –, darin bestünde, neben der transzendentalpragmatisch informierten Kritik des Ökonomismus, die systematisch zweite Aufgabe zeitgemäßer Wirtschaftsethik.[101]

Literaturverzeichnis

APEL, K.-O.: *Transformation der Philosophie*, Bd. 2, Frankfurt a.M. (Suhrkamp) 1973.

APEL, K.-O.: *Der Denkweg von Charles S. Peirce*, Frankfurt a.M. (Suhrkamp) 1975.

APEL, K.-O.: „Läßt sich ethische Vernunft von strategischer Zweckrationalität unterscheiden?", in: W. VON REIJEN u. K.-O. APEL (Hrsg.): *Rationales Handeln und Gesellschaftstheorie*, Bochum (Germinal) 1984, S. 23-79.

APEL, K.-O.: „Fallibilismus, Konsenstheorie der Wahrheit und Letztbegründung", in: FORUM FÜR PHILOSOPHIE BAD HOMBURG (Hrsg.): *Philosophie und Begründung*, Frankfurt a.M. (Suhrkamp) 1987, S. 116-211.

APEL, K.-O.: *Diskurs und Verantwortung. Das Problem des Übergangs zur postkonventionellen Moral*, Frankfurt a.M. (Suhrkamp) 1988.

---

99 J. A. SCHUMPETER: *Kapitalismus, Sozialismus und Demokratie*, Tübingen, Basel (Francke) [7]1993, S. 134ff.

100 Ich spiele damit auf die These Homanns an, daß „Wettbewerb solidarischer als Teilen" sei bzw. im Interesse „der Konsumenten, der Allgemeinheit" liege. Vgl. HOMANN u. BLOME-DREES (1992), S. 16, 26, 38f., 44, 51ff. Daß es sich hierbei um eine Milchbubenrechnung handelt, meine ich in THIELEMANN (1996), S. 285ff. u. 336, gezeigt zu haben.

101 Vgl. zur Ökonomismuskritik als „systematisch erster, grundlegender Aufgabe integrativer Wirtschaftsethik" ULRICH (1998), S. 130.

APEL, K.-O. (1994a): „Die hermeneutische Dimension von Sozialwissenschaft und ihre normative Grundlage“, in: K.-O. APEL u. M. KETTNER (Hrsg.): *Mythos Wertfreiheit? Neue Beiträge zur Objektivität in den Human- und Kulturwissenschaften*, Frankfurt a.M., New York (Campus) 1994, S. 17-47.

APEL, K.-O. (1994b): „Das Problem des offenen strategischen Sprachgebrauchs in transzendentalpragmatischer Sicht“, in: H. BURCKHART (Hrsg.): *Diskurs über Sprache*, Würzburg (Königshausen und Neumann) 1994, S. 31-52.

APEL, K.-O.: „Institutionsethik oder Diskursethik als Verantwortungsethik?“, in: J.-P. HARPES u. W. KUHLMANN (Hrsg.): *Zur Relevanz der Diskursethik. Anwendungsprobleme der Diskursethik in Wirtschaft und Politik*, Münster (Lit) 1997, S. 167-209.

APEL, K.-O.: „Erste Philosophie heute?“, in: K.-O. APEL, V. HÖSLE u. R. SIMON-SCHÄFER (Hrsg.): *Globalisierung. Herausforderung für die Philosophie*, Bamberg (Universitätsverlag Bamberg) 1998, S. 21-47.

BÖHLER, D.: „Philosophischer Diskurs im Spannungsfeld von Theorie und Praxis“, in: K.-O. APEL, D. BÖHLER u. K. REBEL (Hrsg.): *Funk-Kolleg Praktische Philosophie/Ethik. Studientexte*, Bd. 2, Weinheim, Basel (Beltz) 1984, S. 313-355.

BUCHANAN, J. M.: „Choosing What to Choose“, *Journal of Institutional and Theoretical Economics*, 150 (1994), S. 123-135.

FEHN, R. u. THODE, R.: „Globalisierung der Märkte – Verarmen die gering qualifizierten Arbeitnehmer?“, *Wirtschaftswissenschaftliches Studium*, 25 (1997), S. 397-404.

GIERSCH, H.: „Das Jahrhundert der Globalisierung“, *Frankfurter Allgemeine Zeitung*, 11. November 1997, S. 13.

HABERMAS, J.: *Zur Rekonstruktion des historischen Materialismus*, Frankfurt a.M. (Suhrkamp) 1976.

HABERMAS, J.: *Zur Logik der Sozialwissenschaften*, Frankfurt a.M. (Suhrkamp) [5]1982.

HABERMAS, J.: *Moralbewußtsein und kommunikatives Handeln*, Frankfurt a.M. (Suhrkamp) 1983.

HABERMAS, J.: *Vorstudien und Ergänzungen zur Theorie des kommunikativen Handelns*, Frankfurt a.M. (Suhrkamp) 1984.

HABERMAS, J.: *Erläuterungen zur Diskursethik*, Frankfurt a.M. (Suhrkamp) 1991.

HABERMAS, J.: „Richtigkeit vs. Wahrheit“, *Deutsche Zeitschrift für Philosophie*, 46 (1998), S. 179-208.

HAYEK, F. A. VON: „Wettbewerb als Entdeckungsverfahren“, in: F. A. VON HAYEK: *Freiburger Studien*, Tübingen (Mohr) 1969, S. 249-265.

HEGEL, G. W. F.: *Phänomenologie des Geistes*, Frankfurt a.M. (Suhrkamp) 1986.

HOBBES, TH.: *Leviathan*, Stuttgart (Reclam) 1970.

HOMANN, K.: *Die Interdependenz von Zielen und Mitteln*, Tübingen (Mohr) 1980.

HOMANN, K.: „Wirtschaftsethik. Die Funktion der Moral in der modernen Wirtschaft", in: J. WIELAND (Hrsg.): *Wirtschaftsethik und Theorie der Gesellschaft*, Frankfurt a.M. (Suhrkamp) 1993, S. 32-53.

HOMANN, K.: „Homo oeconomicus und Dilemmastrukturen", in: H. SAUTTER (Hrsg.): *Wirtschaftspolitik in offenen Volkswirtschaften*, Göttingen (Vandenhoeck und Ruprecht) 1994, S. 397-411.

HOMANN, K.: „Ethik und Ökonomik", in: E. KAPPLER u. T. SCHEYTT (Hrsg.): *Unternehmensführung – Wirtschaftsethik – Gesellschaftliche Evolution*, Gütersloh (Bertelsmann-Stiftung) 1995, S. 177-200.

HOMANN, K. (1996a): „Ethik ohne Kontrolle ist nichts wert" (Interview), *Manager Magazin*, August 1996, S. 126-129.

HOMANN, K. (1996b): „Wirtschaftsethik: Angewandte Ethik oder Ethik mit ökonomischer Methode", *Zeitschrift für Politik*, 42 (1996), S. 178-183.

HOMANN, K. (1997a): „Sinn und Grenze der ökonomischen Methode in der Wirtschaftsethik", in: D. AUFDERHEIDE u. M. DABROWSKI (Hrsg.): *Wirtschaftsethik und Moralökonomik*, Berlin (Duncker und Humblot) 1997, S. 11-42.

HOMANN, K. (1997b): „Die Bedeutung von Anreizen in der Ethik", in: J.-P. HARPES u. W. KUHLMANN (Hrsg.): *Zur Relevanz der Diskursethik. Anwendungsprobleme der Diskursethik in Wirtschaft und Politik*, S. 139-166.

HOMANN, K. u. BLOME-DREES, F.: *Wirtschafts- und Unternehmensethik*, Göttingen (Vandenhoeck und Ruprecht) 1992.

HOMANN, K. u. PIES, I.: „Wirtschaftsethik in der Moderne. Zur ökonomischen Theorie der Moral", *Ethik und Sozialwissenschaften*, 5 (1994), Heft 1, S. 3-12.

JÖHR, W. A.: „Ein Beitrag zur Werturteilsproblematik", *Wirtschaft und Recht*, 32 (1981), S. 9-38.

KANT, I.: *Grundlegung zur Metaphysik der Sitten*, Akademie-Ausg. Bd. IV, Berlin (Georg Reimer) 1903, S. 385-463.

KANT, I.: *Kritik der reinen Vernunft*, Akademie-Ausg. Bd. III, Berlin (Georg Reimer) 1911.

KANT, I.: *Zum ewigen Frieden*, Akademie-Ausg. Bd. VIII, Berlin, Leipzig (de Gruyter) 1923, S. 341-386, hier S. 370.

KIRCHGÄSSNER, G.: „Globalisierung: Herausforderung für das 21. Jahrhundert", *Aussenwirtschaft*, 53 (1998), S. 29-50.

KOSLOWSKI, P.: „Wirtschaftsethik und Ökologie", in: R. GIEL u. R. BREUNINGER (Hrsg.): *Grundfragen der Wirtschaftsethik*, Ulm (Humboldt-Studienzentrum) 1991, S. 73-85.

LÖHR, A.: *Unternehmensethik und Betriebswirtschaftslehre*, Stuttgart (M & P) 1991.

MITTELSTRASS, J.: *Wissenschaft als Lebensform. Reden über philosophische Orientierungen in Wissenschaft und Universität*, Frankfurt a.M. (Suhrkamp) 1982.

PELDA, K.: „Wettbewerb als Gefahr für Sinn und Ethik? Kontroverse Ansichten an der VfU-Wintertagung", *Neue Zürcher Zeitung*, 28. Januar 1997, S. 21.

PLATON: *Der Staat*, München (Deutscher Taschenbuchverlag) 1991.

RIKLIN, A.: „Wissenschaft und Ethik", *Aulavorträge der Hochschule St. Gallen*, Nr. 17, St. Gallen 1982.

SCHUMPETER, J. A.: *Kapitalismus, Sozialismus und Demokratie*, Tübingen, Basel (Francke) [7]1993.

STEINMANN, H. u. LÖHR, A.: *Grundlagen der Unternehmensethik*, Stuttgart (Poeschel) 1991.

STEINMANN, H. u. ZERFASS, A.: „Privates Unternehmertum und öffentliches Interesse", in: G. R. WAGNER (Hrsg.): *Betriebswirtschaftslehre und Umweltschutz*, Stuttgart (Schäffer-Poeschel) 1993, S. 3-26.

THIELEMANN, U.: *Das Prinzip Markt. Kritik der ökonomischen Tauschlogik*, Bern, Stuttgart, Wien (Haupt) 1996.

THIELEMANN, U.: „Globale Konkurrenz, Sozialstandards und der (Sach-) Zwang zum Unternehmertum", in: TH. MAAK u. Y. LUNAU (Hrsg.): *Weltwirtschaftsethik. Globalisierung auf dem Prüfstand der Lebensdienlichkeit*, Bern, Stuttgart, Wien (Haupt) 1998, S. 203-244.

THIELEMANN, U.: „Die Entfaltung integrativer Wirtschaftsethik in der Kritik", in: BERLINER FORUM WIRTSCHAFTSETHIK u. H. G. NUTZINGER (Hrsg.): *Wirtschafts- und Unternehmensethik einer neuen Generation. Zwischen Grundlagenreflexion und ökonomischer Indienstnahme*, München, Mering (Hampp) 1999.

ULRICH, P.: *Integrative Wirtschaftsethik. Grundlagen einer lebensdienlichen Ökonomie*, Bern, Stuttgart, Wien (Haupt) [2]1998.

WEBER, M.: *Die protestantische Ethik I. Eine Aufsatzsammlung*, Gütersloh (Gütersloher Verlagshaus) [8]1991.

WIELAND, J.: „Die Ethik der Wirtschaft als Problem lokaler und konstitutioneller Gerechtigkeit", in: J. WIELAND (Hrsg.): *Wirtschaftsethik und Theorie der Gesellschaft*, Frankfurt a.M. (Suhrkamp) 1993, S. 7-31.

WIELAND, J.: „Organisatorische Formen der Institutionalisierung von Moral in der Unternehmung", in: H. G. NUTZINGER (Hrsg.): *Wirtschaftsethische Perspektiven II*, Berlin (Duncker und Humblot) 1994, S. 11-31.

9. Kapitel

Technik- und Wirtschaftsethik – Synergien und Disparitäten

CHRISTOPH HUBIG

I. Einleitung: Die Problemlage in historischer und systematischer Sicht
II. Modellierung der Handlungsvollzüge – Bezugsbereiche ethischer Reflexion
III. Gemeinsame Problemfelder – Disparate Orientierungsinstanzen
IV. Forderungen an eine Klugheitsethik als Rahmenethik für das Dissensmanagement
V. Die Aufgabe der Institutionen

I. Einleitung: Die Problemlage in historischer und systematischer Sicht

So unterschiedlich die gängigen Periodisierungen und Einteilungen der Kulturgeschichte auf den ersten Blick erscheinen, so deutlich signalisiert doch die Mehrzahl der verwendeten Termini insbesondere im Blick auf die attributive Charakterisierung der jeweiligen „Revolutionen" eine enge und spezifische Verschränkung von wirtschaftendem und technischem Handeln: Kennzeichnungen wie „Zeitalter der Jäger und Sammler", „Agrarrevolution", „Erste Hochkulturen", „Merkantile Revolution", „Erste industrielle Revolution", „Zeitalter der Mechanisierung", „Maschinenzeitalter", „Massenproduktion und Technikkonsum", „Zweite industrielle Revolution/Automatisierung", „Industriegesellschaft", „Von der Arbeits- zur Wissensgesellschaft" etc.[1] Diese Kennzeichnungen sind der Sachlage geschuldet, daß Innovationen und Umbrüche im wirtschaftlichen Handeln und seiner Organisation nicht bloß technisch hergestellte Güter und Verfahren in neuer Weise einzusetzen erlauben, also nicht bloß ein neuer individueller und sozialer Umgang mit technischen Artefakten und Sachsystemen stattfindet, sondern ebenfalls neue artefakt- und sachsystemgestützte Techniken einschließlich der Sozialtechniken[2] (des Austauschs, der Kommunikation, des Verkehrs i.w.S., der Gratifikationsverteilung, des Risikomanagements etc.) die jeweiligen neuen Formen des Wirtschaftens und des Technikeinsatzes allererst ermöglichen (so etwa die Einführung der Schriftlichkeit, die Verwissenschaftlichung der Techniken, die technisch ermöglichte Modellierung von Welt- und Subjektbezügen bis hin zu der die gegenwärtige Situation prägende „Informatisierung"). Darüber hinaus wird die Herausbildung entsprechender Basistechniken und ihrer wissensmäßigen Erfassung in Form von Technologien ihrerseits allererst ermöglicht durch die jeweilige Erschließung, Bereitstellung und Nutzung von Ressourcen, von materiellen Ressourcen der Natur über die Ressource „Zeit" bis hin zu den Ressourcen, die unter dem (problematischen) Begriff „Humankapital" zusammengefaßt werden und u.a. den zu erbringenden Bildungsaufwand, die Forschungsanstrengungen, das Reservoir von ausgebildeten und weiter zu entwickelnden Kompetenzen, die jeweils gegebene Anerkennungslage von Orientierungsinstanzen, Leitbildern, Idealen u.v.a. mehr umfassen. Solche Vollzüge lassen sich im allgemeinsten Sinne durchaus unter Gesichtspunkten der Vorteils- und Nachteilskalkulation begreifen, Gesichtspunkten von Effizienz und Effektivität, „Ressourcenallokation" etc., was verdeutlicht, daß dieses Feld seinerseits einen Bezugsbereich wirtschaftstheoretischer Modellierung abgibt, welche den Rahmen beschreibt, innerhalb dessen Entdeckungen und Erfindungen unter hohem ökonomischen Aufwand zu technischen Innovationen entwickelt werden. Diese zeitigen ihrerseits über die Prozesse von Produktion und Distribution diejenige Realtechnik, welche erst im Konsum das eigentliche technische Produkt ersichtlich werden läßt (Karl Marx),[3] insofern nämlich, als die genuine Fungibilität und Instrumentalität von Technik, die ihr Wesensmerkmal ausmacht,

---

1 Vgl. G. ROPOHL (1979), S. 296; W. KÖNIG (1990), S. 285-298; hier findet sich eine ausführliche Diskussion der Problematik im Blick auf die Periodisierung in der Propyläen-Technikgeschichte.

2 Vgl. W. KROHN (1976), S. 49.

3 K. MARX (1857/58/1953), S. 12.

erst in der Zuordnung zu Konsum- und Nutzungszusammenhängen ihre Wirklichkeit und Erfüllung findet. Folglich stoßen an diesem Punkt die Amortisationslasten, welche im Blick auf den ökonomischen Aufwand der entsprechenden Hervorbringung die Realtechniken prägen, und die Nutzungsbedürfnisse, die die technischen Funktionen abstrakt im Blick auf die Bewältigung der bedürfnisgeleiteten Lebensvollzüge reklamieren, in spannungsreicher Weise aufeinander.

Dies bedeutet zunächst nichts weniger, als daß die allgemeine Problematik im Verhältnis von ethischer Rechtfertigung und wirtschaftendem realem Handeln, welche bereits bei Aristoteles und Kant erscheint, hier noch zusätzlich verschärft wird: Verweist Aristoteles (s.u.) bereits darauf, daß abstrakte und möglicherweise gut gerechtfertigte ethische Prinzipien im Blick auf ihre Orientierungsfunktion für das reale Entscheiden und Handeln wesentlich unterbestimmt[4] (unterkomplex) sind, diskutiert Kant dieses Problem im Blick auf die „Pflicht zur Wohlfahrt", deren Erfüllung als Realbedingung im Spannungsverhältnis zur kategorischen Bedingung des Sittengesetzes steht,[5] und führen viele Wirtschaftsethiken das Problem einer ethischen Marktregulierung auf dieses Komplexitätsgefälle zurück,[6] so eröffnet sich hier darüber hinaus eine zusätzliche komplexitätserhöhende Dimension dahingehend, daß jenes Komplexitätsgefälle naturgemäß auch für den Übergang von handlungsorientierenden Prinzipien zur Handlungsgestaltung im innertechnischen Bereich auftritt und folglich in der Verschränkung von technischem und ökonomischem Handeln die jeweils unterschiedlich gearteten „Komplexitätsbarrieren" eben in ihrer Unterschiedlichkeit zu weiteren Irritationen im Blick auf die jeweilige konkrete Handlungsorientierung führen. Forderungen nach einem Primat technologischer Aufklärung[7] im Blick auf die gegebene „Irrationalität" ökonomischer angeblicher „Sachzwänge", welche dann als interessegeleitete Herrschaftsansprüche demaskierbar erscheinen, unter denen die Potentiale der einzelnen Techniken verengt oder sonstwie nachteilig genutzt würden auf der einen Seite, oder auf der anderen – marxistischen wie kapitalistischen Seite – das Festhalten am Primat ökonomischer Rationalität, welche auch die Wertung technischer Funktionen umfaßt, diese unter den formalen Kategorien des Wirtschaftens wie „Kapital" oder „Produkt" begreift

4 ARISTOTELES: *Nikomachische Ethik*, 1096 a 22-34.
5 I. KANT (2785/1965), S. 16, (1797/1967), S. 108f.
6 Vgl. hierzu auch den Beitrag von K. HOMANN in diesem Band.
7 Vgl. G. ROPOHL (1991), S. 97-143.

und die Bewertung von Technik unter die ökonomischen Kriterien der Wertanalyse stellt, erscheinen dann aber ihrerseits unterkomplex, weil sie die oben skizzierte Verschränkung definitorisch eliminieren.

Betrachtet man die Brennpunkte der unternehmens- und wirtschaftsethischen Diskussionen, so wird man regelmäßig mit jener Verschränkung von technischem und ökonomischem Gestalten auf den verschiedenen Ebenen in concreto konfrontiert:

Die Führungsethik hat sich der Frage zu stellen, wie einerseits neue Produktions- und Kommunikationstechnologien (CIM, Intranet etc.) Persönlichkeits- und Rollenwahrnehmung der Arbeitenden verändern, sowohl in realer Hinsicht (Arbeitszufriedenheit, Motivation, spezifische Krankheitsbilder etc.) als auch im Blick auf das jeweilige Potential, vermöge dessen neue Rollenzuweisungen statthaft sein könnten (Verantwortungsdelegation, Zumutbarkeit von Informieren, Weiterbildung etc.). Hier läßt sich die Herausbildung neuer Kompetenzen und Partizipationsmöglichkeiten gestalten (befördern, verhindern), und es entstehen entsprechend neue Rechtfertigungsbedürfnisse und neue Einschätzungen bisheriger Rechtfertigungslagen.

Im Bereich der Produktion und Produktpolitik wird durch die technisch indizierte Dynamik im Feld möglicher Verfahren und einer daraus jeweils neu resultierenden Produktpalette die Rechtfertigungslage regelmäßig fragil, sofern alternative Verfahren und Flexibilisierungsspielräume in der Produktgestaltung aufgrund sinkenden ökonomischen Aufwandes bei der Realisierung individueller Produktvarianten und neuer Produktmöglichkeiten überhaupt dazu führen, daß die geläufigen Rechtfertigungsstrategien, die von der Artikulation von Verbraucherwünschen bis hin zu den Argumenten von Marketing und Werbung ja im wesentlichen relativ zu anderen Optionen argumentiert haben („die beste Lösung", „anders geht's nicht", etc.), unter neue Rechtfertigungshypotheken geraten sowohl was die Befürwortung als auch den Ausschluß angeht.

Der Unternehmensbereich wird überschritten, sofern generell über Chancen und Risiken bestimmter Produktionsstrategien zu handeln ist, wobei konsequenterweise oftmals die Branchen insgesamt als Diskussionsadressaten auftreten und ein Abgleich von Wertvorstellungen und Bewertungsverfahren (Audits etc.) brancheneinheitlich und branchenspezifisch problematisiert wird. Die Interessenlage ist hierbei durch den Verweis auf die einzelnen Unternehmen nicht mehr hinreichend charakterisierbar, weil die institutionalisierten Bedingungen der Produktion (von der Art der Energiebereitstellung über die zugelassenen Verfahren (z.B. der chemischen Industrie) bis hin zur Festlegung von Qualitätsstandards spezifischer Produkte im Blick auf ökologische Verträglichkeit, technische Sicherheit, „Sozialverträglichkeit" u.v.a. mehr) einen Bedingungsrahmen betrifft, innerhalb dessen sich die Angebots- und Nachfragedynamik bewegen kann und im Blick auf welchen diese sich selbst verorten, identifizieren und problematisieren (lassen) müssen. Solche Identifizierungen werden von den „individuellen" Aktoren wie Unternehmen und Verbrauchern nicht gesetzt, sondern genutzt, sei es zu rechtfertigenden Zwecken bei der Werbung (Ökobilanz, Produktlinienanalyse, Verweis auf Produktionsbedingungen z.B. in der Dritten Welt etc.) als auch zur Rechtfertigung des individuellen Verbraucherverhaltens.

Die Festlegung nationaler Rahmenbedingungen – Ethik der Volkswirtschaft –, Förderung und Subventionierung genauso betreffend wie die Strategien der Wertschöpfung „prägt" und „wird bestimmt/hängt ab" vom Wandel der komplexen „Superstruktur" (Arnold Gehlen)[8] von Wirtschaft, Technik und Wissenschaft. Veränderungen von Arbeitsformen, von Maschineneinsatz bis hin zum Einsatz von Automaten, von Verkehr, von der Rolle von Information und Wissen (als handelbaren Gütern). Sie verändern das Potential der Wertschöpfung mit Konsequenzen bis hin zur Möglichkeit der Besteuerung; sie tangieren unseren Umgang und die Dispositionsmöglichkeiten über Zeit, die Gestaltung individueller sozialer Bezüge (Familie), die Möglichkeiten von Ausbildung und Berufswahl u.v.a. mehr und bedürfen eines Wertabgleichs, an dem Unternehmen und Branchen zwar – im Zuge des Lobbyismus – als legitime Partizipationssubjekte eine Rolle spielen, aber nicht die alleinige. Dies signalisiert bereits, daß technisch-ethische Fragestellungen sich nunmehr nicht mehr bloß auf die Ingenieure, und wirtschafts-ethische Fragestellungen sich nicht mehr bloß auf die Subjekte des Wirtschaftens i.e.S. richten, sondern alle Subjekte in einer zu klärenden Weise angehen, denen die Gestaltung der volkswirtschaftlichen Rahmenbedingungen obliegt, also die Subjekte der Politik.

Schließlich führt die Binnendynamik des technisch-ökonomischen Komplexes zu einer Veränderung nicht bloß der globalen Prozesse des Wirtschaftens überhaupt (Dynamisierung von Kapitalflüssen, Fragilität regional gestützter sozialvertraglicher Absicherung durch die Möglichkeiten des Unterlaufens und Ausweichens sowie der Verlagerung von Produktion etc.), sondern auch zu globalen Veränderungen unserer Bezugswelt insgesamt, von den globalen Eingriffen in die Klimasituation über absehbare Entwicklungen

8 A. GEHLEN (1957), S. 11.

bei der Nutzung natürlicher Ressourcen bis hin zu globalen Veränderungen der Lebensbedingungen durch die Nutzung der Erde als Schadstoffsenke. Parallel dazu vertiefen und radikalisieren sich Strukturen und Entwicklungen im sozialen Bereich (Wohlstandsgefälle, Mobilitätsgefälle, Gefälle beim Zugang zu Know how- und Wissensbasen), welche nicht bloß als Geschehensresultante individueller Prozesse des Technikeinsatzes und des Wirtschaftens registrierbar sind, somit ein solches Registrieren (– Verweis auf „Sachzwänge“ –) nicht als Legitimationsersatz einsetzbar ist. Die Versuche, durch gemeinsame Vereinbarungen im Blick auf die Klimasituation oder durch internationale Konventionen zur Gestaltung neuer Technologien (Gentechniken etc.) sich dieser Problematik zu stellen, scheitern jedoch gerade, wenn eine Aktionsstrategie, als deren Resultat die problematische Situation gezeitigt wurde, ihrerseits reduktionistisch zur Problemlösestrategie privilegiert wird: wenn also entweder vornehmlich unter Idealen ökonomischen Agierens eine neue Regulierung erstrebt wird (z.B. durch den Verkauf von Schadstoff-Emissionsrechten o.ä.) oder einzig unter Idealen wissenschaftlich-technologischer Innovation der Spielraum der Gestaltbarkeit umgrenzt wird (Forschungsfreiheit etc.). Rein formal gesehen müssen derartige Versuche allein schon deshalb scheitern, weil sie sich ihrerseits unterkomplex verhalten zur Komplexität der Problemlage, die eben gerade durch die Synergie der einzelnen Aktanten entstanden ist und deshalb einer neuen Gestaltungsebene – von der Gestaltung der Rechtfertigungsprozesse bis hin zu ihrer institutionellen Umsetzung – bedarf.

II. Modellierung der Handlungsvollzüge – Bezugsbereiche ethischer Reflexion

Versucht man, die „Verschränkung“ zwischen technischem und ökonomischem Handeln genauer zu erhellen, so führt ein Blick über entsprechende Modellierungen des Handelns zu neuen Irritationen. Denn zum einen ist technisches Handeln durchaus als Teil ökonomischen Handelns zu sehen. Die Nutzung von technischen Sachsystemen, ihr Einsatz als ein spezifisches Mittel, dient zur Erreichung eines Zweckes, der seine Validität im allgemeinen Rahmen des jeweiligen Wirtschaftens gewinnt. Die Nutzung von Technik macht dann die instrumentelle Prämisse in einem allgemeinen Erklärungsmodell aus, und ein technisches Mittel gewinnt seinen Mittelcharakter allererst unter den im weitesten Sinne ökonomischen Zwecksetzungen. Der Einsatz von Technik ist Teil des allgemeinen Haushaltens auf allen sechs Ebenen der Verschränkung von Technik und Wirtschaft, wie sie unter I. skizziert waren. Umgekehrt läßt sich aber auch ökonomisches Handeln als instrumentelle Prämisse zur Erzielung eines technischen Effektes darstellen, insofern nämlich, als auf dem Wege des Wirtschaftens die Voraussetzungen beigeschafft werden müssen, die die wissenschaftliche Erschließung eines Effektes, die Entwicklung, die Produktion, ferner den Vertrieb, Kauf, Nutzung und Konsum eines technischen Artefakts, der erst in dieser Gesamtheit zur Realtechnik wird, ermöglichen. Die ökonomische Mittelbereitstellung wird dann als instrumentelle Prämisse im Rahmen einer allgemeinen Erklärung eines technischen Handelns modellierbar.

Man könnte nun versucht sein, Ordnung in diese Gefüge dadurch zu bringen, daß man Hierarchisierungen vornimmt. Man könnte versuchen, Mittel-Zweck-Hierarchien zu erstellen, und im Blick auf den jeweiligen ökonomischen oder technischen Charakter eines spezifischen Mittels oder eines höheren Zweckes, der seinerseits Mittel zur Realisierung eines noch höherstufigen Zweckes sein soll, das Ineinanderwirken der beiden Handlungsdimensionen genauer zu konturieren. Im Anschluß daran könnte man überlegen, wie die unterschiedlichen Mittel-Zweck-Realisierungen in die Präferenzsysteme einzuordnen sind und von dieser Warte aus die einzelnen Mittel-Zweck-Hierarchien bewerten. Die Binnenstruktur eines Präferenzsystems könnte dann als die entsprechende „idée directrice“ (Maurice Hauriou),[9] also der Wertbezug des entsprechend Agierenden genannt werden. Dieser kann dann seinerseits einer Legitimation unterzogen werden, sei sie anthropologisch-naturalistisch-funktionalistisch an einer „Bedürfnisbasis“ oder sei sie kulturalistisch-idealistisch-normativ an einer „Sinnbasis“ orientiert. Im Lichte solcher, fast schon karikierender Vereinfachungen, läßt sich die Problematik jener Herangehensweise vorführen. Die Schwierigkeiten beginnen bereits bei den Versuchen, überhaupt Hierarchien zu bilden. Entgegen der gängigen Vorstellung über die Möglichkeiten, Mittel-Zweck-Hierarchien zu bilden, sei darauf verwiesen, daß die Bezüge zwischen Mitteln untereinander und diejenigen von Zwecken untereinander ganz unterschiedlichen Kriterien unterliegen. Damit ein Etwas überhaupt Mittel ist, muß es als Gegenstand oder Ereignis raumzeitlich realisiert sein. Bedingungsverhältnisse zwischen Mitteln,

9 M. Hauriou (1933), S. 96; vgl. Ch. Hubig ([2]1995), S. 102.

die die materiale Basis einer „Hierarchiebildung" abgeben, stehen und fallen mit ihrer Realisierung bzw. ihrer Realisierungsmöglichkeit. Gedachte Mittel sind keine Mittel; was also Gegenstand des Umganges ist, sind die konkreten Realisierungen mit ihren materialen Voraussetzungen und ihren materialen Konsequenzen (Wirkungen). Mittelhierarchien haben den Charakter von Ursache-Wirkungsverknüpfungen, wobei nicht die Hierarchisierung selbst, sondern erst die unterschiedliche Bewertung einzelner Elemente der Hierarchie zu differenzieren erlaubt zwischen Wirkungen und Nebenwirkungen, Gratifikationen und Sanktionen, Nutzen und Folgelasten. Zwecke werden unter anderen Kriterien in Hierarchien gebracht: Zwecke sind Sachverhalte, die wir als gewünscht und herbeiführbar identifizieren. Unterzwecke sind solche Sachverhalte, deren Realisierung uns als notwendige Bedingung zur Realisierung des höheren („eigentlichen") Zweckes erscheint. Die Bedingungshierarchien zwischen Zwecksetzungen sind solche von notwendigen, nicht wie beim Mitteleinsatz von hinreichenden Bedingungen. So kann es eine notwendige Bedingung für die Nutzung bestimmter Privilegien sein, daß man ein öffentliches Amt bekleidet. Dieses bewußt problematisch gewählte Beispiel verweist uns sogleich auf die Inkompatibilität von Zweckhierarchien zu Präferenzhierarchien. Denn eine ganze Reihe von Unterzwecken, die zur Realisierung von höheren Zwecken die notwendige Bedingung abgeben, werden offensichtlich deshalb nicht angestrebt, weil sie unseren (Wert-) Präferenzhierarchien nicht entsprechen. Wertpräferenzen sind in Handlungspräferenzen zu übersetzen. Handlungspräferenzen lassen sich (teilweise) hierarchisch strukturieren unter der Frage, welche Handlungsoption insgesamt (als Mittel-Zweck-Verknüpfung) gegenüber einer anderen Handlungsoption wertvoller erscheint. Gelänge es, solche Priorisierungen in ein System zu bringen (und das wird in den seltensten Fällen der Fall sein), dann würden die Handlungspräferenzen die Umsetzung einer bestimmten Werthaltung in einem bestimmten Handlungskontext ausdrücken. Daß aber überhaupt bestimmte Wertehaltungen in einem konsistenten Präferenzsystem ihren Ausdruck finden, setzt seinerseits voraus, daß die entsprechende Werthaltung konsistent ist, was insbesondere davon abhängt, ob sich ihre Elemente der gleichen Legitimationsstrategie verdanken. Aber auch dies – solcherlei zeigen die individuellen moralischen Dilemmata wie auch die gesellschaftlichen Kontroversen – läßt sich nicht voraussetzen.

Bei der Beantwortung der Frage nämlich, was uns wertvoll ist und was sich somit, bezogen auf entsprechende Handlungskontexte, in einem Präferenzsystem operationalisieren ließe, finden sich bereits kategorial völlig divergierende Antworten, den zugrundeliegenden Begriff „Wert" betreffend.[10] Zum einen wird nämlich auf Werte als Güter verwiesen, die aus welchen Gründen auch immer als sakrosankte Entitäten erscheinen und, sobald sie Gegenstand von Zwecksetzungen sein sollen, durchgreifende Auswirkungen auf die entsprechenden Gestaltungen der weiteren Hierarchien haben: Wenn etwas ein Wert „ist" (ein Mensch, ein Natursegment [Nationalpark], ein Tagebuch oder ein ästhetischer Gegenstand) darf nicht mehr gefragt werden, welchen Wert es „hat". Damit entfällt die Möglichkeit, über dieses Gut als Mittel zu disponieren. Die letztere Frage ist vielmehr nur dort möglich, wo unter Werten Eigenschaften verstanden werden, die relativ zu Maßstäben (z.B. zu pekuniären Maßstäben) erst als solche erscheinen. Werte im ersten Sinne können nur Zwecke als Selbstzwecke sein; Werte im zweiten Sinne sind relativ zu Maßstäben und lassen sich in entsprechenden Relationsgefügen durchaus hierarchisieren. Darüber hinaus kann unter der Frage nach Werten, welche präferenzsystem-bestimmend sein sollen, aber auch die Frage nach den Maßstäben des Bewertens selbst gemeint sein. Werte lassen sich dann operationalisieren in Kriterien, welche bestimmte Gegenstände (Mittel) oder Sachverhalte (Zwecke) dadurch auszeichnen, daß diesen bestimmte Eigenschaften unter einem entsprechenden Wert zugeschrieben werden. Diese drei unterschiedlichen Auffassungen von Wert schlagen nun durch auf die Gestaltung von Präferenzsystemen, von Zweckhierarchien und von Mittelhierarchien. Das In-Anschlag-Bringen von Werten als Objektwerten/Gütern als solchen sprengt entweder eine Hierarchisierung oder bringt sie zum vorschnellen Abschluß, indem nun die höchste Instanz ersichtlich ist und eine weitere Diskussion (welche ja immer nach einem Wert fragt, den etwas „hat") nicht mehr ermöglicht – es findet eine Diskussionsimmunisierung statt. Werte der zweiten Art lassen sich als analytisches Instrumentarium einsetzen, um mögliche Hierarchiebildungen durchzuspielen, können jedoch, da sie maßstabsrelativ unterschiedlich ausfallen, kein Entscheidungskriterium für die Gestaltung der Hierarchie insgesamt abgeben. Werte der dritten Art (Bewertungsmaßstäbe) lassen sich zur Hierarchiebildung einsetzen und wirken hierarchie-konstitutiv; sie bedürfen aber ihrerseits einer Legitimationsbasis.

Es wird also zum einen deutlich, daß Mittel, Zwecke, Präferenzen und Werte nicht so eingesetzt werden können, daß das jeweils Eine das Andere begründet. Insofern können weder Mittel Zwecke setzen, noch Zwecke Mittel

10 Vgl. hierzu CH. HUBIG (1997), S. 81-83, sowie (1999), S. 17-31.

legitimieren, noch Präferenzen Zweckhierarchien begründen oder Mittelhierarchien konstitutieren (das „Wunschdenken", welches die materiale Basis ignoriert). Vielmehr müssen in jeder Modellierung eines konkreten Handlungsvollzuges das Mittel bzw. der Mitteleinsatz in seinen Auswirkungen einschließlich der Amortisationslasten und gezeitigten „Nebenwirkungen" seiner Realisierung, der Zweck im Blick auf die Wünschbarkeit und Herbeiführbarkeit, die Präferenz, die diesen Zweck überhaupt als solchen erscheinen läßt alternativ zu anderen Zwecken, und schließlich die Stellung dieses Handlungsvollzuges im Gesamtfeld aller Handlungsvollzüge gemeinsam bewertet werden. Und die Werte unterschiedlichster Art, unter denen jene Bewertung vollzogen wird, bedürfen einer Legitimation, für die wir keine konsistent strukturierte Basis vorfinden, nicht einmal unter der reduktionistischen Perspektive auf natural gegebene und anthropologisch erfaßbare basale Bedürfnisse. Selbst für diese ist inzwischen hinreichend geläufig, daß wir in die unterschiedlichsten Vermittlungszusammenhänge eingebunden sind und diesen im Zuge der unterschiedlichen kulturellen Evolutionen unterliegen, so daß in den seltensten Fällen sogenannte Wertkonflikte dadurch aufgelöst werden können, daß bestimmte Grundbedürfnisse als „basale" gegenüber anderen als „abgeleiteten" Bedürfnissen ausgezeichnet werden können. Denn selbst wenn als letzter Zufluchtspunkt ein Auszeichnungskriterium wie „Garantie der Existenzbedingungen" in Anschlag gebracht wird, so wird sofort weiter zu fragen sein, „welcher Existenz?" und zwar sowohl im Blick auf den möglichen Träger der entsprechenden als auch im Blick auf die Qualität der entsprechenden Existenz.

Am deutlichsten wird diese Schwierigkeit, über Hierarchiebildungen von Mitteln, Zwecken, Präferenzen und Werten technisches und ökonomisches Handeln zu modellieren, wenn konkrete Abgleichsverfahren betrachtet werden, in denen unterschiedliche Handlungsoptionen gegeneinander abgewogen werden. Verfahren wie diejenigen der Produktlinienanalyse oder Ökobilanzierung zeigen insbesondere im Blick auf die Auswahl und Gestaltung der sogenannten Indikatoren deren jeweilige „normative Geladenheit", welche sich entweder ausdrückt als Wertbehaftetheit im Sinne entsprechender Wertobjekte/Güter, deren Berücksichtigung oder Verletzung dann ein arbiträres Kriterium abgibt (Ökotop, individuelle Integrität o.a.), oder als Ausweis einer bestimmten Wertträgerschaft in Form von Eigenschaften, die maßstabsrelativ in Anschlag gebracht werden können und dann eine entsprechende unterschiedliche Interpretation des So-und-So-Seins des entsprechenden Indikators ermöglichen (Lebensdauer, externe/interne Kosten, Funktionsfähigkeit o.a.), oder die Indikatoren sind in einem offensichtlichen Sinne wertbeladen, als sie selbst schon implizit oder explizit einen Bewertungsmaßstab darstellen und „mittransportieren“ (Gesundheitsbelastung, Sicherheit, Wohnqualität etc.).

Genau dies macht die Umsetzung und „Anwendung“ ethischer Legitimationen, die sich auf die Bedingungen des entsprechenden Agierens beziehen, im einzelnen Fall so schwierig, etwa wenn zur Diskussion steht, ob das entsprechende Agieren gegen seine eigenen Bedingungen „verstößt“ in dem Sinne, daß es als Konsequenz eine Zerstörung dieser Bedingungen oder – im gegenläufigen Falle – ob es eine produktive Fortentwicklung (Erweiterung etc.) dieser Bedingungen mit sich bringt. Somit läßt sich die „Verschränkung“ zwischen technischem und ökonomischem Handeln nur jeweils kasuistisch auflösen und entsprechend lassen sich Bezugspunkte für das „Greifen“ einer entsprechenden wirtschafts-ethischen und/oder technisch-ethischen Argumentation auf der einen Seite und nicht explizit normativen, sondern allenfalls normativ geladenen, weil mit entsprechenden Rahmenvorgaben übereinstimmenden ökonomischen und technischen Argumentationen im engeren Sinne auf der anderen Seite nur für den jeweiligen Einzelfall erfassen. Generelle Modellierungen wie diejenige, daß eine ethisch-moralische Argumentation die jeweils unterbestimmten Aspekte ökonomischen oder technischen Handeln auszufüllen und zu konturieren habe, oder daß eine ethisch-moralische Argumentation den Rahmen konstituiere, innerhalb dessen dann ein eher strategisches oder operatives ökonomisches und/oder technisches Agieren seine Rechtfertigung findet, greifen m.E. angesichts jener Verschränkungen zu kurz. Allerdings bleibt zu betonen, daß diese Verschränkungen als solche nur erscheinen, wenn als Ziel eine generelle Modellierung der Handlungstypen und des Bezugs untereinander angestrebt wird. Für den einzelnen Fall (von Brent-Spar bis zum Ogoni-Skandal bei Shell, vom informationstechnisch kaschierbaren Insider-Handel von Wertpapieren bis zu Grenzwertmanipulationen, von risikobehafteter Produktion – Dioxinemissionen, Ford-Pinto-Skandal, Berliner Kongreßhalle etc. – bis zu problematischen Konsumgewohnheiten [etwa der „internationalen Küche“]) lassen sich die „Verschränkungen“ für den Einzelfall analytisch auflösen. Damit wäre eine wichtige Voraussetzung für die Möglichkeit des In-Anschlag-Bringens einer jeweiligen ethischen Orientierung gegeben.

III. Gemeinsame Problemfelder – Disparate Orientierungsinstanzen

Mit allen weiteren „Bindestrich-Ethiken" haben Technik- und Wirtschaftsethik gemeinsam, daß sie als „anwendungsbezogene Ethiken" ihre eigentlichen Probleme bei der Herstellung eines Anwendungsbezuges bergen. Der Terminus „angewandte Ethik" suggeriert fälschlicherweise, daß man ethische Prinzipien einfach zur Anwendung bringen könnte, beispielsweise durch Verfahren der Subsumtion der Handlungsbeschreibung unter Prinzipien, modelliert als handlungsleitende Regeln, wogegen sich auch Aristoteles in polemischer Absetzung zu den Ansprüchen platonistischer Ethik gewandt hat.[11] Bereits die jeweilige Beschreibung der Handlung einer Techniknutzung oder eines Aktes des Wirtschaftens legt generell die Bezugsmöglichkeiten zu entsprechenden Regelsystemen fest, in denen die einschlägigen Termini des Wirtschaftens und/oder der Techniknutzung für die Handlungsmodellierung zentral sind. Die unterschiedlichen Möglichkeiten, ein und denselben äußeren und inneren Vollzug als Handlung der und der Art zu beschreiben, präformiert die Möglichkeiten der Handlungserklärung sowie einer entsprechenden Handlungsrechtfertigung. Dabei entstehen typische Dissensfelder, die die gemeinsamen Problemfelder von Technik- und Wirtschaftsethik generell ausmachen und ihre Wurzel darin haben, daß völlig disparate Orientierungsinstanzen als Kandidaten der Orientierung in Frage kommen.

Solche Dissense begleiten technik- und wirtschaftsethische Erwägungen, sofern diese im Zuge der Erarbeitung von Spezialethiken den selbstverständlichen Kanon ethisch gerechtfertigter Individualmoral sowie universaler Rechtsansprüche überschreiten und ergänzen. Es handelt sich dabei im wesentlichen um fünf Bereiche, die dann ersichtlich werden, wenn die Ebene abstrakter Argumentation verlassen wird und ein Übergang zu konkreten Orientierungsgrößen für die Technikbewertung sowie für die Beurteilung wirtschaftlicher Entscheidungen geleistet werden muß.

Das erste Problemfeld machen grundlegende Interpretationsdissense aus, genauer: Dissense über Interpretationen, vermittels derer der jeweilige Anwendungsbezug festgelegt, das Problem identifiziert wird. Verdeutlichen läßt sich dies am Thema „Nachhaltigkeit". Verstanden als Wahrung der Zukunfts-

---

11 Vgl. Anm. 4.

fähigkeit und langfristigen Sicherung unserer Existenzgrundlagen erfreut sich „Nachhaltigkeit" einer generellen Zustimmung und stellt gewissermaßen einen Basiskonsens dar. Das mag u.a. daran liegen, daß Nachhaltigkeit in dieser abstrakten Form mit der Bestimmung von Glück überhaupt harmoniert, weil Langfristigkeit und Bestandserhalt diesem ebenfalls als Bestimmung zukommt (Aristoteles). Interpretationsdissense treten nun dann zutage, wenn aus diesem abstrakten Prinzip konkrete Handlungsregeln als Orientierungsgrößen gewonnen werden sollen. „Erhalt der Regenerationsfähigkeit der natürlichen Umwelt", „Erhalt der Assimilationsfähigkeit" oder „Erhalt der Substitutionsfähigkeit" stellen nicht bloß unterschiedliche Konkretisationen des abstrakten Prinzips dar (wie es z.B. in Verlautbarungen des Bundesumweltministeriums erscheint),[12] sondern verweisen vielmehr auf grundlegende und miteinander unvereinbare Interpretationsentscheidungen. „Erhalt der Regenerationsfähigkeit" zielt auf den Erhalt eines Wirkungsmechanismus der Natur, der als Maßstab und Instanz, Vorbild und Garant für Zukunftsfähigkeit gilt und dessen Anerkennung durch den Menschen eingefordert wird. (Die Unterscheidung „biozentrisch/anthropozentrisch" liegt quer zu dieser Denkfigur; wir finden hier Argumentationen auch der Art, daß ein Als-ob-Biozentrismus im Interesse des Menschen läge.) Konsequenz dieser Interpretation ist die Forderung nach Schonung nicht-regenerierbarer oder nur langsam regenerierbarer Ressourcen, nach Unantastbarkeit von Stoffkreisläufen (insbesondere des Stickstoffkreislaufes) und der Artenvielfalt, kurz: eine weitgehende Forderung nach Zurücknahme anthropogener Veränderungen und Interventionen in die natürliche Umwelt. Solcherlei spiegelt sich in entsprechenden Stellungnahmen zur Tabuisierung bestimmter Ressourcen (Regenwälder, fossile Brennstoffe), zu Freilandversuchen (Risiko des horizontalen Gentransfers dominanter Arten) oder der Schonung der Ökosphäre als Schadstoffsenke. Setzt man hingegen stärker auf den Erhalt der Assimilationsfähigkeit, sind menschlichen Eingriffen keine Grenzen gesetzt, solange der Erhalt des Gesamtsystems, wenn auch in veränderter Form, gewährleistet scheint. Im Extremfall kann dies bis zur „Disneyland-Definition" von Nachhaltigkeit führen, dahingehend, daß eine schadstoffresistent optimierte Menschheit in einer künstlichen (schadstoffresistenten) Umwelt überlebt. Ein Bezug zwischen beiden Interpretationsstrategien wird ersichtlich, wenn danach gefragt wird, welche assimilativen Veränderungen innerhalb der Regenerationsfähigkeitsgrenze zugelassen werden sollten (abzulesen an der Dis-

12 Institut der Deutschen Wirtschaft (1996), S. 1.

kussion, inwieweit Arten sich der Klimaerwärmung anpassen könnten). Die auf Substitutionsfähigkeit konzentrierte Interpretation von „Nachhaltigkeit" schließlich orientiert sich funktional an gegebenen oder unterstellten Interessenlagen und fixiert die Lizenz zu Interventionen rein an der Erfüllbarkeit der Interessen bzw. erlaubt die Ausbeutung von Ressourcen oder die Veränderung der Artenvielfalt, sofern ein funktional äquivalenter Ersatz zur Verfügung steht. Was am Beispiel Nachhaltigkeit ersichtlich wird, prägt auch Interpretationsdissense in anderen einschlägigen Bereichen: Dissense im Blick auf Sozialverträglichkeit, Gesundheit, Risiko und Sicherheit bestehen aufgrund der jeweils vorausgesetzten und als grundlegend anerkannten Begründungsinstanzen der Interpretation. Diese Dissense schreiben sich fort bis in die eher technischen Bereiche z.B. der Indikatoren, somit auch der Öko- und Sozialbilanzen: Ob ich bestimmte Bioindikatoren anerkenne oder Sozialindikatoren wie die Bruttosozialprodukt-Entwicklung oder Gesundheitsindikatoren wie die Verlängerung der durchschnittlichen Lebenszeit, hängt von solchen grundlegenden umstrittenen Interpretationsentscheidungen ab.

Ein zweites Dissensfeld besteht im Blick auf Konflikte zwischen denjenigen anerkannten Grundwerten, vermöge derer technologische und wirtschaftliche Entscheidungen bewertet werden. Das Problem hat eine ähnliche Struktur wie im Fall der „Nachhaltigkeit". Auf abstraktem Niveau finden sich Grundwerte, die auf einem „fundamentalen Konsens" beruhen und in der VDI-Richtlinie 3780[13] in einem aufwendigen Verfahren eruiert wurden: Das sogenannte Werteoktogon umfaßt die Grundwerte Umweltqualität, Gesundheit, Sicherheit, Funktionsfähigkeit, Wirtschaftlichkeit (einzelwirtschaftlich), Wohlstand (gesamtwirtschaftlich) sowie Persönlichkeitsentfaltung und Sozialqualität. Verläßt man diese Ebene, so gerät man sogleich in die Bewertungskonflikte bei Einzelfällen, in denen sich unterschiedliche Auffassungen über die jeweilige Priorisierung des einen über den anderen Grundwert spiegeln: So im Konflikt zwischen gesamtwirtschaftlichen und einzelwirtschaftlichen Erwägungen beim Streit um die Externalisierung oder Internalisierung von Kosten (z.B. für Umweltschäden); im Konflikt zwischen Funktionsfähigkeit, Gesellschaftsqualität und Persönlichkeitsentfaltung beim Streit um die Ausdehnung des Datenschutzes resp. dem Transparentmachen von Prozessen; im Konflikt zwischen Umweltqualität und Gesundheit angesichts der tourismusindizierten Schäden sowie der Folgen der chemisch-pharmazeutischen Arzneimittelindustrie; im Konflikt zwischen Umweltqua-

13 Vgl. VDI (1999).

lität, Gesundheit und Wirtschaftlichkeit im Streit um Materialien und Produktionsverfahren (Arbeitsschutz); im Konflikt zwischen Sicherheit und Gesellschaftsqualität resp. Persönlichkeitsentfaltung angesichts von Einschränkungen und Vorschriften u.v.a. mehr. Solche Wertpriorisierungsdissense sind nicht einfach dadurch konsensual zu regeln, daß man die Präferenzhierarchien oder Zweckhierarchien der Beteiligten in Abgleich bringt, und zwar deshalb nicht, weil sich die Wertdissense in die Präferenzdissense uneindeutig fortschreiben, sowie ferner, weil sich Präferenzhierarchien nicht durchgängig in Mittel-Zweck-Hierarchien übersetzen lassen und eine gemeinsame Suche nach Oberzwecken daher das Problem nicht löst (s.o.).

Ein dritter Dissensbereich eröffnet sich bei konsensualen Zielen im Blick auf die Umsetzung, wobei nun nicht mehr die Rechtfertigung der Ziele, sondern die Bewertung der Erfolgsträchtigkeit der getroffenen Maßnahmen den Dissens begründet. Die in diesem Falle folgenorientierte Diskussion leidet unter der Ungewißheit der wissensmäßigen Voraussetzungen (z.B. bei Simulationen und Szenarien) und begründet eine entsprechende Entscheidungsunsicherheit. Ob z.B. der Tropenholz-Boykott aufgrund des dadurch ausgelösten Preisverfalls die Abholzungspraxis befördert (UBA) oder nicht (Umweltverbände), ob die in Deutschland angestrebte CO_2-Minderung als Vorbild effektiv ist oder ob sie das Problem verdeckt angesichts der Entwicklung in China oder Malaysia, ob eine Öko-Optimierung des einzelnen Automobils die Gesamt-Umweltbelastung durch den Individualverkehr letztlich vergrößert oder mindert, ob der Umgang mit Rechnern bei Kindern deren intellektueller Entwicklung förderlich oder abträglich ist, ist Gegenstand von Dissensen in diesem Bereich.

Ein viertes Dissensfeld besteht im Blick auf die Einschätzung sog. Sachzwänge. Solche Einschätzungen spielen insofern eine Rolle, als durch sie der Gegenstandsbereich möglicher Verantwortung definiert bzw. eingeschränkt wird. Im wörtlichen Sinne können natürlich Sachen nicht zwingen; allerdings finden sich Zwänge und Herrschaftsverhältnisse in Sachen objektiviert, und zwar immer dann, wenn ein Sachbereich so gestaltet ist, daß er sich der Verfügung durch das Subjekt dahingehend entzieht, daß bei einem erstrebten Ziel die Handlungsoption als nicht substituierbar erscheint. Solcherlei manifestiert sich beim Umgang mit Maschinen, in denen ein Mechanismus bloß noch ausgelöst wird (und notwendigerweise ausgelöst werden muß, wenn das Handlungsziel erreicht werden soll), und dies zeigt sich in bestimmten Bereichen unseres Lebens in den Systemen der technischen Zivilisation, deren Leistungen auch dann in Anspruch genommen werden müssen, wenn diese

Zivilisation oder Teile von ihr abgelehnt werden. Im Extremfall der Technokratie (Helmut Schelsky)[14] ist im Zuge eines Angewiesenseins der handelnden Subjekte auf die von ihnen selbst entwickelten Mittel das weitere Disponieren über diese Mittel insoweit vorgegeben, als ein Verzicht auf die Sachgründe als „Imperativ" für den Einsatz dieser Mittel die Leistung des Gesamtsystems riskieren würde. Der Verweis auf diesen Mechanismus – in entlastender Absicht – findet sich mannigfach bei Ingenieuren und Managern im Zuge der Rechtfertigung ihres Tuns. Die Verfechter einer „technologischen Aufklärung" hingegen (s.o.) insistieren auf der Gestaltbarkeit der technischen und wirtschaftlichen Entwicklung und erweitern insofern den Bezugsbereich von Technik- und Wirtschaftsethik. Die seriöse Basis des Streits zwischen Systemkonformisten und Moralisten ist die Auseinandersetzung um die Belastbarkeit der Subjekte sowie die Verluste an Systemleistungen überhaupt.

Schließlich – und in Zusammenhang damit – bestehen Dissense um die Zuschreibung von Verantwortung an Subjekte, Organisationen und Institutionen. Subjekte handeln sowohl als moralische Individuen als auch als Rollenträger und/oder Repräsentanten von Institutionen. Ihre moralische Verantwortung wird nicht bloß durch Normen und Prinzipien fixiert, sondern hängt auch an ihrer Selbsteinschätzung bezüglich ihres Subjektstatus beim realisierten Handlungskonzept. Die arbeitsteilige Zivilisation, auf deren Leistungen wir angewiesen sind, basiert zum großen Teil auf einer oftmals rechtlich normierten Rollenverantwortung, die, wie Max Weber gezeigt hat, selber insofern ein technisches Rationalisierungsprinzip ist, als der Bezug der Rollen untereinander als Mittel-Zweck-Verhältnis modellierbar erscheint. Agieren Subjekte hingegen als Repräsentanten von Institutionen, so sind sie deren höheren Zielen, insbesondere der „Hintergrunderfüllung" und Ferngratifikation (Arnold Gehlen) verpflichtet, was wiederum mit konkreten Gratifikationserwartungen und der Erfüllung berechtigter Präferenzen konfligieren kann (sofern nicht im Extremfall ein klares universal-moralisches Prinzip die Rollenwahrnehmung oder Institutionenrepräsentanz verbietet). Eine ganze Reihe von technik- und wirtschaftsethischen Konflikten läßt sich auf interne Konflikte um die Subjektträgerschaft zurückführen, und letztlich erweist sich diese Frage auch als Hintergrundproblem der oben angeführten Dissensfelder insofern, als der Subjektstatus im Blick auf das Recht, eine basale Interpretation als gültig anzuerkennen, eine Wertpriorisierung als maßgeblich zu ver-

14 H. SCHELSKY (1965), S. 439-480.

treten oder einen Sachzwang in entlastender Absicht anzuführen, in Frage gestellt werden kann. Solcherlei schreibt sich fort, wenn Institutionen und Organisationen (z.B. Unternehmen) in ähnlicher Weise die Verantwortung ablehnen (weil sie sich ihrerseits überlastet fühlen) oder zwar Verantwortung übernehmen, aber zugleich das Recht reklamieren, die Bezugsinstanz, vor der sie sich verantwortlich fühlen, selbst zu wählen. Schließlich entsteht in diesem Feld regelmäßig der Konflikt zwischen einer Selbstzuweisung von Verantwortung (oftmals manifestiert im „Sich-verantwortlich-Fühlen") und einer aus gesetztem Recht resultierenden externen Verantwortungszuweisung (in juristischem Sinne verantwortlich sein im Blick auf Haftung, Vorsorge etc.).

Dissense in diesen Feldern, die die unterschiedliche Einschätzung wirtschaftlich-technischer Innovationen prägen, sollten natürlich einer Lösung zuführbar sein. Zwei Lösungsstrategien werden hierbei häufig in Anschlag gebracht: Der Versuch, eine klare Hierarchisierung von Orientierungsgrößen zu entwickeln, verbunden mit Kriterien, die den Einzelkonflikt in diese Hierarchie einzuordnen erlauben (moralische Grundrechte vor Präferenzerfüllung, Schadensminderung vor Nutzenserhöhung, öffentliches vor partikularem Wohl, Sicherheit vor Risiko etc.)[15] steht allerdings bereits vor den Abwägungsproblemen, die die Dissense ausmachen, wenn über den Erhalt oder die Änderung mutmaßlicher Bedingungen gestritten wird, welche die Voraussetzung für jene Orientierungsgrößen oder ihre kriteriale Umsetzung ausmachen oder wenn die Grundbegriffe kulturbedingt unterschiedlich interpretiert werden. Der zweite Versuch, im Zuge einer Legitimation durch Verfahren die Abwägungsunsicherheiten dezisionistisch der Mehrheitsbildung zu überantworten, läßt die Probleme im wesentlichen stehen und begibt sich der Beantwortung der Frage, warum ausgerechnet eine Mehrheit von Subjekten angesichts der Überforderung einzelner Subjekte, Organisationen und Institutionen diese Überforderung kompensieren kann. Der beruhigende Verweis (Hermann Lübbe)[16] auf den Grundkonsens bezüglich der obersten Ziele verbunden mit der Diagnose, daß doch lediglich Steuerungs- und Umsetzungsprobleme zu erledigen seien, die durch eine mehrheitsdiagnostizierte Erfolgskontrolle gemanagt werden können, greift insofern nicht, als die moderne Diversifizierung der Lebenswelten bereits eine mehrheitsbildungsfähige Erfolgsdiagnose zu verstellen droht, mithin hier auch alle diejenigen Dissense wieder aufbrechen, die oben erwähnt wurden. Gerade deshalb, so

15 H. LENK (1992), S. 28.
16 H. LÜBBE (1976), S. 68, 115ff.

Helmut Schelsky zynisch, wird zunehmend auch die Mehrheitsbildung technisch bewerkstelligt, nämlich durch eine Sozio- und Psychotechnik, wie sie auch Marketing und Werbung prägen.

IV. Forderungen an eine Klugheitsethik als Rahmenethik für das Dissensmanagement

Der Blick auf einige wesentliche Dissensfelder hat gezeigt, daß prinzipielle Lösungen der Orientierungsdefizite, Zuweisungsdefizite und Wissensunsicherheiten schwerlich in Sicht sind, sofern sie für die Bereiche der Spezialethiken fruchtbar werden sollen. Ja mehr noch: Es ist wohl deutlich geworden, daß die Konflikte im wesentlichen daraus resultierten, daß eben Prinzipien, d.h. oberste Normen, gerade im Anwendungsfall konfligierten (das mindert nicht die Leistung von Prinzipien in anderen Problembereichen, etwa der Rechtfertigung universal-moralischer Regeln). Wenn solche Prinzipien zu Regeln gleichsam heruntergestuft werden, gelangen wir in den Bereich einer provisorischen Moral, einer „Moral für unterwegs“ (Peter Fischer),[17] für die Descartes' Entwurf einer „morale par provision“ das Vorbild abgibt. Provisorische Moral darf nicht als Lizenz zum Relativismus fehlinterpretiert werden. Sie folgt in ihrem Konzept zwar der Einsicht, daß eine Letztbegründung ihrer einzelfallbezogenen Empfehlungen gerade im Blick auf die Berücksichtigung der Einzelfallspezifik nicht zu erbringen ist; gleichwohl verfügt sie über eine stabile Binnenstruktur, die in ihrer Elastizität etwa mit einem Zelt zu vergleichen ist, das zwar ein fest fundamentiertes Haus nicht ersetzen kann, aber deutliche Qualitäten aufweisen muß, um seinen Zweck, zu einer sicheren Reise beizutragen, zu erfüllen. Im Gegensatz zu Descartes können wir wohl nicht mehr davon ausgehen, an einem zu erreichenden Ziel dann das erstrebte „ethische Haus“ zu bauen; jedoch sollte eine provisorische Moral der Forderung entsprechen, die „Reise“ (Dynamik der technisch-wirtschaftlichen Superstruktur) zukunftsfähig zu gestalten. Zu diesem Zweck hat Descartes Regeln empfohlen (also nicht Prinzipien), die auf den ersten Blick widersprüchlich erscheinen, die aber in dieser Widersprüchlichkeit einen Sinn aufweisen, weil sie sich gegenseitig problemadäquat zu relativieren vermö-

17 P. FISCHER (1996), S. 84.

gen.[18] In ihrer Gesamtheit geben sie somit ein flexibles, fehlerfreundliches Regelsystem ab, das für unsere Zwecke anregend sein kann. Die erste Regel fordert die Orientierung an herrschenden Gesetzen, Sitten und Üblichkeiten und scheint einen Konformismus zu befördern. Die zweite Regel fordert das Festhalten an Ansichten und Entscheidungen, selbst wenn diese zweifelhaft und bloß wahrscheinlich richtig sein sollten und scheint somit einen Dezisionismus zu befürworten. Die dritte Regel fordert die Selbstbeschränkung auf die Grenzen der eigenen Handlungsmacht und scheint einer fast fatalistischen Selbstbescheidung das Wort zu reden. Die vierte Regel, eine höherstufige Regel, die den Einsatz der ersten drei ihrerseits reguliert, fordert die Vervollkommnung der Urteilskraft. Von hier aus finden wir nun den Zugang zum Gesamtsystem: Denn Urteilskraft bewerkstelligt die Anwendung von Regeln auf den Fall, und eine solche Anwendung hätte, da wir drei auf den ersten Blick widersprüchliche Regeln antrefffen, genau deren Relativierung zu bewerkstelligen. Wenn Üblichkeiten versagen (Regel 1), weil das Problem neu ist, müssen Entscheidungen getroffen werden („ein Weg aus dem Wald gewählt und beibehalten werden"), andererseits sollten solche Entscheidungen zugunsten des Üblichen aufgegeben werden, sobald wieder eine Insel anerkannten Wissens berührt wird. Dezisionismus und Konformismus können sich also wechselseitig relativieren. Desgleichen läßt sich ein rigoroser Dezisionismus relativieren durch Einsicht in die eigenen Wissens- und Handlungsgrenzen (Regel 3), die, fürs ganze genommen, einen Relativismus oder falsch verstandenen Entscheidungsliberalismus begründen würde, der die Erfahrung der eigenen Grenzen gar nicht mehr machen könnte, würde er nicht sich auch an der Regel 2 orientieren. Zugleich aber korrigiert die Regel 3 den Absolutheitsanspruch tradierter Sittlichkeit (Regel 1) durch Aufweis ihrer Grenzen und die Orientierung an der Regel 1 wiederum relativiert den Relativismus, in dem sie die Achtung seiner institutionellen Grundlagen anmahnt.

In der hier geschilderten Tendenz versucht also provisorische Moral einen optimalen Umgang mit Unsicherheiten zu bewerkstelligen, in dem sie ein optimiertes System des auf wechselseitiger Korrektur beruhenden Ausgleichs einseitiger Handlungsstrategien entwirft. Freilich dürfte angesichts einer zunehmend dynamisierten technologischen Kultur die Hoffnung auf eine Ausbildung individueller Urteilskraft der Problemlage nicht gerecht werden,

18 Diesen Ansatz hat ANDREAS LUCKNER (1996), S. 68ff., im Rahmen eines gemeinsamen Forschungsprojektes entwickelt und vorgestellt.

da gerade unsere Endlichkeit einer Diversifizierung der Lebenswelten nicht mehr Herr wird und das zunehmende Auseinanderfallen von Wirkwelt und Merkwelt (Jakob von Uexküll) ein learning by doing erschwert. An dieser Stelle sind Verfahren gefragt, die nun – gerade nicht wie bei der diskursethischen Variante der Pflichtenethik – nicht etwa die Beteiligten durch Erzielen oder gar Einklagen von Konsens festzulegen versuchen,[19] sondern sie in die Lage versetzen, mit ihren wohlbegründeten Dissensen in einer Weise umzugehen, die Lernen, Umdisponieren, Planen und Korrigieren nicht verstellt. Ein solches Verfahren nenne ich „Dissensmanagement", welches m.E. jene Leerstelle einer provisorischen Moral ausfüllen kann. Es reizt – problemadäquat – die Möglichkeitsspielräume begründeter Konflikte aus und begrenzt zugleich deren Aushalten in den Fällen, in denen jeweils eine der konfligierenden Optionen (dezisionistisch und rigoristisch) die Zukunftsfähigkeit des Konfliktfeldes insgesamt gefährdet. An der Nahtstelle zwischen Technik- und Wirtschaftsethik lassen sich bestimmte Probleme auf Defizite im Dissensmanagement zurückführen. Und wir kehren nun zu den spezifischen Orientierungskonflikten einer Technik- und Wirtschaftsethik in den Unternehmen und ihrem Umfeld zurück.

Die oben angeführten Dissensfelder manifestieren sich unternehmensintern zunächst in Meinungsdifferenzen zwischen Stabsabteilungen, Entwicklungsabteilungen, Produktionsplanung, Marketing, Vertrieb, Personalabteilung und Kundenbetreuung. Sie betreffen oftmals Grundsatzentscheidungen über die Unternehmensphilosophie, die Arbeitsplatzgestaltung, die Produktionsverfahren, die Angebotspalette etc., wobei die Dissense nicht bloß aus unternehmensinternen Interessenkonstellationen resultieren, sondern auch als „Stellvertreter-Dissense" Interessenkonstellationen des Umfeldes der Unternehmen (politisches Umfeld, Kunden und Verbraucher, Verbände und Bürgerinitiativen etc.) repräsentieren. Analoges gilt für das Agieren der Branchen, Wirtschaftsverbände, die Volkswirtschaften sowie das globale Wirtschaften. Für ein Dissensmanagement, welches eine intersubjektiv erweiterte Basis für die Praktizierung von Urteilskraft abzugeben vermag, bieten sich – ohne Anspruch auf Vollständigkeit – prima facie sechs Strategien an, die unterschiedlich leistungsfähig sind in Relation auf die entsprechenden Problemlagen.

Eine erste Strategie stellt bei bestehenden Dissensen die Entscheidung in die Kompetenz der beteiligten Individuen. Das setzt voraus, daß die Ent-

19 Vgl. meine Kritik an der Diskursethik (1995 a), S. 179-196.

scheider über Chancen und Risiken vollständig aufgeklärt sind und diejenigen, die die Risiken auf sich nehmen, auch in den Genuß der entsprechenden Gratifikation kommen. Jene Strategie der Reindividualisierung des Dissensmanagements, wie sie sich in der Delegation von Entscheidungen an das Kaufverhalten und den Markt (auch unternehmensinterne Märkte) spiegelt, aber auch in der Gewährleistung von Freiräumen bei der Arbeitsplatz- und Arbeitszeitgestaltung etc., stößt an ihre Grenzen, wenn durch die jeweiligen individuellen Entscheidungen die Entscheidungsspielräume der Anderen unproportional eingeschränkt werden. Dies betrifft nicht bloß die direkt ablesbaren Fälle wie das Eingehen von Gesundheitsrisiken, sondern insbesondere auch die Situation, daß durch kumulative Wirkungen gewisse Nötigungen und ein Entscheidungsdruck in eine bestimmte Richtung aufgebaut wird (z.B. was Mobilitätserfordernisse, Anpassung an Kommunikationsformen o.ä. betrifft). In solchen Fällen verstärkt die Reindividualisierungsstrategie den Dissens und nährt neue Konfliktpotentiale.

Eine zweite Strategie verzichtet auf eine direkte Auflösung des Dissenses und versucht, durch kompensatorische Lösungen das Konfliktpotential gewissermaßen an Stellen zu verlagern, an denen die Probleme in Teilen optimaler gelöst werden können. Eine solche Strategie kompensatorischer Regionalisierung verzichtet beispielsweise auf eine Dissensauflösung, die einen zu hohen Aufwand und zu hohe Zugeständnisse erfordern würde, läßt gewissermaßen das Problem (z.B. die Einhaltung einer Produktionsvorgabe, eines Qualitätsstandards, einer selbst auferlegten Umweltnorm) bestehen und versucht im Ausgleich in einem anderen Feld eine kompensatorische Wirkung zu erzielen, die dort aufgrund geringeren Aufwandes oder mit höherer Effizienz bei gleichem Aufwand leichter zu erzielen ist. Auf diese Weise können sich „Unternehmensregionen" und Wirtschaftsregionen gegenseitig entlasten.

Eine dritte, wohl die effektivste Dissensmanagement-Strategie besteht in einer Problemrückverlagerung auf ein jeweiliges Feld, in dem sich bei bestehendem Dissens neue Lösungen anbieten, also eine Suchraumerweiterung stattfinden kann. Wenn Produktionseffektivierung und Zulieferungsoptimierung, Energieverbrauch und Umweltziele, Marketingstrategie und öffentlichkeitswirksame Transparenz, Arbeitsplatzsicherheit und soziale Atmosphäre, innerbetriebliche Kommunikation und Entscheidungseffizienz, Verantwortungsdelegation nach unten und Vermeidung streßbedingten Krankenstandes konfligieren, eröffnet die Frage nach den Problemwurzeln neue Möglichkeiten grundlegender Umorganisation und insbesondere eines neuen Suchens und Fragens. Zu diesem Zweck wird zunehmend eine neue „Fragekultur" gepflegt und es werden neue Foren der Kreativität und Heuristik institutionalisiert. Eine Problemrückverlagerung nach den allgemeinen Vorbildern „Vom Endenergieverbrauch zurück zu den Energiedienstleistungen“ oder „Vom Entsorgungsmanagement zur Abfallvermeidung“ oder „Von der Anlieferungs- und Auslieferungsoptimierung zur Neuorganisation der Distribution“ etc. vermag in bestimmten Fällen die Dissense von der Konfliktoberfläche zu einer Rückbesinnung auf die Problemwurzel zu bringen, was, ohne den Dissens aufzuheben, die corporate identity zu bestärken vermag. Solche Problemrückverlagerungen können sich in Änderungen der Unternehmensstrategie selbst niederschlagen, wenn Unternehmen neben den Produkten ihr Dienstleistungsangebot vergrößern oder sich aus guten Gründen in neuen Märkten engagieren, die dem ursprünglichen Unternehmensprofil auf den ersten Blick konträr zu sein scheinen (von der Energiebereitstellung zu den Einspartechnologien oder vom Arzneimittelmarkt zu Dienstleistung im Präventionsbereich etc.).

Eine vierte Strategie, diejenige der Entscheidungsaufschiebung bis hin zum Moratorium, scheint dann am Platze, wenn aus der Ungewißheit der Wissensbasis derartige Entscheidungsunsicherheiten resultieren müssen, daß die Risiken unkalkulierbar erscheinen und auch im Blick auf Ansehensverluste eine Fixierung auf einen kurzfristigen Wettbewerbsvorsprung in ihrer Amortisation gefährdet ist. Im Wettlauf um die Märkte steht der Dissens zwischen Mahnern und Optimisten innerhalb der Unternehmen allerdings unter der Hypothek des Zwangs zur Gewinnerzielung, erst recht wenn ein kurzfristiger Bilanzierungsrhythmus besteht und die Interessen der Anteilseigner befriedigt werden müssen. Hier können die Dissense oftmals unternehmensintern nicht gelöst werden und es müssen unternehmensübergreifende Organisationen und Institutionen aktiviert werden (s. dazu V.).

Eine fünfte Strategie wird verschiedentlich in gewissen Notlagen ergriffen: Es handelt sich um die Festlegung prohibitiver Maßnahmen resp. Zwänge, die entsprechende Dissense zuungunsten einer bestimmten Option, welche „Overkill-Charakter“ annehmen kann, regelrecht verbieten. Unter dem Problemdruck von Makrorisiken für oder ausgehend von Unternehmen scheinen solche Maßnahmen gut begründet, wenngleich aus pragmatischen Gesichtspunkten ihre Effizienz zu bezweifeln ist, was wiederum ihre Befürwortung auf den äußersten Notfall beschränkt. Für jede prohibitive Maßnahme, bei der ja nicht die Zustimmung zum Bestehenlassen eines Dissenses eingeworben wird (also ein höherstufiger Konsens über das Aushalten eines Dissenses), sondern bei der der Dissens sozusagen tabuisiert wird, entwickeln sich mangels Identifizierung der Beteiligten mit der Problemlösung sehr schnell und allerorten beobachtbar Umgehungsstrategien und verdeckte Maßnahmen zum Unterlaufen der Prohibition (von geheimer Vorratshaltung mit hohen Sicherheitsrisiken bis zur illegalen Entsorgung, der Manipulation von Informationsflüssen etc).

Die beliebteste Dissensmanagement-Strategie ist sicherlich der Kompromiß, bei dem alle Beteiligten ihr Gesicht wahren können. Wie an typischen Kompromissen allgemeiner Art (Verkehrsmix, Energiemix, Sozialversicherungs- und Steuerkompromiß, sanfter Tourismus etc.) ablesbar ist, werden hier aber gerade nicht die Probleme einer grundlegenden Lösung zugeführt, sondern lediglich die unerwünschten Nebenfolgen einer nicht realisierten Problemlösung durch gegenseitige Kompensation minimiert, in summa jedoch kumuliert und fortgeschrieben. Dies läßt sich z.B. an der Problematik der Verkehrsentwicklung einschließlich der just-in-time-Anlieferung deutlich erkennen. Das Eingehen von Kompromissen ist einer provisorischen Moral insbesondere deshalb abträglich, weil das Bewußtsein, in langwierigem Ausgleich eine Problemlösung erzielt zu haben, das schlechte Gewissen ersetzt, welches in konstruktiver Absicht die anderen Dissensmanagement-Strategien einer „Moral für unterwegs" begleitet. Die Kritik am Kompromiß darf allerdings nicht mißverstanden werden als Fundamentalkritik an jeglicher abwägender Lösung, die die Extreme jeweils einer der Regeln provisorischer Moral, somit von deren Hochstilisierung zu Prinzipien, vermeidet. Vielmehr lassen sich divergierende Interpretationen, unterschiedliche Wertpriorisierung, strittige Einschätzungen von Sachzwängen und Verantwortungszuweisungen sehr wohl abgleichen, wenn der Spielraum des Dissenses, der fruchtbar bestehen bleiben soll, für sich eine Rechtfertigung finden kann. Das Gegenteil sei an drei drastischen Beispielen verdeutlicht, bei denen auf der Suche nach Kompromissen die unterschiedlichen Interessen in einer Weise zusammengeführt wurden, die neue Probleme in höherem Maße produziert, als sie die alten löst: Technische Dinosaurier im Automobilbau, die Schnelligkeit, Komfort, Transportvolumen, Sicherheit etc. in einer Konstruktion vereinen, die aufgrund ihres Gewichts und des Materialaufwandes im Blick auf Energieverbrauch und Recyclingaufwandes neue Belastungen zeitigt; das duale System (Grüner Punkt), das unter der Direktive entstand, den Verpackungsaufwand, der durch die langen Transportwege bedingt ist, und ökologische Interessen unter einen Hut zu bringen, wobei durch den Aufbau der entsprechenden logistischen Struktur einschließlich aller Sekundärfolgen die Gesamtbilanz negativ bleibt, schließlich der Main-Donau-Kanal, der, zu klein ausgelegt, den LKW- oder Schienenverkehr nicht ökologisch relevant zu substituieren vermag. Innovationen im Verkehrssystem oder Maßnahmen, die zu einer Umstellung der Distribution und Minderung der Verpackungen führen, blieben als Alternativen zu jenen Kompromissen außen vor.

Schwierigkeiten, die sich im Rahmen dieser Dissensmanagement-Strategien bereits andeuten, verweisen uns auf die Frage, wie ein entsprechendes Dissensmanagement überhaupt realisierbar ist. Dies führt uns zur abschließenden Überlegung bezüglich der Rolle von Institutionen in diesem Problemfeld.

V. Die Aufgabe der Institutionen

Entsprechend dem anthropologischen Basiskonsens obliegt Institutionen die Aufgabe, individuelles Entscheiden im weitesten Sinne zu ermöglichen, sofern diese Ermöglichungsleistung von Individuen nicht selbst erbracht werden kann. Dazu gehört, hinreichend weite Spielräume der Optionenwahl bereitzustellen und zu erhalten (insbesondere die Notwendigkeit eines Reagierens auf „Sachzwänge" oder eines beständigen Krisenmanagements zu minimieren), sowie die Entwicklung und Wahrung der Subjektposition der Entscheidenden zu gewährleisten (insbesondere die Konsequenz einer Aufhebung der Subjektposition in Folge der Nicht-Akzeptanz von „Sachzwängen", z.B. Marktaustritt, vermeidbar zu machen).[20]

Die Tugend einer Beförderung des Dissensmanagements ist aus der Not geboren, daß Dissense in produktiver Weise ausgehalten werden müssen, weil aus den verschiedensten Gründen eine Wissens- oder Orientierungsbasis, auf der ein Konsens aufruhen könnte, nicht in Sicht ist. Die Möglichkeit, Dissensmanagement zu praktizieren, bedarf entsprechender Foren und Freiräume, welche nur institutionell konstituiert werden können, weil ansonsten der zufällige Stand des Spiels der Kräfte den Dissens verdrängt. Die demokratisch legitimierten Institutionen, welche im Zuge einer Legitimation durch Verfahren den Umgang mit Dissensen in einen rechtlich geregelten Rahmen einbinden, stellen zur Lösung des Problems eine notwendige, aber nicht hinreichende Leistung bereit, insbesondere deshalb nicht, weil sie die Bedingungen ihres eigenen Funktionierens nicht gewährleisten können. Denn gerade

20 Vgl. hierzu CH. HUBIG (1999 a).

im vorlegislativen Bereich finden Anerkennungsprozesse bezüglich einschlägiger Wissensbasen sowie von Leitbildern und normativen Orientierungen statt, die das politische Machtgeschehen nur noch implizit prägen und auf dieser Ebene das Austragen der Binnendissense nicht mehr zulassen. Wenn daher zunehmend nach Diskursen und Mediationen im vorparlamentarischen (und vorjurisdiktiven) Bereich gerufen wird, sind diese Forderungen nicht bloß im Blick auf die Notwendigkeit einer Nutzung des kreativen Potentials eines Dissensmanagements im obigen Sinne gut begründet, sondern auch im Blick auf die Gewährleistung der Funktionsbedingungen demokratischer Verfahren der Mehrheitsbildung.

Genauso wenig, wie sich dementsprechend eine Konkurrenz zwischen den institutionellen Leistungen der Legislative und eines Dissensmanagements im weiteren Sinne konstruieren läßt, genauso wenig sollte eine Konkurrenz zwischen institutioneller und individueller Verantwortungswahrnehmung angenommen werden, etwa unter dem Hinweis, daß individuelles Verantworten auf Institutionen abgeschoben würde. Denn der kategoriale Unterschied zwischen institutionellem Handeln als Handeln der Ermöglichung (durch Unterstützung, Subvention, Anreizsysteme, aber auch durch Verbote etc.) und individuellem Handeln der Verwirklichung bleibt unüberbrückbar. (Sofern Individuen solche Funktionen wahrnehmen, sind sie „Institution in einem Fall".) Überdies fällt Individuen jeweils die Aufgabe zu, über die Gestaltung der Institutionen zu disponieren.

Bevor wir konkret über erforderliche Leistungen bestimmter Institutionen für ein Dissensmanagement in unserem Problemfeld sprechen, ist eine weitere Differenzierung herauszustellen, welche für die Diagnose einiger weiterer Probleme notwendig erscheint: diejenige zwischen institutionellem und organisatorischem Handeln. Institutionen geben die Möglichkeit der Optionenwahl vor, indem sie Leitbilder, normative Orientierungsmuster, Verhaltenserwartungen (mit Gratifikationen und Sanktionen) und bewährte Wissensbasen präsentieren. Damit eröffnen sie für Individuen die Möglichkeit, sich zu diesen Angeboten in ein Verhältnis zu setzen, welches sich in der Wahl möglicher Handlungszwecke ausdrückt. Organisationen (welche oftmals, aber nicht immer, die Außenseite von Institutionen darstellen) stellen Individuen reale Möglichkeiten für die Wahl derjenigen Mittel vor, die zur Verwirklichung der gewählten Handlungsoption unabdingbar sind. Eine Spannung zwischen institutionellem und organisatorischem Handeln entsteht regelmäßig dort, wo Organisationen – aufgrund der Orientierung ihrer Mitglieder auf Eigengratifikation – die korrespondierenden institutionellen Ziele aus den Augen verlieren oder bewußt ignorieren (Bürokratie-Problem etc.). Zur Ermöglichung eines Dissensmanagements, welche eine höherstufige Entlastungsaufgabe darstellt, sind institutionelle und organisatorische Leistungen erforderlich, auch und gerade im Blick auf den Erhalt der Institutionen, die diese Leistungen erbringen. Dies gilt sowohl für den Bereich des Wirtschaftens wie für die Gestaltung von Technik.

Dissensmanagement zu ermöglichen bedeutet, Dissense überhaupt ersichtlich zu machen – durch eine qua Partizipation realisierte Transparenz – sowie Spielräume bereitzustellen, innerhalb derer Strategien des Dissensmanagements in Anschlag gebracht werden können. Spielräume bereitzustellen hieße, Sachzwänge des Entscheidungsdrucks zu minimieren sowie durch kluge Beratungsangebote Synergien zwischen der jeweiligen Urteilskraft der Individuen soweit zu befördern, daß die Arbitrarität des Entscheidens (zugunsten einer Dissensfraktion) in der skizzierten Weise umgangen werden kann.

Konsequenzen für die in unserem Problemfeld einschlägig wirkenden Institutionen können an dieser Stelle nur noch angedeutet werden: Unternehmen als Institutionen können ein entlastendes Dissensmanagement im Zuge einer Optimierung der Unternehmenskommunikation dahingehend befördern, daß z.B. unter der Strategie der Problemrückverschiebung neue Suchräume für die Lösung der Probleme an ihrer Wurzel eröffnet werden (so z.B. beim Dissens zwischen der Befürwortung von Verantwortungsdelegation nach unten und der Vermeidung von Überforderung mit der Folge einer streßbedingten Erhöhung des Krankenstandes). Für Branchen und Unternehmensverbünde als Institutionen dürfte die Beförderung von Dissensmanagement im vorwettbewerblichen Bereich den Umgang mit unsicherem Wissen (etwa bei der Technikfolgenabschätzung) durch koordinierte Entscheidungsverschiebung entlasten, ferner durch Selbstverpflichtungen prohibitiven Charakters das Auftreten von „Overkill-Lösungen", welche im negativen Fall auf die gesamte Branche zurückschlagen, minimieren. Im institutionalisierten Rahmen von Volkswirtschaften sollte unter weitmöglichster Vermeidung von ad hoc-Kompromissen im Rahmen von „Konsensgesprächen" das Spektrum von angepaßten kompensatorischen Lösungen sowie Problemrückverschiebungen in Verbindung mit Anreizsystemen zur Ausfüllung neuer Suchräume bei weitestmöglicher Vermeidung von Prohibitionen ausgeschöpft werden, und schließlich dürfte im globalen Rahmen einer erst im Stadium expliziter Institutionalisierung sich befindenden Weltwirtschaft die Orientierung globaler Verträge unter dem Leitbild des Dissensmanagements eine Gestaltung finden, welche angepaßte und kompensatorische Lösungen zur Überbrückung unter Problemdruck einerseits, Strukturinnovationen mit einem entsprechenden Bewährungsspielraum andererseits befördert, ohne daß durch die beständigen Einigungsversuche auf kleinstem gemeinsamen Nenner die Probleme fortgeschrieben werden.

Literaturverzeichnis

ARISTOTELES: *Nikomachische Ethik*, übers. u. hrsg. v. O. GIGON, München (dtv) 1972.

FISCHER, P. (1996): „Moral für unterwegs", in: CH. HUBIG und H. POSER (Hrsg.): *conditio humana*, Bd. 1, Leipzig (Leipziger Universitätsverlag) 1996, S. 84-91.

GEHLEN, A. (1957): *Die Seele im technischen Zeitalter*, Hamburg (Rowohlt) 1957.

HAURIOU, M. (1933): *Aux sources du droit*, Paris (puf) 1933.

HUBIG, CH. (^{2}1995): *Technik- und Wirtschaftsethik. Ein Leitfaden*, Berlin, Heidelberg, New York ^{2}1995.

HUBIG, CH. (1995a): „Konsens- oder Dissensethik? Von der Diskursethik zum Dissensmanagement", in: A. LUCKNER (Hrsg.): *Freiheit oder Gerechtigkeit?*, Leipzig (Leipziger Universitätsverlag) 1995, S. 179-196.

HUBIG, CH. (1997): *Technologische Kultur*, Leipzig (Leipziger Universitätsverlag) 1997.

HUBIG, CH. (1999): „Werte und Wertkonflikte", in: VDI (Hrsg): *Aktualität der Technikbewertung*, Düsseldorf (VDI-Verlag) 1999, S. 17-31.

HUBIG, CH. (1999a): „Sachzwänge – Herausforderung oder Entlastung einer Technik- und Wirtschaftsethik", in: PETER KAMPITS (Hrsg.): *Angewandte Ethik. Akten des 21. Internationalen Wittgenstein-Symposiums, 1998*, Wien (öbv und hpt) 1999.

INSTITUT DER DEUTSCHEN WIRTSCHAFT (1996): *IW-Umweltservice*, 8/Nr. 1 (1966), Köln (div) 1996.

KANT, I. (1785/1965): *Grundlegung zur Metaphysik der Sitten*, Hamburg (Meiner) 1965.

KANT, I. (1797/1967): *Kritik der praktischen Vernunft*, Hamburg (Meiner) 1967.

KÖNIG, W. (1990): „Das Problem der Periodisierung und die Technikgeschichte", *Technikgeschichte*, 57 (1990), S. 285-298.

KROHN, W. (1976): „Technischer Fortschritt und fortschrittliche Technik – Die alternativen Bezugspunkte technischer Innovationen", in: W. CH. ZIMMERLI (Hrsg.): *Technik oder wissen wir, was wir tun?*, Basel, Stuttgart (Schwabe) 1976, S. 38-65.

LENK, H. (1992): *Zwischen Wissenschaft und Ethik*, Frankfurt a.M. (Suhrkamp) 1992.

LÜBBE, H. (1976): *Unsere stille Kulturrevolution*, Zürich (Artemis) 1976.

LUCKNER, A. (1996): „Elemente provisorischer Moral", in: CH. HUBIG, H. POSER (Hrsg.): *conditio humana*, Bd. 1, Leipzig (Leipziger Universitätsverlag) 1996, S. 68-75.

MARX, K. (1857/58/1953): *Grundrisse der Kritik der politischen Ökonomie*, Berlin (Dietz) 1953.

ROPOHL, G. (1979): *Eine Systemtheorie der Technik. Zur Grundlegung der allgemeinen Technologie*, München, Wien (Hanser) 1979.

ROPOHL, G. (1991): *Technologische Aufklärung. Beiträge zur Technikphilosophie*, Frankfurt a.M. (Suhrkamp) 1991.

SCHELSKY, H. (1965): *Auf der Suche nach der Wirklichkeit*, Düsseldorf, Köln (Diederichs) 1965.

VDI (1999): *Aktualität der Technikbewertung. Erträge und Perspektiven der Richtlinie VDI 3780*, Düsseldorf (VDI-Verlag) 1999.

10. Kapitel

Wirtschaftsethik: Wo bleibt die Philosophie?

KARL HOMANN

I. Einleitung
II. Die Bedeutung der Ökonomik für die Ethik
III. Die Rolle der Ethik in der Wirtschaftsethik
IV. Die Bedeutung der Ethik als Heuristik der Ökonomik
V. Schlußbemerkung

I. Einleitung

Ein Großteil der Schwierigkeiten, denen sich die Philosophie heute gegenübersieht, resultiert aus der Tatsache, daß sie die anhaltenden Modernisierungsprozesse immer weniger zu verarbeiten vermag. Diese Prozesse sind vor allem durch Ausdifferenzierung gesellschaftlicher Subsysteme und durch Entwicklung der positiven Einzelwissenschaften gekennzeichnet. Zwar ist inzwischen angekommen, daß die Ideen Gott, Freiheit und Unsterblichkeit in der Physik nichts zu suchen haben, weil es sich, den Grundgedanken Kants modern ausgedrückt, um zwei unterschiedliche Diskurse handelt. Aber wenn ich den streng analogen Gedanken formuliere, daß Werte, Pflicht und Sollen in der Ökonomik nicht vorkommen dürfen, dann ernte ich regelmäßig Reaktionen, die von ungläubigem Staunen bis zu moralischen (!) Verdächtigungen reichen, so als ob ich die sittlichen „Phänomene“ in der Welt der Wirtschaft leugnen und/oder „reduktionistisch“ auf bloßen „Egoismus“, die Standardannahme der ökonomischen Theorie, zurückführen wollte.

Es erscheint wenig sinnvoll, daß ich mich mit dieser Kritik im Detail auseinandersetze. Ich führe die Auseinandersetzung vielmehr generell und methodisch, indem ich die Fragestellung Kants unter gegenwärtigen Bedingungen so reformuliere: Welche Rolle spielt die Philosophie, hier insbesondere die philosophische Ethik, unter den Bedingungen funktionaler Subsysteme und der zugehörigen positiven Wissenschaften? Ich werde im zweiten Abschnitt die Bedeutung der Ökonomik für die Ethik darstellen, um auf dieser Folie im dritten und vierten Abschnitt umgekehrt die Rolle der philosophischen Ethik in einer modernen Wirtschaftsethik zu entwickeln.

II. Die Bedeutung der Ökonomik für die Ethik

Wirtschaftsethik wird verbreitet als Bereichsethik verstanden: als Ethik für den „Kultursachbereich" Wirtschaft, und die Ökonomik entsprechend als „Wirtschaftswissenschaft".

Das Paradigma, das dieses Verständnis der Wirtschaftsethik als Ethik für den Bereich Wirtschaft praktisch überall leitet, bezeichne ich als „Dualismus".[1] In diesem Ansatz wird die lebensweltliche Erfahrung vieler Menschen von einem *Widerspruch* zwischen moralischen und ökonomischen Handlungsanforderungen *im Theorieaufriß reproduziert*. Dieser Dualismus gibt sich in verschiedenen Begriffspaaren zu erkennen: Moral – Ökonomie, Ethik – Ökonomik, Menschengerechtes – Sachgerechtes, Altruismus – Egoismus, Gemeinwohl – Eigennutz, intrinsische – extrinsische Motivation und dgl. mehr. Da niemand ernsthaft einen normativen Vorrang der Ökonomie vor der Moral vertritt – dies wird manchmal den Ökonomen und auch mir von Kritikern lediglich unterstellt –, bleibt die Dominanz der Moral über die Ökonomie als klassisch dualistisches Konzept übrig.

Der Dualismus krankt für mich an zwei Illusionen:

- an der Illusion, die Moral könne direkt das Handeln wirtschaftlicher Akteure bestimmen, und
- an der Illusion, man könne die sog. „außerökonomischen" Faktoren wie die Moral stärken, ohne dafür ökonomische Vorteile und Nachteile zu bemühen.

Die erste Illusion ist verantwortlich für das verbreitete Postulieren und Moralisieren sowie die spiegelbildlichen Schuldzuweisungen, also für die Attitüde des „erhobenen Zeigefingers", die zweite ist verantwortlich für Therapievorschläge wie Stärkung des moralischen Bewußtseins, Restituierung

1 Vgl. dazu HOMANN (1994).

von „Werten", Erziehung durch Vorbilder, Gesinnungswandel und kommunikative Handlungsorientierung.

Das Programm einer Domestizierung der Wirtschaft durch Moral ist m.E. an den Funktionsbedingungen moderner Gesellschaften gescheitert; es ist auch normativ nicht zu rechtfertigen. Es bleibt unterkomplex und vermag vor allem die Erkenntnisse der Einzelwissenschaft Ökonomik, insbesondere die Fortschritte der Ökonomik der letzten 30 bis 40 Jahre, für die Ethik nicht zu nutzen.

Meine alternative Konzeption von Wirtschaftsethik nimmt ein anderes, moderneres Verständnis der Ökonomik zum methodischen Ausgangspunkt, jenes nämlich, das etwa ein G. S. Becker entwickelt hat[2]. Hier ist die Ökonomik nicht mehr durch den Gegenstandsbereich definiert, sondern durch ihre Methode, durch die Methode der allgemeinen Vorteils-/Nachteils-Kalkulation. Dabei bleiben die Begriffe „Vorteil" und „Nachteil" völlig offen. Unter „Vorteil" kann alles verstanden werden, was die Akteure selbst als Vorteile ansehen, also Einkommen und Vermögen ebenso wie Freiheit, Gesundheit, ein „gutes Leben", Zeit, Muße und personale Identität. Wirtschaftsethik verstehe ich dann als *Ethik mit ökonomischer Methode*, also als eine Ethik, die aus methodischen Gründen mit den Kategorien „Vorteil" und „Nachteil" und ihren Derivaten auskommen muß – wie die Physik mit „Masse" und „Energie".

Damit ist die Beschränkung auf einen „Kultursachbereich" Wirtschaft gesprengt. Diese ökonomische Methode ist „imperialistisch" – aber nur in bezug auf den Bereich möglicher Gegenstände, nicht jedoch in bezug auf die Methode, denn sie erkennt die Legitimität anderer Methoden zur Bearbeitung anderer Fragestellungen an. Gerade durch eine solche imperialistische Ökonomik wird – scheinbar paradox – ein fruchtbares interdisziplinäres Gespräch ermöglicht, während das Verständnis der Ökonomik als „Wirtschaftswissenschaft" eher die üblichen Abschottungstendenzen auch in der Wirtschaftsethik verstärkt.

Daher folgt meine Wirtschaftsethik der methodischen Anweisung, die Ethik und ihre Probleme in terms of economics zu rekonstruieren. Das verlangt eine gute Begründung, fühlen sich doch dadurch nicht wenige Menschen in ihrem Selbstverständnis als moralische Subjekte tangiert oder sogar verletzt.

---

2 Vgl. BECKER (1982); BECKER (1996); BECKER (1996a).

Die abendländische Ethik hat sich immer zugleich mit der *Begründung* und mit der *Implementierung* moralischer Normen und Ideale befaßt. Unter den grundlegend veränderten Bedingungen der modernen Gesellschaft gerät *besonders die Implementierung* in Schwierigkeiten.[3] *Funktionale Differenzierung, Individualisierung* und die wachsende Bedeutung von *Organisationen* lösen das alte System der Fremdkontrolle in den Face-to-face-Beziehungen der überschaubaren vormodernen Gesellschaft, von Restbeständen abgesehen, weitgehend auf. Als funktionales Äquivalent tritt die *Selbstkontrolle* ein. Die eine Form, die Selbstkontrolle durch das individuelle Moralbewußtsein, wird praktisch von der gesamten modernen Ethik implizit favorisiert, bleibt aber in ihrer Reichweite sehr begrenzt. Der Grund liegt darin, daß im Wettbewerb, einem Konstituens moderner Marktwirtschaften, die Moral ausbeutbar wird, so daß der Ehrliche der Dumme ist. Damit verbleibt die zweite Form, die *Selbstkontrolle entlang den eigenen Vorteilserwartungen*, entlang den *Anreizen*. Die Grundidee dieses Systems sozialer Kontrolle besteht darin, daß zwischen *Handlungen* und *Handlungsbedingungen*, in der Sprache des Sports: zwischen Spielzügen und Spielregeln, unterschieden wird und daß die Handlungsbedingungen durch Ordnungspolitik so gestaltet werden, daß die Akteure *nicht gegen ihre Interessen*, sondern *in Verfolgung ihrer Interessen* das Gemeinwohl, die Solidarität aller befördern. Der Wohlstand aller hängt nicht vom Wohlwollen der Handelnden ab, sondern von geeigneten Handlungsbedingungen, von der geeigneten Rahmenordnung. Da diese Rahmenordnung aber nie vollständig ist, sondern immer unvollständig bleibt und bleiben muß, bildet die Rahmenordnung nur die *notwendige*, nicht auch schon die *hinreichende* Bedingung von Sittlichkeit: Daher bildet das Zusammenspiel von *Ordnungsethik* und *Handlungsethik* das Zentrum meiner Konzeption von Wirtschaftsethik. K.-O. Apel hat diese *Zweistufigkeit* meiner Wirtschaftsethik kürzlich als wichtigen Beitrag zur allgemeinen Ethikdiskussion eingestuft.[4]

Für die Methode der Wirtschaftsethik bedeutet das: Unter Bedingungen der modernen Gesellschaft kann die *Ethik*, wenn sie die Implementierungsproblematik weiter als ihre ureigenste Aufgabe akzeptiert, die *Analyse der Handlungsanreize* nicht überspringen. Auf genau diese Anreizanalyse aber ist die Einzelwissenschaft *Ökonomik* zugeschnitten. Sie übernimmt damit eine *genuin philosophische Aufgabe* – A. Smith war Moralphilosoph – und ent-

---

3 Vgl. HOMANN (1999).

4 APEL (1997).

wickelt dafür eigene, hochspezialisierte Methoden, denen man den ethischen Ursprung und Sinn nicht mehr ansieht. Die positive Einzelwissenschaft Ökonomik *verengt* die Fragestellung der Ethik auf die *Implementierungsfrage* und wird *in dieser Hinsicht* leistungsfähiger als die Ethik. Daher darf eine Wirtschaftsethik auch nicht zu früh aus der streng ökonomischen Vorteils-/Nachteils-Kalkulation aussteigen und zu Werten, Sollen, moralischen Präferenzen und dgl. Zuflucht nehmen: Sie würde sich dann um genau die Erkenntnisse bringen, um derentwillen sie die ökonomische Methode angesetzt hatte.[5] So wenig bei Kant Gott, Freiheit und Unsterblichkeit in der Physik einen Platz haben, ebenso wenig haben Werte, Pflicht und Sollen in der ökonomischen Methode einen Platz. J. Habermas weiß genau um den Stellenwert seiner mehr als 30-jährigen Bemühung, sich auf den Begründungsdiskurs zu konzentrieren und die Begründung der Ethik „tiefer zu legen"[6], wenn er dieser Begründung „nur die schwach motivierende Kraft guter Gründe"[7] zuschreibt. Wenn einem das aber nicht reicht, wenn man vielmehr mit der abendländischen Ethiktradition und gegen Habermas die Implementierungsfrage weiter auf der Traktandenliste der Ethik halten will, kommt diese Einschätzung einem Offenbarungseid gleich. Unter den Bedingungen der modernen Gesellschaft kann Ethik, wie die Wirtschaftsethik zeigt, nur als *Anreizethik* in der Zweistufigkeit von *Ordnungsethik und Handlungsethik* entwickelt werden, und dafür ist die ökonomische Methode unverzichtbar.

Um dieses Programm mikrotheoretisch zu begründen, greife ich zentral auf das spieltheoretische Konzept der Dilemmastrukturen zurück, dessen systematischer Stellenwert in meiner Konzeption von der Kritik notorisch ignoriert wird. Wie sich am Beispiel des Gefangenendilemmas illustrieren läßt, sind die Partner in allen Interaktionen wechselseitig aufeinander angewiesen: Keiner ist für den status quo der sozialen Falle allein verantwortlich, keiner kann aber auch allein das für alle beste Resultat erzielen. Deswegen braucht jeder einzelne, wenn er kooperativ handeln soll, die Gewähr, daß sein kooperatives, hier moralisches, Handeln von den anderen nicht systematisch ausgebeutet wird: Dies ist nur durch ein System von – formellen und informellen – Institutionen, Regeln zu gewährleisten, das die Ausbeutungsoptio-

5 Vgl. dazu HOMANN (1997).

6 HABERMAS (1991), S. 34.

7 HABERMAS (1990), S. 135; vgl. ebd. S. 151, wo vom „zwanglosen Zwang guter Gründe" die Rede ist. Auch HABERMAS (1992) löst die Implementierungsproblematik nicht.

nen für jeden einzelnen unattraktiv macht, durch ordnungspolitische Gestaltung der individuellen Handlungsanreize nämlich, was sich technisch in einer Veränderung der Auszahlungsmatrix ausdrückt. Die Auszahlungsrangfolge muß für jeden Akteur so verändert werden, daß er die Moral in Verfolgung seines Eigeninteresses realisiert: „Nicht vom Wohlwollen des Metzgers, Brauers und Bäckers erwarten wir das, was wir zum Essen brauchen, sondern davon, daß sie ihre eigenen Interessen wahrnehmen".[8]

Hier seien drei systematisch wichtige Punkte hervorgehoben (weiter unten folgt ein vierter):

Zum ersten muß eine moderne Ethik zweistufig angesetzt werden, weil nur so eine theoretische Fokussierung auf die Gestaltung der Handlungsbedingungen, der Spielregeln, in den Blick kommt.

Zum zweiten wird moralisches Handeln von der unmittelbar moralischen Handlungsintention abgekoppelt, so daß wir eine in diesem Sinne nichtintentionale Ethik, eine Anreizethik, erhalten. Das ist bereits eine Provokation herkömmlichen Ethik-Verständnisses.

Zum dritten ist eine solche Anreizethik systematisch an die Voraussetzung gebunden, daß die Befolgung der Regeln durch die anderen hinreichend sichergestellt werden kann. Das heißt: *Die institutionelle Implementierbarkeit schlägt auf die normative Geltung der Regeln durch.* Mit diesem Element von enormer Tragweite unterscheidet sich die Wirtschaftsethik grundlegend von allen anderen Bereichsethiken. Sie beteiligt sich damit zentral auch am *Begründungsdiskurs* moralischer Normen. Dies will ebenfalls als eine Provokation erscheinen. Doch dieser Grundsatz stellt nichts anderes dar als die – von den Bedingungen der modernen Welt erzwungene – institutionalistische Neu-Interpretation jenes alten Satzes, der noch von keiner ethischen Theorie bestritten wurde: Ultra posse nemo obligatur. Hier wird dieses „posse" lediglich ökonomisch, also als grundsätzliche *Anreizkompatibilität der Regeln*, interpretiert, was es in der Ethiktradition bislang so nicht gibt. Damit wird indes nicht einer „Normativität des Faktischen" das Wort geredet, denn die Anreizkompatibilität bezieht sich in dieser zweistufigen Konzeption auf die *Regeln*, nicht auf die einzelne Handlung; letztere soll ohne Rücksicht auf situative Anreize der Regel folgen. Durch diese konsequente Zweistufigkeit wird die Theorie mit Kant kompatibel, insofern ich Kants Ausführungen zur Unbedingtheit des moralischen Sollens als Aussage über Handlungen lese, die eine andere, nämlich ökonomische, Begründung von Regeln durchaus

---

8 SMITH (1978), S. 17.

zuläßt; für die Interpretation im zweiten Teil des Satzes gibt es bei Kant selbst viele Indizien.

Man kann den Gedanken auch noch anders ausdrücken: Handlungstheoretisch erscheinen moralische Regeln als Restriktionen, als Einschränkungen der Handlungsoptionen in einer konkreten Situation – sonst brauchten wir sie gar nicht –; gesellschaftstheoretisch erscheinen moralische Regeln jedoch – wenn sie implementierbar sind sc. – als generelle Erweiterung der Handlungsoptionen durch Vereinbarung von Beschränkungen. So entsteht jene verläßliche soziale Ordnung, die allen Menschen viel mehr Möglichkeiten bietet als das bellum omnium contra omnes. Moral, die in der einzelnen Handlung als Beschränkung erfahren wird, dient gesellschaftstheoretisch der generellen Erweiterung der Handlungsoptionen aller, der Erweiterung der Freiheit aller; sie bietet somit „Vorteile für alle" im Sinne der imperialistischen Ökonomik.

III. Die Rolle der Ethik in der Wirtschaftsethik

Im folgenden gehe ich davon aus, daß es unter Bedingungen der modernen Gesellschaft mit funktionaler Differenzierung und positiven Wissenschaften für die philosophische Ethik keinen unmittelbaren, direkten „Durchgriff" auf das Handeln der Akteure geben kann, da dieses Handeln zahllosen systemischen Bedingungen unterliegt. Eine Ethik, die auf unmittelbare Handlungsanweisungen in der modernen Gesellschaft zielt, befördert wider Willen ihre eigene Insuffizienz, insofern sie die Analyse der Handlungsbedingungen der modernen Gesellschaft überspringt.

Natürlich befolgen auch heute noch viele Menschen, sogar in der Wirtschaft, im alltagsprachlichen Sinne moralische Werte oder Normen: Das bestreite ich nicht. Die Frage ist nur, ob man eine solche Alltagsphänomenologie eins zu eins in die Theoriebildung übernehmen darf, und da liegt der Dissens zwischen mir und vielen anderen. Mit „Phänomenologie" sind die kontraintuitiven Funktionsbedingungen moderner Gesellschaften nicht mehr zu erforschen.

Ich erläutere im folgenden drei Funktionen der philosophischen Ethik in der Wirtschaftsethik; zwei davon scheinen in der Sache unproblematisch, während die dritte weiterer Ausführungen und vor allem auch weiterer Forschung bedarf.[9]

1. Ethik fungiert – empirisch und systematisch – oft als *Abbreviatur* von langen ökonomischen Überlegungen. Ethik enthält so relativ kurz gefaßte Anweisungen und Begründungen, die im sozialen Zusammenleben und, auf der Theorieebene, in Philosophie, Theologie, Rechtswissenschaft und Literatur desselben Kulturkreises im Prinzip unstrittig sind. Treten Schwierigkeiten auf, kann man sich weiterhin auf der Ebene der normativen Argumentation mit rationalen Argumenten verständigen, etwa indem man auf höhere, aber immer noch normative, Prinzipien zurückgeht, bis man auf eine Ebene gelangt, auf der normativ Konsens besteht. Argumentieren und Theoriebildung sind soziale Prozesse, deren – grundsätzlich vorläufiges – Ende jeweils von der Bezugsgruppe abhängig ist.

Von Ethik kann man solange sprechen, als die allgemein akzeptierten Prinzipien normativer Art sind, die nicht weiter hinterfragt werden, weil sie auf dieser – vielleicht sehr allgemeinen – Ebene nicht bestritten werden.

Im Prinzip ist diese Verwendung von Moral bzw. Ethik als Abbreviatur unproblematisch, sie ist nur an die Bedingung geknüpft, daß man weiß, was ihr methodologischer Status ist. Im Sinne einer solchen Abbreviatur können in der Wirtschaftsethik und Ökonomik dann auch Worte oder Begriffe wie Werte, Pflicht und Sollen Verwendung finden: Sie dienen der bequemeren Verständigung in Bezugsgruppen, in denen darüber grundsätzliche Einigkeit besteht. Aber man muß wissen, daß diese Begriffe in der Ökonomik aus einem anderen Diskurs gewissermaßen nur geborgt sind. Damit können sie als Entscheid in einer Streitfrage nur benutzt werden, wenn sie im Kontext und in der Bezugsgruppe unstrittig sind. Wenn es mit dem Sinn, der Funktion und

---

9 Dazu HOMANN (1998) und HOMANN (1998a). – Die Unterscheidung zwischen Spielzügen und Spielregeln ist nicht „ontologisch", sondern methodologisch gemeint: Was in einem bestimmten Zusammenhang als Spielzug und was als Spielregel eingestuft wird, hängt von der jeweiligen Problematik ab. In bezug auf die staatliche Rahmenordnung ist eine Unternehmensverfassung als Spielzug, in bezug auf den Unternehmensalltag jedoch als Spielregel anzusetzen. Der Sinn der Unterscheidung besteht darin, für Erklärung und Gestaltung immer zwei systematisch unterschiedliche Ansatzpunkte als Option zu haben, nämlich die „Handlung", also das, was der jeweilige Akteur im konkreten Handlungsvollzug in der Hand hat, und all jene Faktoren, die den Handlungsbedingungen zuzurechnen sind, die der Akteur zwar im konkreten Handlungsvollzug nicht in der Hand hat, die aber häufig langfristig und/oder kollektiv zur Disposition stehen.

vor allem der Implementation dieser normativen Verpflichtungen jedoch systematische Probleme gibt, muß das vormals unstrittige Explanans selbst zum Explanandum werden, d.h. es muß in die Langfassung zurückübersetzt, also ökonomisch rekonstruiert werden. – Nach dieser Explikation in ökonomischer Langfassung müssen die Überlegungen oft, der bequemeren Verständigung wegen, wieder in die Sprache der Moral rückübersetzt, das bedeutet: an die moralischen Intuitionen der Menschen zurückvermittelt, werden, und auch dies ist eine bleibende Aufgabe der philosophischen Ethik. Als Beispiel eines solchen Versuchs der Rückübersetzung in eine neue normative Kurzformel mag der Satz dienen: „Wettbewerb ist solidarischer als Teilen."[10]

2. Selbst der Moralskeptiker N. Luhmann spricht der Moral die Funktion einer Art *Reststeuerung*[11] in Situationen zu, die nicht so stark systemisch determiniert sind und/oder nicht häufig vorkommen. Auch in einer zweistufigen Wirtschaftsethik wird die Handlungsethik nicht überflüssig – den Ansatz zur Handlungsethik bietet die Unvollständigkeit aller sozialen Ordnungen/aller Verträge –, aber ohne Absicherung, Abstützung in der Ordnungsethik hängt sie gewissermaßen in der Luft. G. Kirchgäßner billigt der Moral Handlungsrelevanz nur in sog. „Kleinkostensituationen" zu[12].

Aber auch hier ist bei Bedarf die ökonomische Rekonstruktion von – alltagsphänomenologisch formuliert – „moralischem" Verhalten wie Vertrauen, Fairneß, etc. nötig und möglich: So liegen zahlreiche ökonomische Rekonstruktionen solcher Art „moralischen" Verhaltens vor, die in der Regel auf dem Gedanken eines Verzichts auf Nutzenmaximierung im Einzelfall zugunsten einer Nutzenmaximierung über die Sequenz vieler Einzelfälle beruhen, angefangen von Daumenregeln und Routinen über Internalisierung bis hin zu Investitionen in personale Identität, Reputation des Unternehmens und soziale Akzeptanz; auch Kirchgäßners moralisches Handeln in „Kleinkostensituationen" wäre so zu rekonstruieren. Theoretisch formuliert, heißt das: Unter Bedingungen des Wettbewerbs kann eine Handlungsethik die notwendige Bedingung aus der Ordnungsethik, die Anreizkompatibilität, nicht außer Kraft setzen.

Dies ist nicht reduktionistisch aufzufassen. Die Übersetzung in strenge Vorteils-/Nachteils-Kalkulationen dient der Abschätzung der Implementa-

10 HOMANN, BLOME-DREES (1992), S. 26.

11 Vgl. etwa LUHMANN (1989), S. 430 ff.

12 KIRCHGÄSSNER (1992).

tionschancen. Ethik und Ökonomik sind zwei Diskurse mit je spezifischen komparativen Vorteilen; diese Vorteile gehen verloren, wenn man methodisch unsauber wird und Versatzstücke aus beiden Diskursen eklektizistisch zusammenflickt.

Ein Philosoph wird mit diesen beiden letztlich abgeleiteten, derivativen Funktionen der Ethik kaum zufrieden sein. Auch Luhmanns weiterer Hinweis auf die „Alarmierfunktion“[13] der Moral beim Auftreten neuer gesellschaftlicher Problemlagen, die in aller Regel zunächst in moralischen Kategorien traktiert werden, dürfte den Bedeutungsverlust der philosophischen Ethik in unseren Tagen nicht aufzuhalten vermögen.

3. Ich schlage eine dritte, jetzt nicht derivative, sondern grundlegende Rolle für die Ethik vor: Genuine philosophische Ethik fungiert nicht als Handlungssteuerung und auch nicht als unmittelbare Systemsteuerung – in diese Richtung scheinen mir K.-O. Apels Ausführungen zum sog. „Teil B der Diskursethik“ zu weisen[14] –, sondern als *Heuristik für die Steuerung der systemischen Interaktionen und als Heuristik für die positive Wissenschaft Ökonomik.* Moralische Normen und Ideale fungieren als regulative Ideen, als Ideen also, die nicht wirklich sind oder wirklich werden sollen, sondern die – lediglich – unser Nachdenken über die Wirklichkeit, hier über die soziale Ordnung, orientieren sollen.

Eine solche Einschätzung der Ethik hat eine Reihe von – theoretischen und praktischen – Vorzügen. Ohne Anspruch auf Vollständigkeit sei auf die folgenden hingewiesen, wobei manche dieser Vorzüge zugleich gesellschaftstheoretisch und individualtheoretisch verstanden werden können.

1. Eine Zurücknahme der Philosophie auf die Heuristik *vermeidet* es, die Logik der Funktionssysteme und der positiven Wissenschaften durch *normativistischen Interventionismus* zu zerstören; dies würde sehr teuer werden. „Wertgebundene“ Parteien (bzw. Parteiflügel) und andere Organisationen dieser Art wie Gewerkschaften und Kirchen sind dafür immer wieder anfällig. Positiv formuliert: Auf diese Weise kann die Philosophie die exorbitanten Fortschritte der modernen Gesellschaftsstruktur und der modernen positiven Wissenschaften in vollem Umfang für ihre philosophischen Intentionen nutzen. Noch anders: Philosophie bleibt so – und wohl nur so – an die moderne Gesellschaft und ihre Wissensformen anschlußfähig.

---

13 LUHMANN (1997), S. 404.

14 Vgl. etwa APEL (1992).

2. Philosophie *vermeidet* auf diese Weise Totalitarismus und Moralismus bzw. *Fundamentalismus.* H. Jonas' Ökodiktatur[15] ist eben nicht als Mißgriff eines alten Mannes zu verstehen, sie folgt paradigmatisch aus seinem Konzept, dessen grundsätzlicher Fehler darin besteht, gesellschaftliche Probleme mit einer – metaphysisch überhöhten – Handlungstheorie anzugehen.

3. Zugleich liefert sich die Philosophie aber nicht kritiklos den vermeintlichen „Sachzwängen" aus: Als zuständig für hochreflektierte regulative Ideen hält sie den *utopischen Gehalt der abendländischen Philosophie präsent,* als Reservoir für die allgemeinen Wünsche und Träume des Menschengeschlechts. Ethik ohne Ökonomik ist leer, aber eine Ökonomik ohne Ethik ist blind.

4. Philosophische Ethik als Heuristik der Ökonomik kann viel besser als andere Konzeptionen die *geschichtliche Entwicklung moralischer Ideen* und ihrer Implementationen erklären. Normative Ideen entstehen nicht abstrakt, sondern im Kontext bestimmter gesellschaftlicher Beschränkungen und Handlungsoptionen. So wurde die Abschaffung der Sklaverei normativ erst dann gefordert, als sie ökonomisch unvorteilhaft zu werden begann, also in der Neuzeit. Das Neue Testament z.B. zieht die Institution der Sklaverei nicht in Zweifel. Ähnliche Verlaufsmuster lassen sich für die Implementation anderer normativer Grundideen feststellen, so für Menschen- und Bürgerrechte allgemein, Demokratie, Sozialpolitik, Mitbestimmung u.a.m.

5. Philosophie als Heuristik ermöglicht eine gerichtete Suche nach vorsichtiger, an die allgemeinen *Evolutionsbedingungen angepaßter Steuerung* der gesellschaftlichen Evolution. Wir erleben live die schrittweise, von Versuch und Irrtum geprägte, auf vielen Diskursebenen stattfindende und politisch-rechtlich vorangetriebene Implementierung von – zunächst normativ artikulierten – Leitvorstellungen zum Schutz der natürlichen Lebensgrundlagen. Aber hier wird besonders sinnfällig: Es gilt, einen schrittweisen Umbau des Institutionensystems vorzunehmen, damit Umweltschutz, so dringlich er den Protagonisten erscheinen mag, nicht aufgrund normativistischer Interventionen in wirtschaftliche und soziale Desaster führt. „Sustainability" kann als regulative Idee fungieren und ist als eine solche unersetzbar, aber als politisches Handlungsziel verstanden, muß sie in Sackgassen führen.

Man kann die Ausführungen in diesem Abschnitt III. wie folgt zusammenfassen: Philosophische Ethik liefert als hochentwickelte Heuristik Ideen für die gesellschaftliche Entwicklung; sie läßt zugleich den Raum, die Pro-

---

15 Vgl. JONAS (1985), S. 262.

bleme auf dem Niveau des Status quo aufzunehmen und mit problemgerechten Mitteln der Wissenschaften und der Politik zu bearbeiten, weil sie auf den „Durchgriff" in der Art des philosophischen Besserwissens systematisch verzichtet.

IV. Die Bedeutung der Ethik als Heuristik der Ökonomik

Geht nicht mit der Auffassung von der Ethik als Heuristik der positiven Ökonomik eine gewaltige Bedeutungseinbuße der philosophischen Ethik einher? Oder ist es vielleicht gar umgekehrt, daß diese neue Rollenzuweisung einen Bedeutungszuwachs darstellt? Ich will im folgenden versuchen, letzteres plausibel zu machen.

Oben war der gesellschaftstheoretische Sinn von Moral bzw. Ethik in der Schaffung, Sicherung und Erweiterung menschlicher Handlungsmöglichkeiten gesehen worden. In diesem Zusammenhang wurde erläutert, daß und warum die normative Gültigkeit von Regeln von der anreizkompatiblen Implementierbarkeit dieser Regeln abhängt. Hier übernimmt die Ökonomik insofern philosophische Aufgaben, als sie einen grundlegenden Part sogar im Begründungsdiskurs spielt. Bereits hier wird Philosophie in terms of economics betrieben: Bei dem offenen Vorteilsbegriff der modernen Ökonomik müssen Kritiker dieser Vorgehensweise erst einmal zeigen, daß die Begründung der Regeln mit „Vorteilen" für die Beteiligten und Betroffenen nicht als jene „guten Gründe" in Betracht kommen, auf die sich kognitivistische Moralkonzeptionen durchweg berufen. Selbst I. Kant, der immer als Kronzeuge solcher Konzeptionen in Anspruch genommen wird, hat zum kategorischen Imperativ gesagt: „Denn dieses Sollen ist eigentlich ein Wollen".[16] Wie kommt man vom Wollen, vom durchaus empirischen Wollen, zum normativ verbindlichen Sollen?

Hier kommt nun der oben bereits angekündigte vierte Vorzug eines Ansatzes bei Dilemmastrukturen ins Spiel. Dilemmastrukturen rekonstruieren sämtliche Interaktionen so, daß in ihnen immer *zugleich gemeinsame und konfligierende Interessen* vorliegen: Ohne gemeinsame Interessen gäbe es

---

16 KANT (1910 ff.), Bd. 4, S. 449 (aus der *Grundlegung zur Metaphysik der Sitten*, 1785).

keine Kooperationsmöglichkeiten, und ohne konfligierende Interessen gäbe es keine Kooperationsprobleme. Jeder Ansatz, der nur die eine oder nur die andere Art von Interessen in Rechnung stellt, verfehlt das Problem und bleibt unterkomplex.

Das gleichzeitige Vorliegen gemeinsamer und konfligierender Interessen stellt nun aber *genau jene Grundproblematik dar, zu deren Lösung alle Moral bzw. Ethik dienen soll.* Es handelt sich nach meiner Interpretation um die spieltheoretische Reformulierung und Präzisierung der berühmten „ungeselligen Geselligkeit“[17], in der für Kant die ganze sittliche Problematik der Gesellschaft beschlossen liegt. Was Kant anthropologisch explizierte, wird ökonomisch rekonstruiert, und zwar als *Grundstruktur aller Interaktionen* und der in ihnen wirkenden situativen Anreize. Wie sich aus der „ungeselligen Geselligkeit“ Kants die ganze Ethik entfalten läßt, so läßt sich eine moderne Theorie der Moral einschließlich ihrer normativen Implikationen aus der Dilemmastruktur aller Interaktionen entwickeln, und zwar präziser und genauer, als das die philosophische Ethik kann.

Dilemmastrukturen aber stellen ein rein positives Konzept dar: Wo bleibt die philosophische Ethik?

In der Tat erhebt meine Wirtschaftsethik den Anspruch, konsequent in Kategorien der positiven Ökonomik entwickelt zu sein. Es mag viele Unklarheiten und offene Fragen geben, aber der Grundriß dieser Wirtschaftsethik inklusive einiger Anwendungen ist klar erkennbar. Moralische Regeln bis hin zum kategorischen Imperativ lassen sich danach aus ökonomischen Vorteils-/Nachteils-Kalkulationen herleiten. Dies gilt für Menschenrechte ebenso wie für Demokratie, „soziale Gerechtigkeit“ und die Integration der Entwicklungsländer in die Weltgesellschaft: Diese Institutionen sind vorteilhaft für alle. Auch Privateigentum und Gewinnmaximierung, um Beispiele der anderen Art zu nehmen, haben ihre normative Rechtfertigung nicht im Nutzen für die Eigentümer bzw. die Gewinner, sondern in den Vorteilen dieser Institutionen für Nicht-Eigentümer und Nicht-Gewinner: Nur so sind sie auch grundsätzlich zustimmungsfähig für alle, auch für Nicht-Eigentümer und Nicht-Gewinner, also für die Allgemeinheit.[18]

---

17 KANT (1910 ff.), Bd. 8, S. 20 (aus der *Idee zu einer allgemeinen Geschichte in weltbürgerlicher Absicht*, 1784, 4. Satz).

18 Vgl. klassisch VON MISES (1927), S. 27: „Der Liberalismus spricht sich nicht im Interesse der Besitzer für die Aufrechterhaltung des Eigentums aus. Er will nicht das Sondereigentum darum erhalten, weil er es nicht ohne Verletzung der Rechte

Ich teile nicht die Auffassung jener Theoretiker, die – nicht zuletzt mit Blick auf die Struktur des Gefangenendilemmas, das ohne Moral nicht zu überwinden sei – meinen, eine Theorie der Moral käme ohne eine Prise Altruismus nicht aus,[19] die sie dann wer weiß woher nehmen, aus der Alltagsphänomenologie, der Anthropologie, der (Sozio-)Biologie u.a.m. Für mich ist dies methodisch ein Fehler. Moral kann in bestimmten Diskursen durchaus als Explanans gelten, was es erlaubt, sie als Präferenz – oder Metapräferenz[20] – einzuführen, aber sie ist dann, wie oben ausgeführt, als Abbreviatur zu verstehen, was legitim ist, solange dies unstrittig bleibt. Niemand kann bestreiten, daß Theorie nun aber jedes Explanans zum Explanandum machen kann – und bei Strittigkeit auch machen muß. Wer in solchen Fällen auf die Prise Altruismus oder auf die „intrinsische Motivation“[21] zurückgreift, würde eine unstatthafte Selbsterklärung durch reine Behauptung benutzen, aber nichts in einem anspruchsvollen Sinn „erklären“. Es handelt sich bei meiner Wirtschaftsethik in der Tat um nichts Geringeres als um das *Programm einer Endogenisierung der Moral in positive Ökonomik.* Die Frage ist also weiterhin: Wo bleibt die philosophische Ethik?

Meine Antwort ergibt sich, wenn man genauer auf das Konzept dieser positiven Ökonomik schaut und dieses mit einem anderen, heute dominierenden Konzept von positiver Ökonomik vergleicht.

In der Ökonomik dominiert heute auf breiter Front das Paradigma der Neoklassik, in dem die ethischen Fragen, wenn überhaupt, allenfalls am Rande oder nachträglich vorkommen. Insofern ist auch die Kritik der Philosophie an dieser Ökonomik nachzuvollziehen und im Prinzip berechtigt: Ich selbst bin so angefangen. Aber es kommt für die wissenschaftliche Anschlußfähigkeit und Akzeptanz der Kritik darauf an, ob sie in der Lage ist, eine bessere

---

der Eigentümer aufheben könnte. Würde er die Beseitigung des Sondereigentums für nützlich im Interesse der Allgemeinheit halten, dann würde er für seine Aufhebung eintreten ohne Rücksicht darauf, ob er dadurch die Eigentümer schädigt. Die Beibehaltung des Sondereigentums aber liegt im Interesse aller Schichten der Gesellschaft. Auch der Arme, der nichts sein Eigen nennt, lebt in unserer Gesellschaftsordnung unverhältnismäßig besser als er in einer Gesellschaft leben würde, die sich unfähig erweisen würde, auch nur einen Bruchteil von dem zu erzeugen, was in unserer Gesellschaftsordnung erzeugt wird.“

19 FRANK (1992); KLIEMT (1993); ETZIONI (1994).

20 Grundlegend SEN (1977).

21 Vgl. FREY (1992); FREY und BOHNET (1996); kritisch zur „intrinsischen Motivation“ GERECKE (1998).

Alternative wenigstens im Grundriß zu entwickeln. Kritik, auch philosophische Kritik, kann erst dann auf Anschlußfähigkeit rechnen, *wenn sie eine bessere, überlegene Alternative für die positive Ökonomik* und deren ungelöste Probleme bietet. Es mag sein, daß sie die bessere Ökonomik selbst entwickelt, wahrscheinlicher ist es, daß sie mit anderen Ökonomen zusammen an einer besseren Alternative für die positive Ökonomik arbeitet. Letzteres genau ist mein Programm.

In der Ökonomik stehen heute die folgenden unterschiedlichen Paradigmen unvermittelt neben- und gegeneinander. Ich bezeichne sie als *Ressourcenparadigma* und als *Interaktionsparadigma.*[22]

Das *wohlfahrtstheoretische Ressourcenparadigma* geht von der *Leitfrage* aus: Wie läßt sich die Ergiebigkeit der Ressourcen steigern? Die Interaktionen werden nach dem Muster der Optimierung technischer Prozesse aufgefaßt. Das hat zur Folge, daß auch Menschen lediglich als mehr oder weniger technische Produktionsfaktoren gelten. Stellen sie Ansprüche, hegen sie Erwartungen oder Träume, empfinden sie Ungerechtigkeit, dann erscheinen sie konzeptionell als Störfaktoren, die die „Effizienz" mindern und etwa den „Standort Deutschland" gefährden. Wer mehr „soziale Gerechtigkeit" will, muß eben Effizienzeinbußen in Kauf nehmen.[23] – Dieses Paradigma ist auf hohem theoretischen und formalen Niveau ausgearbeitet; praktisch alle grundlegenden Kategorien der ökonomischen Theorie sind daraus abgeleitet.

Das alternative Paradigma, das ich als *Interaktionsparadigma* bezeichne, ist noch nicht so weit ausgearbeitet. Allerdings scheinen zahlreiche theoretische Neuentwicklungen in der Ökonomik der letzten Jahrzehnte – so z.B. Property-Rights-Theorie, Prinzipal-Agent-Ansatz, Transaktionskostenökonomik, Konstitutionen- und Institutionenökonomik sowie die allgemeine Theorie der Verträge – auf einen einheitlichen approach hin zu konvergieren, den man als Interaktionsparadigma bezeichnen kann. Dieses Paradigma geht im Unterschied zum Ressourcenparadigma von der folgenden *Leitfrage* aus: Wie können Menschen, die immer zugleich gemeinsame und konfligierende Interessen haben, eine soziale Ordnung als „Unternehmen der Zusammenarbeit zum gegenseitigen Vorteil"[24] aufbauen? Die Beziehung zwischen den Menschen steht hier paradigmatisch im Vordergrund, Fragen der Ressourcenergiebigkeit sind nachträglich in diese dominante Beziehung und Fragestel-

22 Vgl. HOMANN (1998).

23 Vgl. HOMANN und PIES (1996), mit Nachweisen.

24 RAWLS (1979), S. 105.

lung eingehängt. Fragen der Gerechtigkeit, des Friedens, der Regeln des Umgangs miteinander sind zentral. Der Grundgedanke aller Ethik, die Goldene Regel bzw. die Leitidee der Solidarität aller Menschen, ist in den Ansatz der positiven Ökonomik endogenisiert, weil dieser Ansatz systematisch auf die Paretosuperiorität der Regeln, auf die Besserstellung aller durch die Regeln, fokussiert ist und eine paretosuperiore soziale Ordnung nur im Zusammenwirken aller stabil bleiben kann. Alle Probleme sind grundsätzlich sozialer Art und zwei- bzw. mehrseitiger Natur. Eine Gesellschaft, die einzelne Gruppen exkludiert, bleibt hinter ihren Möglichkeiten zurück, zum Schaden auch derer, die andere Gruppen exkludieren. Um Kooperationsgewinne für alle zu realisieren, entwickeln die Akteure jenes breite Spektrum institutioneller und organisatorischer, formeller und informeller Regeln, die wir in unserer sozialen Realität beobachten. Sie dienen allesamt dazu, die vertrackten Probleme von Dilemmastrukturen zum Vorteil aller beherrschen zu können.

Jetzt kann die Frage nach der Rolle der philosophischen Ethik beantwortet werden: Es ist die Ethik, die als Heuristik *die Entscheidung zwischen* diesen beiden Paradigmen der positiven Ökonomik lenkt. Die Philosophie liefert zusätzliche, aus ihrer Tradition methodisch generierbare Gründe für die Vorzugswürdigkeit des Interaktionsparadigmas gegenüber dem Ressourcenparadigma der positiven Ökonomik. Die *Wahl zwischen den beiden Paradigmen ist durch philosophische Überlegungen zumindest mitbestimmt, die Arbeit innerhalb eines jeden dieser beiden Paradigmen ist und bleibt positive Ökonomik.* Die philosophische Ethik ist in den Ansatz, in das Paradigma der positiven Ökonomik endogenisiert. Die *Solidarität aller* ist kein aufgesetzter „Wert", sondern steckt in der *Methode der positiven Ökonomik,* sc. der Interaktionsökonomik. Die einzelnen Analysen innerhalb der Interaktionsökonomik folgen methodisch streng der ökonomischen Logik. Sie haben sich an den geläufigen Kriterien der positiven Ökonomik messen zu lassen und ihre Überlegenheit über das Ressourcenparadigma im Felde der positiven Ökonomik, nicht aber primär im Felde der Ethik, unter Beweis zu stellen.

Auf zwei Dinge sei erläuternd hingewiesen. Erstens: Eine Folge dieser Überlegungen ist, daß man den ökonomischen Analysen zu Sozialpolitik und Korruption, zu Umweltschutz und Arbeitslosigkeit ihren normativen Sinn nicht mehr ohne weiteres ansieht, weil sie nämlich keine normativen Versatzstücke mehr enthalten (dürfen), sondern streng der positiven Ökonomik folgen (müssen). Zweitens: Voraussetzung für eine solche Rolle der Philosophie ist positiv-wissenschaftliche Kompetenz. Gerade in der Ökonomik sind die

Investitionen hoch. Aber das ist im Prinzip nichts Neues: Große Philosophie hat über solche Kompetenz immer verfügt, und nur in Zeiten des Epigonentums konnte sich die Philosophie einbilden, mit Hilfe überlegenen Wissens die Wissenschaften ihrer Zeit – und manchmal auch der Zukunft – überspringen zu können.

Es verbleibt die Frage: Ist die Zurücknahme der Philosophie auf Heuristik – der sozialen Ordnung und der positiven Wissenschaften – ein Verlust oder ein Gewinn? Ich meine: eindeutig ein *Gewinn*. Denn die in die soziale Welt und positiven Wissenschaften eingelassenen Funktionslogiken sind – historisch wie systematisch – als Realisationen genuin philosophischer Intentionen zu betrachten, und wenn deren konstruktive Weiterentwicklung, die Hegel als „Einbildung" der Ideen in die Wirklichkeit bezeichnete, nicht abgebrochen, sondern fortgeführt werden soll, kann sie *nur in den Sozial- und Denkstrukturen der modernen Welt erfolgen, nicht jedoch an ihnen vorbei oder gar gegen sie*. Wenn dann an bestimmten Entwicklungen Kritik, massive Kritik anzubringen ist – wer wollte bestreiten, daß diese notwendig ist –, dann mag sie von der Philosophie angeregt und inspiriert sein – genau das wird hier als „Heuristik" bezeichnet –, muß sich aber an den Maßstäben der modernen Sozial- und Denkstrukturen messen lassen. Die Lösung der Probleme kann grundsätzlich nicht darin gesucht werden, eine „Durchbrechung"[25] der ökonomischen Logik im Namen von Ethik zu postulieren, wie sich Moralisten das immer wieder vorstellen, wenn sie handlungstheoretisch die Problematik angehen; sie kann vielmehr erfolgen nur in Form einer *Verbesserung der ökonomischen Logik*. Im Anschluß an Popper gesagt: Falsifikation kann nur durch bessere Alternativen erfolgen.

Eine Philosophie, die sich diesem Programm verpflichtet weiß und ihre Rolle als Heuristik in diesem Sinne spielt, ist über die *von ihr inspirierten Frage- und Problemstellungen* in den systemisch gewordenen Sozial- und Denkstrukturen in der modernen Welt präsent, ohne jedoch in die unfruchtbare Attitüde des philosophischen Besserwissens zu verfallen, die ihr Ende bedeuten würde. Für gesellschaftliche und wissenschaftliche Entwicklungen sind die Problem*definitionen* von überragender Bedeutung, weil sie den Einsatz der Ressourcen bei der Problembearbeitung und damit die Chancen für eine Problemlösung lenken. Wenn die Philosophie als Heuristik sich darauf konzentriert, die *richtigen Fragen* an die Einzelwissenschaften zu geben,

25 ULRICH (1996), S. 156.

erzielt sie in der modernen Welt eine Präsenz, wie sie sie seit Jahrhunderten nicht gehabt hat.

V. Schlußbemerkung

Manche der vorstehenden Ausführungen mögen provokativ erscheinen, aber im Grunde sind sie alles andere als das. Sie stellen nichts weiter dar als einen Versuch, das Thema „Philosophie und positive Wissenschaften" am Beispiel der Wirtschaftsethik auf jenem Niveau zu diskutieren, das Kant in bezug auf das Beispiel Physik vorgegeben hatte. Auch wenn große Teile der wirtschaftsethischen Literatur, auch solche, die sich explizit auf Kant berufen, das Problem nicht in dieser Differenzierung reformulieren, sollte uns das nicht hindern, Kants grundlegende Einsichten in den Umgang mit verschiedenen Diskursen immer wieder einzufordern.

Literaturverzeichnis

APEL, KARL-OTTO (1992): „Diskursethik vor der Problematik von Recht und Politik: Können die Rationalitätsdifferenzen zwischen Moralität, Recht und Politik selbst noch durch die Diskursethik normativ-rational gerechtfertigt werden?", in: KARL-OTTO APEL und MATTHIAS KETTNER (Hrsg.): *Zur Anwendung der Diskursethik in Politik, Recht und Wissenschaft*, Frankfurt a.M. (Suhrkamp), S. 29-61.

APEL, KARL-OTTO (1997): „Institutionsethik oder Diskursethik als Verantwortungsethik? Das Problem der institutionalen Implementation moralischer Normen im Falle des Systems der Marktwirtschaft", in: JEAN-PAUL HARPES und WOLFGANG KUHLMANN (Hrsg.): *Zur Relevanz der Diskursethik. Anwendungsprobleme der Diskursethik in Wirtschaft und Politik. Dokumentation des Kolloquiums in Luxemburg (10.-12. Dez. 1993)*, Münster (LIT), S. 167-209.

BECKER, GARY S. (1982): *Der ökonomische Ansatz zur Erklärung menschlichen Verhaltens*, übersetzt von Monika und Viktor Vanberg, Tübingen (J.C.B. Mohr [Paul Siebeck]).

BECKER, GARY S. (1996): *Accounting for Tastes*, Cambridge, Mass., London (Harvard University Press), S. 3-23.

BECKER, GARY S. (1996 a): *Familie, Gesellschaft und Politik – die ökonomische Perspektive,* übersetzt von Monika Streißler, Tübingen (J.C.B. Mohr [Paul Siebeck]).

ETZIONI, AMITAI (1994): *Jenseits des Egoismus-Prinzips. Ein neues Bild von Wirtschaft, Politik und Gesellschaft*, übersetzt von Patricia Blaas, Stuttgart (Schäffer-Poeschel).

FRANK, ROBERT H. (1992): *Die Strategie der Emotionen*, übersetzt von Ruth Zimmerling, München (R. Oldenbourg).

FREY, BRUNO S. (1992): „Tertium Datur: Pricing, Regulating and Intrinsic Motivation", *Kyklos*, 45, S. 161-184.

FREY, BRUNO S., und IRIS BOHNET (1996): „Tragik der Allmende. Einsicht, Perversion und Überwindung", in: ANDREAS DIEKMANN und CARLO C. JAEGER (Hrsg.): *Umweltsoziologie.* Sonderheft der Kölner Zeitschrift für Soziologie und Sozialpsychologie, S. 292-307.

GERECKE, UWE (1998): *Ökonomische Anreize, intrinsische Motivation und der Verdrängungseffekt.* Diskussionsbeiträge der Wirtschaftswissenschaftlichen Fakultät Ingolstadt Nr. 103, Ingolstadt.

HABERMAS, JÜRGEN (1990): *Strukturwandel der Öffentlichkeit. Untersuchungen zu einer Kategorie der bürgerlichen Gesellschaft. Mit einem Vorwort zur Neuauflage 1990*, Frankfurt a.M. (Suhrkamp), S. 11-50.

HABERMAS, JÜRGEN (1991): *Erläuterungen zur Diskursethik*, Frankfurt a.M. (Suhrkamp).

HABERMAS, JÜRGEN (1992): *Faktizität und Geltung. Beiträge zur Diskurstheorie des Rechts und des demokratischen Rechtsstaats*, Frankfurt a.M. (Suhrkamp).

HOMANN, KARL (1994): „Ethik und Ökonomik. Zur Theoriestrategie der Wirtschaftsethik", in: KARL HOMANN (Hrsg.): *Wirtschaftsethische Perspektiven I: Theorie, Ordnungsfragen, Internationale Institutionen.* Schriften des Vereins für Socialpolitik N. F. Bd. 228/I, Berlin (Duncker & Humblot), S. 9-30.

HOMANN, KARL (1997): „Sinn und Grenze der ökonomischen Methode in der Wirtschaftsethik", in: DETLEF AUFDERHEIDE und MARTIN DABROWSKI (Hrsg.): *Wirtschaftsethik und Moralökonomik. Normen, soziale Ordnung und der Beitrag der Ökonomik*, Berlin (Duncker & Humblot), S. 11-42.

HOMANN, KARL (1998): „Normativität angesichts systemischer Sozial- und Denkstrukturen", in: WULF GAERTNER (Hrsg.): *Wirtschaftsethische Perspektiven IV: Methodische Grundsatzfragen, Unternehmensethik, Kooperations- und Verteilungsprobleme.* Schriften des Vereins für Socialpolitik N. F. Bd. 228/IV, Berlin (Duncker & Humblot), S. 17-50.

HOMANN, KARL (1998a): „Moderne Vertragstheorie", in: CHRISTOPH ENGEL und MARTIN MORLOK (Hrsg.): *Öffentliches Recht als ein Gegenstand ökonomischer*

Forschung. Die Begegnung der deutschen Staatsrechtslehre mit der Konstitutionellen Politischen Ökonomie, Tübingen (J.C.B. Mohr [Paul Siebeck]), S. 279-285.

HOMANN, KARL (1999): „Die Relevanz der Ökonomik für die Implementation ethischer Zielsetzungen", in: WILHELM KORFF u.a. (Hrsg.): *Handbuch der Wirtschaftsethik*, 4 Bde., Gütersloh (Gütersloher Verlagshaus/Chr. Kaiser/Kiefel), Bd. 1.

HOMANN, KARL, und FRANZ BLOME-DREES (1992): *Wirtschafts- und Unternehmensethik*, Göttingen (Vandenhoeck & Ruprecht) im Druck.

HOMANN,KARL, und INGO PIES (1996): „Sozialpolitik für den Markt: Theoretische Perspektiven konstitutioneller Ökonomik", in: INGO PIES und MARTIN LESCHKE (Hrsg.): *James Buchanans konstitutionelle Ökonomik*, Tübingen (J.C.B. Mohr [Paul Siebeck]), S. 203-239.

JONAS, HANS (1985): *Das Prinzip Verantwortung. Versuch einer Ethik für die technologische Zivilisation*, Frankfurt a.M. (Suhrkamp).

KANT, IMMANUEL (1910 ff.): *Kant's gesammelte Schriften*, hrsg. von der Königl. Preuß. [später: Dt.] Akademie der Wissenschaften, Berlin (Walter de Gruyter).

KIRCHGÄSSNER, GEBHARD (1992): „Towards a Theory of Low-Cost Decisions", *European Journal of Political Economy*, 8, S. 305-320.

KLIEMT, HARTMUT (1993): „Ökonomische Analyse der Moral", in: BERND-THOMAS RAMB und MANFRED TIETZEL (Hrsg.): *Ökonomische Verhaltenstheorie*, München (Vahlen), S. 281-310.

LUHMANN, NIKLAS (1989): „Ethik als Reflexionstheorie der Moral", in: NIKLAS LUHMANN: *Gesellschaftsstruktur und Semantik*, Bd. 3, Frankfurt a.M. (Suhrkamp), S. 358-447.

LUHMANN, NIKLAS (1997): *Die Gesellschaft der Gesellschaft*, 2 Teilbde., Frankfurt a.M. (Suhrkamp).

MISES, LUDWIG VON (1927): *Liberalismus*, Jena (Gustav Fischer).

RAWLS, JOHN (1979): *Eine Theorie der Gerechtigkeit*, übersetzt von Hermann Vetter, Frankfurt a.M. (Suhrkamp).

SEN, AMARTYA (1977): „Rational Fools: A Critique of the Behavioral Foundations of Economic Theory", *Philosophy and Public Affairs*, 6, S. 317-344.

SMITH, ADAM (1978): *Der Wohlstand der Nationen. Eine Untersuchung seiner Natur und seiner Ursachen* [1776]. Aus dem Englischen übertragen und mit einer umfassenden Würdigung des Gesamtwerkes von Horst Claus Recktenwald, rev. Fassung, München (dtv).

ULRICH, PETER (1996): „Unternehmensethik und ‚Gewinnprinzip'. Versuch der Klärung eines unerledigten wirtschaftsethischen Grundproblems", in: HANS G. NUTZINGER (Hrsg.): *Wirtschaftsethische Perspektiven III: Unternehmensethik, Verteilungsprobleme, methodische Ansätze.* Schriften des Vereins für Socialpolitk N. F. Bd. 228/III, Berlin (Duncker & Humblot), S. 137-171.

Verzeichnis der Autoren

Prof. Dr. Dr. KARL HOMANN
ist Professor für Wirtschaftsethik an der Universität München.

Prof. Dr. FRANZ RUPERT HRUBI
ist Professor für Philosophie an der Wirtschaftsuniversität Wien, Österreich.

Prof. Dr. CHRISTOPH HUBIG
ist Professor für Philosophie an der Universität Stuttgart.

Prof. Dr. HANS SIGGAARD JENSEN
ist Forschungsprofessor an der Copenhagen Business School, Kopenhagen, Dänemark.

PD Dr. MATTHIAS KETTNER
ist Mitglied des Kollegiums am Kulturwissenschaftlichen Institut des Wissenschaftszentrums Nordrhein-Westfalen, Essen.

Prof. Dr. Dr. h.c. PETER KOSLOWSKI
ist Direktor des Forschungsinstituts für Philosophie Hannover und Direktor von dessen Centrum für Ethische Ökonomie und Wirtschaftskultur.

Prof. Dr. BIRGER P. PRIDDAT
ist Professor für Volkswirtschaftslehre und Philosophie an der Wirtschaftswissenschaftlichen Fakultät der Universität Witten/Herdecke.

Prof. Dr. KURT RÖTTGERS
ist Professor für Philosophie an der FernUniversität – Gesamthochschule Hagen, Hagen in Westfalen.

Dr. ULRICH THIELEMANN
ist Wissenschaftlicher Assistent am Institut für Wirtschaftsethik an der Universität St. Gallen, Schweiz.

Prof. Dr. JOSEF WIELAND
ist Professor am Konstanz Institut für EthikManagement, Fachhochschule Konstanz.

GPSR Compliance

The European Union's (EU) General Product Safety Regulation (GPSR) is a set of rules that requires consumer products to be safe and our obligations to ensure this.

If you have any concerns about our products, you can contact us on ProductSafety@springernature.com

In case Publisher is established outside the EU, the EU authorized representative is:

Springer Nature Customer Service Center GmbH
Europaplatz 3
69115 Heidelberg, Germany

Batch number: 10815974

Printed by Printforce, the Netherlands